本著作系海南省哲学社会科学规划课题（HNSK10-97）、海南省自然科学基金规划项目（710243）、海南大学科研启动基金项目（kyqd10-12）和海南大学政治与公共管理学院课题（HNZG2009006）的主要研究成果，是在海南省社会科学界联合会、海南省自然科学基金委员会、海南大学和同济大学的大力支持下完成的。

A Study of
Human Capital Multiplication
Based on System Dynamics

基于系统动力学的
人力资本增殖研究

黄崇利　彭正龙　著

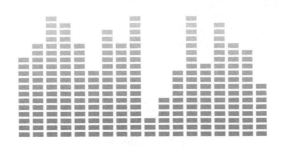

科学出版社
北　京

内 容 简 介

本书在系统分析人力资本的概念、特征及人性和资本性，进而将企业人力资本增殖区分为吸收性增殖和成长性增殖的基础上，创建企业人力资本增殖的系统动力学主模型、吸收性增殖模型和成长性增殖模型以及相应的程序清单，通过初始参数和主要政策参数模型模拟，找到有效控制企业人力资本增殖的政策参数及政策杠杆作用点，并进一步设计了企业人力资本增殖的人力资本产权和综合激励筛选制度等主要策略制度，具有一定的独创性。

本书可供人力资本研究者、人力资源开发与管理专业的本科生和研究生及关注人自身的成长与发展的读者、人力资源管理者以及运用系统动力学研究社会经济管理问题的学者等学习、参考。

图书在版编目（CIP）数据

基于系统动力学的人力资本增殖研究／黄崇利，彭正龙著. —北京：科学出版社，2012

ISBN 978-7-03-032945-5

Ⅰ.①基… Ⅱ.①黄… ②彭… Ⅲ.①人力资本 – 研究 Ⅳ.①F241

中国版本图书馆 CIP 数据核字（2011）第 250771 号

责任编辑：林 剑／责任校对：张怡君
责任印制：徐晓晨／封面设计：耕者工作室

科 学 出 版 社 出版
北京东黄城根北街 16 号
邮政编码：100717
http://www.sciencep.com

北京教图印刷有限公司 印刷
科学出版社发行 各地新华书店经销

*

2012 年 2 月第 一 版 开本：B5（720×1000）
2017 年 4 月第二次印刷 印张：17 1/2
字数：338 000
定价：128.00元
（如有印装质量问题，我社负责调换）

　　本书系海南省哲学社会科学规划课题（HNSK10-97）、海南省自然科学基金规划项目（710243）、海南大学科研启动基金项目（kyqd10-12）和海南大学政治与公共管理学院课题（HNZG2009006）的主要研究成果，是在海南省社会科学界联合会、海南省自然科学基金委员会、海南大学和同济大学的大力支持下完成的。

作 者 简 介

　　黄崇利（1971~），男，汉族，湖南衡阳人，同济大学管理学博士。现为海南大学应用科技学院副院长，政治与公共管理学院教授，硕士生导师，主要研究经济管理、公共管理和人力资源管理等。主持和参与完成了海南省社会科学规划课题和海南省教育厅规划课题5项，参与在研的科技部国家软科学研究计划项目1项以及大中型企业咨询项目多项。在核心权威期刊公开发表论文30余篇，获得省部级奖项多次。

　　彭正龙（1952~），男，汉族，上海市人，博士，同济大学教授，博士生导师，组织与人力资源研究所所长，曾任同济大学经济与管理学院副院长并留学德国达姆施塔特工业大学。长期从事组织与人力资源管理等领域的教学与科研工作，发表论文100余篇，出版著作和教材10余部。主持完成国家社科基金项目、省部级软科学等重大项目以及大中型企业咨询项目40余项，获上海市科技进步二等奖、山东省科技进步二等奖、国家人事部科技成果三等奖以及山东省软科学成果一等奖等多项奖励。

前　言

人力资本主导的知识经济时代正向我们走来，理论界和实务界更加重视人力资本在企业发展和社会经济中的作用。然而，重视人力资本是一方面，增殖人力资本是更重要的另一方面。因此，研究人力资本增殖具有重要的理论和现实意义。本书主要开展了五个方面的研究。

研究一：文献述评和相关概念及特征分析。本书综述相关的人力资本基本理论、人力资本产权理论和激励理论及制度设计理论等主要理论作为研究的理论基础；界定企业人力资本与人力资本增殖的含义，分析它们的特征；分析研究企业人力资本增殖的条件；按照增殖主要方式将企业人力资本增殖分为吸收性增殖和成长性增殖，为构建相应模型和进一步研究奠定基础。

研究二：企业人力资本增殖主模型的构建与模拟。在明确人力资本科学含义和基本特征的基础上，基于人力资本的人性和资本性特点，通过运用系统动力学、经济学、管理学、心理学等学科理论，采用文献汲取法、专家访谈和问卷调查等方法找出企业人力资本增殖关键因素，设计企业人力资本增殖的主模型；在企业人力资本增殖主模型中，企业人力资本增殖作为主链，企业产值及利润等为协流，借助企业产值偏差和人力资本投资两个主要辅助变量而形成主链和协流之间的反馈回路；并编写了企业人力资本增殖主模型的系统动力学程序清单，赋予相关参数初始值；选择企业可控的并且明显影响人力资本增殖的三个辅助变量——产值偏差、偏差调整系数和企业利润对人力资本积累率进行了模拟。模型模拟发现：在初始参数组合下，企业人力资本呈现明显的指数加速增长模式。偏差调整系数逐步加大可以使企业人力资本由指数加速增长模式转向线性增长，进而转为指数渐近稳态目标值运行的渐近增长模式，偏差调整系数是一个有效的政策参数。企业利润对人力资本积累率和期望产值增减可以使企业人力资本指数加速增长的速率相应增减。

研究三：企业人力资本吸收性增殖模型的构建与模拟。在研究过程中，明确界定企业人力资本的吸收性增殖的含义，进而分析其影响因素；分析企业人力资本吸收性增殖的因果关系，考虑员工招聘与上岗的延迟，构建包括招聘还未上岗和在岗员工两个级别的人力资本状态变量，由人力资本增殖主链与产值协流，通过产值偏差和人力资本投资两个重要的辅助变量，组成企业人力资本吸收性增殖模型；编写企业人力资本吸收性增殖的系统动力学 DYNAMO 和 Vensim 两种程序清单，并根据一般企业情况赋予模型参数初始值；选择初始参数组合、期望产值、利润对人力资本积累率、员工招聘与上岗的延迟时间等政策参数并进行模型模拟。通过模型模拟发现：企业人力资本吸收性增殖模型具有很好的稳定运行特性，即寻的特性，企业人力资本水平和企业产值水平会经过一个与企业利润对人力资本积累率和企业期望产值正相关的减幅振荡后，达到稳定运行状态；企业人力资本水平与企业产值水平基本同频达到均衡稳态。与此同时，企业雇佣速率、解雇速率和员工上岗增殖速率也会减幅振荡，收敛于稳态目标值而均衡稳定运行；而招聘时间和上岗调整时间与系统模型运行的振幅负相关，实践中可以灵活选择这个参数来控制企业人力资本吸收性增殖系统和企业生产经营系统的稳定性与和谐性；通过初始参数组合模拟发现，ahcat = ehcat = 2.75（月）是系统模型等幅振荡的调整时间参数。

研究四：企业人力资本成长性增殖模型的构建与模拟。明确界定企业人力资本的成长性增殖的含义，进而分析企业人力资本增殖的过程、条件和影响因素，明确人力资本吸收性增殖与成长性增殖的辩证关系；分析企业人力资本成长性增殖的因果关系，考虑企业人力资本分级与成长，构建包括招新员工、熟练工、中级工和高级工共四个级别的人力资本状态变量，由人力资本增殖主链与产值率系数协流，通过产值率系数偏差辅助变量，组成企业人力资本成长性增殖模型；编写企业人力资本成长性增殖的系统动力学 DYNAMO 和 Vensim 两种程序清单，并根据一般企业情况赋予了模型参数初始值；选择初始参数组合、各级员工增长比例、离职比例、成长时间、期望产值率系数和偏差调整权数等政策参数，对新员工、熟练工、中级工和高级工进行了模型模拟。通过模拟发现：企业人力资本成长性增殖模型的企业人力资本总量，即员工总量呈现指数加速增长的运行模式。从长期趋势来看，企业新员工数量呈指数衰减运行模式，熟练工、中级工和高级工数量呈指数加速增长模式；各级员工比例最终会达到均衡的稳态，稳态时员工比例结构由各级员工的增长比例、离职比例和成长时间等参数决定，进而也决定了稳态时的企业产值率系数。显然各级员工产值率系数组合和员工比例结构会最终决定企业产值率系数；期望产值率系数和偏差调整权数仅仅影响模型变量的初期运行，而不会影响稳态时的各级员工比例结构和产值率系数，因而它们不是有效的政策参数。因此，各级员工的增长比例、离职比例和成长时间是企业人力资本成长性增殖的有效政策参数。

研究五：企业人力资本增殖的策略选择和制度设计。考虑企业人力资本增殖模型是指导企业人力资本长期战略性增殖的理论指导，因此需要建立灵活有效的人力资本增殖与企业发展的互动机制，具体策略的安排和战略战术协调，来保证企业人力资本增殖既体现战略方向性又具有战术灵活性。更需要设计让人力资本获得公正剩余分配的企业人力资本产权制度并建立包括物质激励、精神激励和文化驱动的综合激励制度，通过企业人力资本吸引筛选模型发挥作用，才能促进企业人力资本持续有效地实现外吸收内成长的不断增殖。

经过努力研究，本书具有以下方面创新点。

第一，在界定企业人力资本增殖含义、特征与条件的基础上，按照主要增殖方式将其区分为吸收性增殖和成长性增殖，并分析两种企业人力资本增殖方式的辩证关系、成长路径和影响因素，为企业人力资本增殖打开了进一步研究的空间。

第二，在分析企业人力资本增殖关键因素和因果关系的基础上，以系统动力学为指导，借助老化链和协流建模技术，分别构建和验证企业人力资本增殖的主模型、吸收性增殖模型和成长性增殖模型三个理论模型，并用 Vensim 软件编写了系统动力学程序清单。

第三，对企业人力资本增殖理论模型进行初始参数和主要政策参数模拟：借助主模型模拟发现，企业产值偏差调整系数和利润对人力资本积累率是控制企业人力资本增殖的有效政策参数；借助吸收性增殖模型模拟发现，企业人力资本与产值会基本同步趋向稳态目标并保持动态适应，而招聘时间和上岗迟延时间参数决定了企业人力资本水平振荡收敛或发散；借助成长性增殖模型模拟发现，企业新员工及其比例和相关变动速率呈现指数衰减趋向于零的寻的特性，熟练工、中级工和高级工变量运行呈现指数加速增长模式，员工比例结构在稳态运行时会保持相对稳定，并决定了企业平均产值率系数，员工比例结构主要由各级员工增长比例、离职比例和成长时间等参数决定。

第四，通过企业人力资本增殖模型构建和模拟研究，提出需要建立促进企业人力资本增殖的制度和政策主要包括：人力资本产权参与剩余分配的企业产权制度，建立由物质激励、精神激励和文化驱动等构成的综合激励制度，应用企业人力资本的吸收筛选模型可促进企业人力资本外吸收内成长，积极创建学习型组织更利于企业人力资本持续增殖。

总之，本书在企业人力资本增殖方面进行一些探索性研究，特别是运用系统动力学建立模型并进行模拟分析，尝试对于社会科学领域问题的实验模拟研究方法，对企业人力资本增殖的研究会起到一定的推动作用。当然，研究和探索是无止境的，作者将对这方面问题展开深入研究。

本书的主要读者包括：①人力资本研究的读者；②运用系统动力学研究社会经济管理问题的学者；③人力资本研究及人力资源开发与管理的大学生与研究生；④关注人自身的成长与发展的读者；⑤人力资源管理者等。

目　　录

1 引　言

引言部分中拟明确本书选题背景、研究目标、研究内容、选择分析方法和理论工具，构建逻辑框架，提出本书创新点。

1.1　选题背景

21 世纪是一个以知识、智力和创新能力为基础的知识经济时代，人的知识、智力和创新能力将成为知识经济社会发展的主要源泉和动力（Walker，2000）。日益激烈的竞争，说到底是人力资源的竞争，是人才数量和质量的竞争，也是人力资源开发水平和人才选用机制的竞争，是企业人力资本增殖效果和应用效率的竞争。换言之，也是人力资本增殖路径的选择组合、制度设计和人力资本增殖创造性实践的竞争。人力资源成为社会第一资源，人力资本的价值已高于物质资本的价值。江泽民在 2000 年召开的亚太经合组织第八次领导人非正式会议上，在中国第一次正式提出"人力资源能力建设"的重要思想，明确强调：要注重人力资源能力的开发和培育，人力资源能力的建设及其充分正确的发挥，已经成为我们把握新机遇、应对新挑战，借以实现科技进步、实现经济和社会发展的关键。创建和谐社会，要求人与自然、人与社会和人与人之间和谐相处，特别是在社会经济领域，要求人力资本与物质资本和谐互动，来推动社会经济持续健康发展。促进人的全面发展，更是人类社会发展的终极追求。在这种社会经济背景下，系统研究和创建企业人力资本增殖路径、动力机制及其制度安排，对促进人力资本有效增殖和充分利用，积极迎接人力资本的新时代，更好地推动经济社会健康发展和人的全面发展，具有重大的理论和实践意义。

1.1.1　中国人力资本存量偏低

在 2001 年 APEC（Asia Pacific Economic Cooperation）会议上，"加强人力资源能力建设"是最热门的议题之一。江泽民在"加强人力资源能力建设，促进亚太地区发展繁荣"的演讲中说："要充分认识人力资源能力建设在社会经济发展中的基础性、战略性、决定性的意义，把它放在社会经济发展中的突出位置。要把人力资源能力建设作为亚太经合组织交流合作的重要领域，作为扶助发展中成员经济增长、缩小南北差距、促进协调发展的重要举措，抓住科技革命带来的机遇，提高人力资源开发的质量，加大人力资源能力建设的力度，为新世纪亚太地区经济社会发展提供坚实基础和有力保证。"

　　中国目前属于人力资源能力水平较低的国家之一，人力资源能力系数约为7，而该系数取值范围为 1～100①。从专业技术人力资本的构成来看，以人力资本水平相对较高的江苏省 2001 年数据为例，高级、中级、初级、不具专业技术职务的人员分别为 9.92 万人、55.33 万人、130.42 万人、25.55 万人，分别占4.49%、25.02%、58.95%、11.55%，而江苏省总人口约为7400 万人。世界银行专家提出的国民财富构成新标准显示：人力资本、土地（自然）资本和货币资本三者的比例为 64:20:1，社会支付的成本对于体能、技能和智能的获得比值是 1:3:9，而三种能力对社会贡献之比约为 1:10:100（George H Stalcup，2005）。人力资本是人作为生产者和消费者的能力，体现人身上的知识、能力和健康（Sohultz，1960）。人力资本不仅意味着才干、知识和技能，还意味着时间、健康，它的形成是一个动态发展的过程（Sohultz，1971；胡静林，2001）。21 世纪全球竞争将更趋激烈，人力资本在其中的作用日益明显，认清人力资本及其投资增殖的特性，对于正确引导人力资本投资增殖和高效应用，促进组织发展和人自身发展并良性互动，理论与实践意义均非常重大。人力资本的价值性、稀缺性、不可模仿性、可再生产性以及不可替代性等特点，决定了我们必须要对企业组织中有限的人力资本进行合理开发与配置。正如管理学家杜拉克所讲："有效的领导者应该将每一位个体视为可以开发的机会。"（宋斌，2006）

　　北京大学中国经济研究中心的张帆使用将每年净投资累计加总的方法（aggregation over vintage）估计了中国 1953～1995 年的物质资本、无形非人力资本（研发投资）和人力资本存量（张帆，2000）。人力资本存量由估计的以不变价格计算的每年真实人力资本投资减去折旧累加而成，狭义人力资本投资包括教育投资、文艺支出和卫生支出等，广义人力资本投资还要加上把儿童抚养到 15 岁的费用。计算结果表明：1995 年中国的物质资本存量、无形非人力资本存量、狭义人力资本存量和广义人力资本存量分别为 13.13 万亿元、1.83 万亿元、

---

　　① 人力资源能力系数是根据体能、技能和智能创造财富价值比为 1:10:100 及对应人口分别为文盲人数、第二产业人数和科学家工程师人数的假定，通过加权求出的人均创造价值的系数。宋斌.2006. 政府部门人力资本投资的博弈分析. 武汉市经济干部管理学院学报，（9）：12.

2.13 万亿元和 4.2 万亿元；与美国比较，中国总投资中物质资本投资比重较高，狭义人力资本投资比重偏低，广义人力资本投资比重较高（主要是劳动力成长的抚养投资较多）；1995 年，中国人均的物质资本投资、人均无形人力资本投资、人均狭义人力资本投资和人均广义人力资本投资分别为 1676 元、180 元、209 元和 400 元，而美国 1969 年对应的人均数据分别为 41 822 元、3879 元、30 035 元和 9348 元。中国人力资本对经济发展的贡献所占比例远低于发达国家，但人力资本的贡献在提高，简单劳动的贡献在下降（沈坤荣和耿强，2001）。在人力资本投资不足的情况下，人力资本投资报酬在提高，这反映了我国对人力资本的需求和人力资本供给受到限制。与国外比较，在产出或收益接近的前提下，我国人力资本的生产费用较低（李涛，2004）。

1.1.2　人力资本高效增殖的重要性

要让人力资本有效增长和充分利用，关键是要加强人力资本相关理论研究和实践探索，系统创建高效的人力资本增殖机制。

在我国的基本国策中，有许多是与人力资本增长要求直接相关的。例如，控制人口数量，提高人口质量；科教兴国战略；人才强国战略；建设社会主义和谐社会，等等。然而，这只是对人力资本增长的宏观要求，缺乏在社会经济基本细胞即企业层次具体有效配套的人力资本增殖的微观机制和制度安排。人力资本增殖的路径不畅、动力不足，人力资本实际增殖效果和利用水平都不理想，让从宏观政策上的重视人力资本增殖的美好愿望难以落到实处。可以说，微观层次的人力资本增殖研究，特别是企业人力资本增殖路径研究，在理论创新和实践探索方面，具有非常广阔的空间和美好前景。

综观我国人力资本供求现状可以发现，问题确实很多。一方面是近年来在经济发达的长江三角洲、珠江三角洲等地区，许多企业出现了工人辞职、招不到工的"民工荒"现象，高级技能工人因严重缺乏而非常走俏，以培训过硬技能见长的高职和技工院校招生很受欢迎（孙景蔚和王焕然，2006），另一方面，众多的大学生、研究生却因为缺乏经验技能而就业艰难；一方面许多企业抱怨既有经验技能又具有全面素质的人才哪里去了，另一方面多数企业不情愿接收大学生生产实习和培训新手……让人困惑的是，这些企业家的战略眼光何在，难道经验技能会从天而降，或者说可以完全由学校教育而形成吗？企业是否应该承担更多的人力资本增殖和增长的社会责任呢？当然，目前缺乏系统有效的企业人力资本增殖理论指导，是问题产生的一个重要原因。

1.1.3 企业人力资本增殖理论研究的不足

1.1.3.1 国内外人力资本理论研究存在的问题

冯子标在 2004 年 7 月发表《国外人力资本理论及其借鉴意义》一文中明确指出：人力资本理论作为一种新兴的理论，对经济学的意义和贡献是重大的。但是，我们也不得不看到，人力资本理论尚处于开发阶段，对许多问题都缺乏深入的研究。

（1）人力资本概念本身缺乏内在的规定性。人力资本是针对资本同质性假设提出的，它外在的约束是资本稀缺性。但是，作为概念本身，它缺乏内在规定性。人力资本大师们侧重于将能力作为人力资本概念的内核，但能力更多是一个社会学或心理学的概念，它在经济学中是没有位置的，而且，能力不能作为一个独立的经济要素而存在。也正是这一原因，使人力资本理论始终难以融入经济学中。

（2）人力资本理论侧重于一般性研究，对资本的非同质性研究不够。如前段所述，人力资本理论本身是通过突破资本同质性假设而提出的。引入人力资本后，资本同质性假设得到了突破，那么，在接下来的研究中，就应该进一步研究资本的非同质性，如物质资本与人力资本的非同质性，人力资本内部不同层次的非同质性等。但是，人力资本理论却在这些方面研究不够，更强调对人力资本投资等一般性命题的研究，这不能不说是人力资本理论的一个致命缺陷。黄崇利等（2005）在海南大学学报人文版第 4 期发表的《浅析人力资本特性与组织边界关系》，结合人力资本的非同质性特性及其如何影响组织交易成本进而影响组织边界的研究，试图打开人力资本与物质资本的结构关系这个"黑匣子"，这也是对此展开研究的一个有益尝试。

（3）人力资本理论缺乏对"干中学"这一个主要的人力资本形成途径的深入研究。人力资本大师们虽然概括出人力资本形成的五大途径：教育、培训、健康、迁移和"干中学"，但是，将研究的重心放在了前四种途径，而对人力资本形成最主要的途径——"干中学"研究甚少。在现实生活中，能够参加教育、培训、迁移和接受医疗保健的人毕竟有限并且只是短期阶段性的，而"干中学"则几乎是每一个健康的职业人必然要接受并且是经常性的，也是增殖专用性人力资本的最重要途径。当然，造成这一现象的原因可能在于"干中学"研究的难度要比关于其他方面研究的难度大得多。

（4）人力资本理论对人力资本形成的研究侧重于经济因素，如人力资本投资等，而忽视了制度因素。要知道，制度才是动力之源，动力才是有效之本。

人力资本理论的发展具有以下趋势：

（1）这是一个有很大吸引力的研究领域，就研究本身而言，理论回报丰厚。这可以从国内外的研究现状看出。随着经济的变迁，知识、技艺、能力、思想、信息等要素越发重要，而这一切都体现为人力资本，它可以更好地解释经济现象，而这是其他理论难以做到的。同时，与人力资本相近的社会资本、文化资本等概念共同支撑起了人力资本理论的跨学科研究。

（2）工具和方法很重要，而这个方面改进的空间很大。人力资本理论之所以兴起就是借助了计量经济学这一工具，目前大量的实证研究正是这一趋势的体现。另外，在企业的财务会计方面如何体现人力资本的价值这一问题却没能很好地解决，但这个问题关系到企业内尤其是特异性人力资本的分配，未来研究应该给予重视。

（3）就这一理论在国内的发展来看，一方面，人才强国战略的确定以及以人为本的发展观实际上表明了政策层面对人力资本重要性的认同；另一方面，伴随工业化和信息化进程的推进，对人力资本的需求将会大大加强，从而为人力资本理论的发展提供强劲动力。

（4）宏观层次对人力资本高效增殖和充分利用很重视，需要建立一套能有效传导这一政策意图的微观机制和相关制度安排。因此，可以预计，从社会基本经济细胞——企业层面来研究人力资本高效增长和有效利用，应该是今后人力资本理论研究的一个重要方面，这也是本书的论题。

1.1.3.2　人力资本增殖的实践难题

人力资本理论创立以来，相关理论成果颇丰，但在实践应用上由于受到社会发展阶段、经济文化条件、理论可操作性等因素制约，效果还不尽如人意，特别是在经济社会发展处于初级阶段、市场经济不够完善的国家，更有理论雷声大实践雨点小之感。一般说来，人力资本理论在经济文化比较发达的欧美国家，实践应用效果要好一些，而在发展中国家则相反，表现为虽认识到重要，实践上却不知如何去落实这种认识，如何来有效增殖人力资本。当然，这并不意味着人力资本在发展中国家的作用小，相反，需要大大加强人力资本的增殖理论和实践应用的进一步深入研究。

从中国改革开放以来经济社会迅速发展的转型期的情况来看，我们从宏观政策和微观管理层面上，都对人力资本的作用和增长日益重视，理论界不断拓广和加深人力资本理论研究，企业界也在积极尝试以人为本、相信人、尊重人和依靠人的管理实践，分配上开始向拥有较多人力资本的高级管理人才和技术人才倾斜，宏观和微观层次都开始重视加强人力资本投资，如加大教育培训投资、试行股票期权激励等。但是，由于缺乏一套比较有说服力的、各方面达成共识的人力资本增殖理论作为指导，也缺乏与之配套的法律制度和顺畅的动力机制以及路径系统，尤其是在公有制为主体、国有经济为主导的所有制环境下，实践效果不够理想。李宝元和闫彩琴（2008）在《走向人力资源强国》一文中，指出了我国人力资源能力建设的历史路径、主要成就和战略思路："人口多，素质低"是我国社会经济发展的基本矛盾和核心问题；从"工业化"到"科教兴国"是我国发展战略回归人本的历史路径；"控制规模，优化结构"是近30年来我国人力资源能力建设的主要成就；"机遇与挑战并存"是我国人力资源建设存在的主要矛盾和问题；要实施"人本方略"，致力于走"人力资源（人力资本）强国"之路，即要紧紧围绕"以人为本"这个基本战略指导思想，依托加大人力资本投资增殖、调整优化人力资本的生产和结构优化以及加快人力资本产权制度变革，在充分利用人力资源比较优势的同时，促进和发挥科技教育产业化及其主导作用，从而推动整个经济的增长、结构优化和制度变迁，以保证在21世纪中叶实现经济发展的第三步战略目标——人民生活水平达到中等发达国家水平，基本实现现代化。靳臻和黄崇利（2008）在《科学发展观与和谐社会构建的实践性解读》一文中，从实践视角在政府、组织和个人层面重点解读了如何以人为本，通过促进人的发展来推动科学发展共建和谐社会，这也是对人力资本增殖理论的宏观思考。

1.2　问题提出及研究目标

人力资本对社会经济发展的重要性已是人所共知，但如何促进人力资本高效增殖和运用，仍是个理论黑匣和实践难题，迫切需要加强人力资本理论的微观层次研究，特别是研究企业人力资本增殖的路径系统、以增殖机制和制度安排，来推动人力资本高效增殖和有效利用。

在理论上搞清楚，究竟如何正确认识和科学界定人力资本来更有利于促进人力资本有效增殖和应用，人力资本增殖的基本路径及其增殖功能如何，增殖路径结构如何决定和演进优化，人力资本增殖的过程与机制如何，各种主体进行人力资本投资的动力何在及如何构建动力机制，人力资本投资动力来源的基本制度，即人力资本产权制度和人力资本综合激励制度等人力资本增殖的基本问题，这都是值得系统深入研究的理论问题。企业人力资本增殖路径研究，将以人力资本高效增殖为主线，围绕人力资本科学内涵、人力性与资本性特征、基本路径、力量系统、增殖过程与机制、制度设计等方面，深入展开理论研究。基于这些考虑，本书选择了"企业人力资本增殖研究"这个研究主题。

1.2.1　主旨

本书的主旨在于，尝试运用新制度经济学、管理学、系统论和系统动力学等理论工具和分析方法，系统研究企业人力资本增殖的路径、动力及制度，为创新企业人力资本有效增殖提供理论支持和政策建议。

贯穿本书的主题思想是：

第一，人力资本是现代经济的第一生产要素，需要始终基于人力性与资本性特点才能有效激励其增殖应用。

第二，人力资本增殖活动，是重要的社会实践活动。人力资本高效增殖应用，才能促进人发展、组织发展及社会进步的良性互动发展。

第三，人力资本增殖具有明显的动力学特性，无论是企业员工的吸收性增殖还是成长性增殖，都体现为企业人力资本随着时间不断发生动态积累和成长演进的过程，并且在人力资本增殖与企业生产效率提高之间存在反馈互动的关联机制，运用系统动力学来研究企业人力资本增殖，具有内在的合理性。

第四，增殖人力资本的活动，需要有效的增殖路径和动力引力，更需要科学合理的制度来保证。

1.2.2　目标

本书要实现的总目标，是在新制度经济学语境中，以企业人力资本增殖为主线，基于人力资本的人性和资本性两方面的特征，通过路径梳理和制度设计来充分激发人力资本增殖的内在动力，力求形成人力资本增殖、高效利用与企业更好发展的良性互动关系，演绎出有一定创新的企业人力资本增殖的路径体系、动力机制和制度安排，以期促进企业人力资本有效增殖和充分利用，推动社会经济健康发展。

1.3　研究内容和本书结构

1.3.1　学术构思

从制度经济学、产权经济学、人力资本理论、激励理论和系统论等角度，运用博弈分析等方法深入研究，借助激励理论、委托—代理理论等管理理论，综合已有的人力资本理论研究成果，以人力资本增殖为主线，对企业人力资本的科学含义、增殖路径、增殖机制、动力来源和制度安排等方面进行深入研究，构建企业人力资本增殖的系统动力学模型并进行参数模拟，寻找人力资本增殖的有效政策参数及其组合，优化企业人力资本增殖路径、与之配套的动力模型和相关的制度安排，为企业选择人力资源策略和制定人力资本制度，为我国科教兴国和人才强国战略落到实处等进行探索，力争在企业人力资本有效增殖和使用层面提出宏观政策建议和微观机制理论。

1.3.2 本书结构

本书结构框如图 1-1 所示。

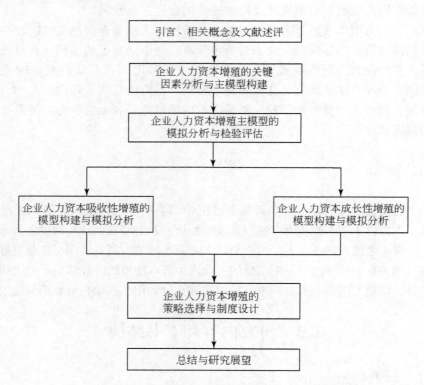

图 1-1 企业人力资本增殖研究内容框架图

1.3.3　本书创新点

1.3.3.1　本书的创新点

第一，在界定企业人力资本增殖的含义、特征与条件基础上，按照主要增殖方式将其区分为吸收性增殖和成长性增殖，并分析两种企业人力资本增殖方式的辩证关系、成长路径和影响因素，为企业人力资本增殖研究进一步打开了空间。

第二，在分析企业人力资本增殖关键因素和因果关系的基础上，以系统动力学为指导，借助老化链和协流建模技术，分别构建和验证了企业人力资本增殖的主模型、吸收性增殖模型和成长性增殖模型，并用 Vensim 软件编写了系统动力学程序清单。

第三，对企业人力资本增殖理论模型进行初始参数和主要政策参数模拟：借助主模型模拟发现，企业产值或收入偏差调整系数和利润对人力资本积累率是控制企业人力资本增殖的有效政策参数；借助吸收性增殖模型模拟发现，企业人力资本与产值或收入会基本同步趋向稳态目标并保持动态适应，而招聘时间和上岗迟延时间参数决定了企业人力资本水平是振荡收敛还是发散；借助成长性增殖模型模拟发现，企业新员工及其比例和相关变动速率呈现指数衰减趋向于 0 的特性，熟练工、中级工和高级工变量运行呈现指数加速增长模式，员工比例结构在稳态运行时会保持相对稳定，并决定了企业平均产值或收入率系数，员工比例结构主要由各级员工增长比例、离职比例和成长时间等参数决定。

第四，通过企业人力资本增殖模型构建和模拟研究，提出需要建立促进企业人力资本增殖的制度和政策，主要包括：人力资本产权参与剩余分配的企业产权制度，建立由物质激励、精神激励和文化驱动等构成的综合激励制度，应用企业人力资本的吸收筛选模型可促进企业人力资本外吸收内成长，积极创建学习型组织更有利于企业人力资本持续增殖。

1.3.3.2　本书研究方法

在具体研究过程中，本书针对性地采用了下列方法：

（1）系统动力学方法。系统动力学（system dynamics）是一门分析研究信息反馈系统的学科，也是一门认识系统问题和解决系统问题交叉的综合性的新学科。它是系统科学和管理科学中的一个分支，也是一门沟通自然科学和社会科学等领域的横向学科（谈谷铮等，1988）。系统动力学强调系统、整体的观点和联系、发展、运动的观点。系统动力学的方法是结构方法、功能方法和历史方法的统一。系统动力学的模型模拟是一种结构—功能的模拟。它最适用于研究复杂系统的结构、功能与行为之间动态的辩证关系。企业人力资本要有效增殖，必须设计出结构优化的增殖模型和机制，充分考虑人力资本增殖的动力学性质，通过模型模拟来找到政策参数和最佳取值，以科学指导企业人力资本策略制定和制度的设计。然后分析人力资本主体增殖人力资本的动力系统，进而设计相关制度来提供力量来源，这与系统动力学建模方法有着内在的一致性。

（2）制度经济学和管理学理论方法。设计人力资本增殖的相关制度必须借助制度经济学方法，针对企业人力资本增殖的动力所在，以激励理论、委托代理理论、博弈理论为指导来创建企业人力资本的产权制度、企业委托代理制度和薪酬晋升激励制度，为企业人力资本高效增殖提供不竭动力。

（3）文献汲取法和专家访谈方法及问卷调查方法等。通过文献汲取和专家访谈等方法，确定企业人力资本增殖的核心因素，指导创建企业人力资本增殖模型。

2　国内外相关研究概况

2.1　相关研究述评

人力资本是目前国内外研究的热点，不管从现实还是理论的要求来看，它都能从多个侧面引起人们对它的研究兴趣。就像马克·布劳格所说的那样，人力资本研究框架显示了一种简单但令人惊讶的丰富性，几乎在每个经济学分支都提出了新的研究课题。例如，有的侧重研究人力资本与经济增长的关系，有的实证分析人力资本投资与收益之间的关系，有的关注人力资本产权问题等（Walker and Volcker，2004）。人力资本理论与很多其他的经济学理论一样，源头都是西方经济学理论，但它在国内的传播却有意无意地打上了国内特殊社会经济背景的印记，下文分国外和国内两个方面介绍人力资本研究的情况。

2.1.1　国外人力资本理论研究概况

如果从经济学学科的分支来看，人力资本在发展经济学、劳动经济学、经济增长理论、新制度经济学及国民经济核算等学科中都可算做研究对象。我们将根据有关研究所处的理论层次将人力资本的研究划分为三类：第一类以舒尔茨和贝克尔为代表，他们对人力资本的研究比较系统，理论性也比较强；第二类以乔根森为代表，主要从生产率的角度考察人力资本的数量（Barney，1991）；第三类是把人力资本作为方便的研究工具，根据不同的目的，在引入人力资本概念的基础上提出新的理论或完善原有理论或得出实证性的结论，如引入人力资本的新经济增长理论、新制度经济学的企业产权理论以及人力资本对各国经济增长率差异所进行的实证研究等。（Barro and Robert，1996）

人力资本作为一种经济学观点，其思想在早期经济学家的著作中就曾被涉及与阐述。经济学鼻祖亚当·斯密较早地把人力当做资本。他说，"人的才能与其他任何种类的资本同样是重要的生产手段"（亚当·斯密，1979），把人的知识、经验、技能等视为社会发展的不可替代因素是他的一个重要的发现。此外，斯密还首次阐述了教育和训练的花费也是一种投资的思想。在现代经济学文献中，对人力资本概念的第一次正式阐述，出现于 20 世纪初。1906 年，美国著名经济学家欧文·费雪（Irving. Fisher）在其经典之作《资本的性质与收入》一书中第一次提出了人力资本的概念，并将其纳入了经济学分析的理论框架。1935 年，美国经济学家、哈佛大学教授沃尔什（J. R. Walsh），在《经济学季刊》发表的一篇题为《运用于人的资本概念》的文章进一步研究了人力资本，尤其探讨了"机会成本"问题。作为一种经济理论，人力资本理论兴起于 20 世纪 50 年代末 60 年代初。

西奥多·W. 舒尔茨（T. W. Schultz）和加里·S. 贝克尔（G. S. Becker）是西方经济学界较早、较系统地对人力资本进行研究的主要人物。舒尔茨和贝克尔从教育形成人力资本的角度提出了一套比较完整的人力资本理论。1960 年舒尔茨在美国经济学年会上发表了"人力资本投资"的讲演，第一次阐明了人力资本理论，并进一步研究了人力资本形成的方式和途径，宣告了人力资本理论的诞生。两年后，《政治经济学杂志》出版了 1962 年 10 月号增补卷，题为《对人的投资》，包括了舒尔茨的《人力资本投资》和贝克尔的专题文章《人力资本》的前几章内容等几篇人力资本理论的开创性文章。舒尔茨的研究主要从宏观层面关注人的经济价值的上升在总量经济上所产生的影响，尤其是经济增长过程中发生的人力资本与物质资本总量之间的对比关系，他计算得到"教育开支的增长与实物资本形成的总量的增长相比，高 3. 5 倍左右"的结论，他也对微观角度的人力资本投资问题进行了研究，认为人力资本的投资主要包括五个方面：卫生保健和服务、在职培训、正规教育、成人教育、迁移。另外，舒尔茨还强调了人力资本的出现对制度变革所产生的压力（舒尔茨，1990）。而贝克尔的研究视角更微观，他使用典型的新古典式研究方法，即从理性个人出发，研究个人在家庭问题上的投资决策问题。通过把投资决策的范围扩大到以人自身为对象，贝克尔不仅研究了教育投资与收入之间的关系、家庭生育决策、家庭形式的变化，还研究孩子数量与质量的替代关系以及政府行为对于提高家庭生产率的作用等过去被主流经济学所忽略的大量问题（Helpman et al. ，1999）。贝克尔从家庭生产和个人资源（特别是时间）分配的角度系统地阐述了人力资本与个人分配的关系（加里·S. 贝克尔，1987）。他的研究成果弥补了舒尔茨只注重宏观的缺陷，并将人力资本与收入分配结合起来，为人力资本的性质和投资行为提供了充分解释，也标志着现代人力资本理论最终确定。

乔根森和丹尼森等人在计量生产率的过程中对人力资本进行了计量方面的研究。乔根森在总量和部门层次上考虑了资本和劳动的质量变化，其中，对劳动投入按性别、年龄、教育和就业状态进行交叉分类，形成劳动投入的质量和数量指数。劳动投入的质量被定义为劳动投入对劳动时数的比率，劳动数量的变化表示为劳动投入超越对数量指数的变化与劳动时数未加权指数变化的差异（Iyngun and M. Owen，1998）。丹尼森将技术进步分解为：资源配置的改善、规模节约、知识进步以及其他，他把要素投入分解为数量和质量两方面，并在此基础上计算了各个部分对生产率的贡献。他们的工作为人力资本计量提供了有益的方法论上的指导，并且从另一角度对影响经济增长因素的计量作出了贡献（Brian Becket and Barry Gerhart，1996）。舒尔茨关于人力资本的许多思想与乔根森提出的准确计量要素质量的思路相关，只不过舒尔茨主要从余值的角度间接看待人力资本的作用，而重在计量研究工作的乔根森则是直接计量。不过这类做法也并未得到普及或成为计量人力资本的标准模式（Wei，2007）。例如，布劳格就认为，由于人们对总生产函数概念发生了怀疑，因此人们不再对教育对经济增长有多大贡献这一问题感兴趣，同时对那种通过不断地对生产要素进行分解来回答特定生产要素对全要素生产率的贡献这种做法本身提出了质疑。（David Langue and Charlie Weir，1999）

其他有关人力资本的研究包括很多方面，我们主要把它们分为三种类型（李建民，1999）：

第一种是从研究经济增长，尤其是有关经济增长的理论模型角度，将人力资本作为生产要素之一引入生产函数，并试图对人力资本的特性作出某种特殊规定，如外溢性、生产的规模报酬不变等，解释各种形式的经济增长。在这方面许多著名经济学家都有所贡献，包括宇泽（1965）、卢卡斯（1998）、阿罗（1962）、罗默（1986，1990）等。Asteriou 和 Agiomirigianakis（2000）及 Truls Erikson 和 Lars Nerdrum（2002）认为，在宇泽模型中，假定社会资源以一定的比例配置到教育部门，教育部门的生产函数具有规模报酬不变的性质，然后教育部门通过其对生产部门技术水平的影响来间接影响产出（Steven Firer and S. Mitchell Williams，2003）。卢卡斯模型是在宇泽两部门模型的基础上的发展的，人力资本是单一的投入要素，最终的产量由人力资本和实物资本共同决定（Augustine J. Kposoua，2002）。其中，人力资本被定义为平均人力资本水平，并且分析了两种人力资本：学校正规教育模型和实践学习模型，除引入人力资本的外溢效应外，卢卡斯模型总的思路与宇泽模型基本一致（Garry A. Gelade and Mark Ivery，2003）。阿罗模型中知识水平被作为物质资本数量的函数，认为随着物质资本投资的增加，"干中学"会导致人力资本水平相应提高。但由于定义了物质资本的增加只能导致递减的知识增加，因此该模型并不能超越新古典模型得出的关于经济增长受制于外生人口数量的结论。后来罗默模型在此基础上修正了物质资本数量与知识水平之间的关系，提出了一个可替换的内生增长模型，从而得出了令人满意的结论（姚先国和易君健，2006）。

第二种是新制度经济学在形成各自的企业理论的过程中，运用人力资本来解释企业的形成、企业的交易成本以及企业的产权形式等（Bontis et al.，2000）。德姆塞茨、阿尔钦、巴泽尔、张五常、哈特等一大批新制度经济学家在研究有关企业问题时对人力资本都有所涉及（Mason et al.，2001）。这一派的主要做法是以交易成本理论作为基本的分析工具，对各种交易的特点、具体形式进行分析，并在此基础上解释有关企业的各种问题，并形成各自对企业本质、企业边界、企业内部产权形式的理论（Michael，2001；Gelade and Very，2003）。

第三种是有关人力资本的各种实证研究，如多国范围内研究人力资本是否影响经济增长、教育对经济增长的影响、人力资本与经济增长之间的作用方向等。这方面实证研究的特点是多采用回归方法进行多国比较或在一个国家的多个地区之间进行比较，试图找到有关经济增长与教育投资或人力资本水平之间的经验数据。Parsons（1972）、Delane 和 Mark（1996）但这类研究也存在较大的问题，一是方法论上缺乏坚实的理论基础，二是结论五花八门，难以辨明主要变量之间的因果关系（Becket，1962）。

值得一提的是，马克思对于人力资本及其投资理论也作出了重大贡献。尽管马克思没有专门研究过人力资源管理以及人力资本等问题，但他关于人的全面发展理论、关于劳动的许多理论观点却构成了人力资本及其投资理论的重要思想基础（安应民，2003）。

首先，马克思继承和发展了劳动创造价值的理论。他认为，人在生产过程中是处于主导地位的，因为人的劳动不同于其他任何形式的生产要素，劳动是社会财富的主要源泉。他特别强调了劳动对人自身发展的重要作用，在《政治经济学批判大纲》一文中曾指出：从直接生产的观点来考察，充分发展个人就是生产"固定资本"，而这种固定资本就是人类自身。实际上，马克思的观点蕴涵着人力资本的投资及其形成过程。

其次，马克思提出人的复杂劳动比之简单劳动可以创造更多的社会财富。他指出，复杂劳动"是这样一种劳动力的表现，这种劳动力比普通劳动力需要更高的教育费用，它的生产要花费较多的劳动时间，因此具有较高的价值"。

最后，马克思提出了劳动力的价值构成理论。他认为，劳动力的价值就是生产和再生产劳动力所消费的生活资料的价值，其中包括恢复体力和智力所必需的生活资料、维持家庭及子女所必需的生活资料，以及教育和培训劳动者所必需的生活资料的价值。

2.1.2 国内人力资本研究的回顾

国内对人力资本的研究大致从 20 世纪 80 年代后期开始，20 世纪 90 年代后更成为研究的热点之一。除了国外研究人力资本的基本方向，国内的研究还带有不少本土色彩，并往往有强烈的问题导向特征。与前文的分类一致，我们将国内的人力资本研究也分为三类，并着重分析与国外研究相比国内研究的特点。（李健民，1999）

第一类，专门对人力资本进行的理论研究。这方面公开发表的论文最多，以周其仁 1996 年发表在《经济研究》第 6 期的《市场的企业———一个人力资本与非人力资本的特别合约》为代表。文章分析了人力资本的各种不同于物质资本的特征，如人力资本与人力资本载体不可分、人力资本只能激励不能勉强等。另外，国内有不少博士论文专门对人力资本进行了理论研究，如王建民的《人力资本生产制度研究》，李忠民的《人力资本———一个理论框架及其对中国一些问题的解释》等，对人力资本进行了一些定性的理论研究，也对人力资本的收益率、生产和再生产等进行了比较全面细致的研究。

所有这些研究都有一个特征，那就是就人力资本而谈人力资本，没有把人力资本出现以及人力资本所具有的这些特征与经济发展阶段联系起来，这表现在很多学者把人力资本视为一个超越历史时间限制的纯粹物理现象。当然也有例外，夏先良在其著作《知识论》中就指出："周其仁的人力资本概念包括了从工人到经理所有人的资源禀赋，这个概念过于宽泛。工人根本就不具有资本化的经济条件……资本是一种经济支配力量的化身。在几种经济要素中，只有那些具有最大支配力量的要素能够成为资本。"总而言之，在近几年国内学术界对人力资本的理论研究中，人力资本的资本性尤其是这种资本性赖以存在的社会经济条件几乎没有得到关注。相比之下，舒尔茨在研究人力资本时，其对研究的背景事实是有着比较充分的认识的：人力资本是随着生产力的发展、人的经济价值的提高而出现的现象。我国学者对人力资本特征的研究与客观现实结合不足，虽然很多研究也提到了与人力资本相关的经济发展阶段，即知识经济，但对知识经济与人力资本之间的关系还缺乏理论上的深入探讨。

第二类，人力资本计量方面的研究成果。既有对人力资本存量进行直接计量的，也有对人力资本投资与 GDP 或其他总量经济指标之间的关系进行计量的，还有对学历与收益率关系进行计量的，等等。早在 1990 年，在中国社会科学院数量经济与技术经济研究所的李京文领导的研究团队与 D. 乔根森等合作研究"中、日、美生产率与经济增长"的过程中，就已对人力资本的计量做了一些基础性工作：运用比例拟合迭代法，他们建立了按劳动力五个特征（产业、性别、文化程度、年龄、职业）交叉分类的劳动就业人数数据库和相应分类的劳动报酬数据库，并通过把各种劳动者的劳动小时以相应的边际产量加权，计算了劳动投入的服务流量。另外，在 1997 年李京文、张国初等著的《现代人力资源经济分析——理论·模型·应用》中，劳动者接受教育的过程被视为劳动者的人力资本积累过程，教育的产出被视为劳动者积累的人力资本，进一步"把教育对受教育者个人余生收入的影响作为教育产出的度量"。后来该研究所的沈利生和朱运法又在《人力资本与经济增长分析》中，从实证研究的角度把人力资本存量界定为一个社会所有劳动者所具有的生产能力的一种综合量度，把不同层次的教育根据不同的教育成本予以加总以计量人力资本的大小，并且进行了人力资本投资的变动对 GDP 影响的模拟测算。还有：沈坤容（2001）对教育投入对 GDP 变动弹性的计量，朱舟对人力资本投资成本收益进行的计量，戴圆晨和陈东琪（2000）对学历与收益率之间关系的计量等。北京大学中国经济研究中心的张帆（2000）使用将每年净投资累计加总的方法（aggregation over vintage）估计了中国 1953～1995 年的物质资本、无形非人力资本（研发投资）和人力资本存量。这些研究主要是在新古典经济学理论和计量经济学理论的指导下进行的，特点是重在实证，尤其是与本国问题有关的实证。

第三类，以人力资本作为可资利用的理论工具或概念所进行的各种研究。张维迎（1999）运用博弈论在对企业家人力资本给予主观界定的基础上，对资本雇佣劳动的合理性进行了理论上的论证。在类似的逻辑下（即主观地设定人力资本的特征以此作为分析的逻辑起点），众多论文又对人力资本特征予以其他界定，并得出应当是人力资本拥有企业所有权而不是物质资本拥有企业所有权的相反结论。豆建民（2003）在《人力资本间接定价机制的实证分析》一文中，也是从对人力资本自身性质界定出发来论证为什么要对人力资本间接定价（其实间接定价无非是剩余索取权的另一个说法），实证分析也无非是对现实中出现的各种产权模型进行归纳并把它们与人力资本联系了起来。人力资本还被用于论证我国经济增长方式转变的必要性以及人力资本与经济增长方式转变之间的密切关系。但这方面的研究似乎侧重于政策倡导，理论层次上的挖掘并不很深入。还有人从比较优势和赶超战略的角度研究把我国的人力资源转变成人力资本的重要性。另外，还有人从分配制度角度分析人力资本，认为人力资本应当享有全部剩余索取权，资本也是过去的劳动，因此资本获取利润并不与按劳分配矛盾。

还有一些学者对仅仅从经济学视角研究人力资本提出了批评。李国和等（2005）在《从社会学视角看人力资本》一文中认为，人力资本理论仅从经济角度来看待人力及其投资，其中所隐含的假设实际上抽象了现象的社会性因素。从社会学的视角看，人力资本本质上体现了人与社会之间的一种互动关系，不但人力资本的获得是个体社会化的过程，它所体现出来的价值也是社会认定的结果，体现了个体与企业或组织等之间的互动关系。因此，人力资本不仅具有经济价值，更具有不可忽视的、促进人的全面发展的社会功能。这对从社会学视角研究人力资本问题提供一个新的思路。

2.1.3　人力资本理论研究简评

在经济学各领域展开的对人力资本的研究，几乎无一例外的是在西方主流经济学框架之内对人力资本进行的研究。正如舒尔茨、贝克尔和明塞等人最先阐述的，人力资本的研究框架是以方法论上的个人主义为特征的，也就是说所有社会现象都应追溯到它们的个人行为基础。按照这种思路，人力资本的形成典型地是由个人根据他们自己的利益所采取的行动引起的。但这种思路放在发展中国家却成问题，因为它完全不能说明为什么人力资本主要是发达国家的现象。那种认为发展中国家不发达就是因为缺乏人力资本的观点在真正了解发展中国家问题的专家看来也是肤浅的，因为从另一角度来看，人力资本的缺乏毋宁说正是发展中国家社会经济不发达的结果。因此，至少对于发展中国家的情况而言，使用建立在个人主义方法论上的人力资本概念不论对于理论研究还是指导实践都是无益的。根本的问题在于它没有追问为什么会出现向"人力"进行投资的现象，或者说人力资本出现的基本条件是什么（Watson and Stewart，2003）。这已经超出了个人决策的范畴，必须进入对整体社会经济结构的研究。即使提倡关注个人决策背后的制度约束的新制度经济学派，也从来没有真正对这个层次的约束进行科学的分析。

目前人力资本理论研究整体上呈现出以下特征：

第一，对人力资本的研究，基础理论层次上的少，应用研究层次上的多。

真正的问题是，尽管舒尔茨、贝克尔等人都建立了一套看似自足的人力资本理论，但有关理论与主流经济理论范式的协调问题远未解决：一方面他们的理论都宣称是对主流经济理论的补充或扩展，但另一方面有关的补充或扩展却直接导致与主流经济理论（如理性人、均衡、通行的经济指标体系等）冲突。这是一种理论上的权宜——一方面，新的理论迎合了时代发展的需要；另一方面，新的理论即便同它自身赖以建立起来的更为基础性的理论框架发生冲突也对其置若罔闻（Jacob，1996）。当然，人力资本概念的提出也使西方主流经济学理论不断地完善自身、做一些修补，但无助于理论体系的进一步发展。根据拉卡托斯的观点，如果科学研究纲领以无休止地增加特殊的校正为其特征，而那些校正仅仅是由于适应某些新事实的要求而成为有用的，那么它就应该被称为"退化的"纲领。

国内的研究更是几乎在很少考察中国的实际发展情况的基础上谈论人力资本的，它把人力资本概念简单地套在各种情况下的劳动者身上，并对人力资本的特性给予各种主观的界定。建立在论者直观感觉或者纯粹的主观判断基础上的理论，学术价值是有限的。

第二，不管是否有意识或者非常专业化地采用个人主义方法论来研究人力资本，都不太关注与人力资本相关的整体社会经济背景。

人力资本代入生产函数的形式完全有赖于研究者的主观认识，检验这种认识的方法也是工具主义的"模型炼金术"（马克·布劳格，1990）。对那种将人力资本当做经济增长的源泉的说法而言，人力资本与技术进步究竟是什么关系，或者说人力资本是否本身就是一种技术进步，这些根本性问题都没有解决，其结论的科学性也可想而知了，因为没有任何理由一定要把技术进步归结为人力资本而不是别的什么因素。

第三，理论基础的薄弱直接导致应用研究的价值降低。

在许多有关人力资本的实证研究中，就连对于基本的因果方向都不能给出一个确切的答案。例如，对于教育与经济增长的关系、对于研发经费的数量与经济增长的关系、对于用有关的经济增长模型对经济增长路径收敛与否的论证等，各类实证分析得出的结论总的来看都是互相矛盾的，从而也难以为实践提供真正有价值的指导。

这些特征的核心其实是一个，那就是缺乏对人力资本与有关的社会经济背景关系的理论分析，而理论研究最大的薄弱表现就是，过多地把一些基本的前提假设建立在纯粹主观的任意性基础上。在国外，通过"模型炼金术"可以得出论者主观偏好的任何结论，在国内，通过近乎偏执的主观断语，经由各种学术规范的装饰，可用以支持论者的任何观点。

就经济学理论的进步而言，当相关的研究太多地立足于研究者的主观假定时，各种研究之间的沟通与对话就变得异常困难——主张人力资本具有资产专用性、风险承担性的人与主张物质资本才具有这些特性的人，谁能说服谁呢？二者都处于同一个层次。这不但使得对于人力资本研究难以获得知识上的连续性，而且不利于人力资本理论真正发展成为一种对现实世界切实产生影响或者能够对现实世界具有较强解释性预见性的理论。可以说，社会经济越是向前发展，人力资本对于社会经济问题的重要性越大，经济学理论就越不能回避有关基础性问题，就越是需要形成有关人力资本的系统性基础性理论。

需要指出的是，有关人力资本增长或成长的分析基本散布在各个领域的论文中，很不系统和深入，我们拟在人力资本与整体社会经济结构之间建立起一种有机联系的基础上，在整体中说明人力资本，系统全面深入地研究企业人力资本增殖路径，以及与之配套的引力动力系统模型和相关的制度安排，力争构建更加通畅高效的企业人力资本增殖路径，为中国的企业发展和经济增长及社会进步提供更加有力的人力资本保证。

企业是社会的经济细胞，也是人力资本增殖和使用的基本场所。从企业视野研究人力资本增殖路径，应该说是抓住了关键。再者，企业人力资本增殖和使用好了，就会为其他事业发展提供物质基础，促进教育、科技、文化、体育、卫生事业健康发展，这也为企业外的人力资本增殖提供了保障。当然，企业外的人力资本增殖问题，也许有其特殊的规律，但那只能是另外的研究课题了，本书主要进行企业人力资本增殖路径及动力制度研究。

2.1.4 人力资本产权理论研究

总体上看，企业人力资本产权理论主要涉及两个理论：一是企业理论；二是产权经济学理论。企业人力资本产权理论实际上处于这两个理论的交汇处。

2.1.4.1 企业理论

与人力资本产权问题相关的企业理论中有三种观点影响最大。

1）古典经济学与新古典经济学中的企业：作为生产函数的企业

古典经济学和新古典经济学认为，市场是唯一配置资源的单位，现实中追求最大利益的"经济人"，可以依据现有技术和自身偏好，在观察到的价格和成本下协调生产和消费行为，达到生产利润最大化和消费效用最大化；企业被假定为遵循理性原则的决策及行为主体；信息是充分的，市场是完全竞争的。在这些假定下，作为新古典经济学典范的阿罗—德布鲁模型运用数学上的凸性和不动点定理，构筑了包括消费者行为理论、生产者行为理论、市场理论在内的一般均衡理论。企业是将投入转化为产出的生产函数，在均衡的情况下，工资等于劳动边际生产率，利润（利息）等于资本边际生产率，而人力资本产权被浓缩为工资形式。显然古典和新古典经济学与现实相距甚远，无法解释为什么现实中会存在大量的企业组织，为什么会有大量的破产者，为什么会出现世界范围的经济危机这一集体行为的谬误现象。事实上，20世纪30年代以来经济学对古典和新古典经济学的批评，正是在对其假设条件和对企业组织的理解上进行的：一是针对现实中不完全竞争的市场环境，强调政府干预的补充作用；二是通过打开企业这一"黑匣子"，对企业内部结构、权利配置和企业边界等问题进行剖析，导致了现代企业产权理论的产生和发展（焦斌龙，2000）。

2）现代企业理论中的企业：一组契约

现代企业理论主要回答三个问题：一是什么是企业，即企业的性质是什么；二是企业之间的边界怎样界定；三是企业内部的权利配置是如何进行的。针对这三个问题存在不同的论述，主要包括交易费用理论、委托代理理论、不完全契约理论等。

经济学意义上的现代企业理论的开创者罗纳德·科斯（Ronald Coase）教授提出了什么是企业的疑问，提出交易成本概念并用于分析企业的基本特征、企业存在的依据、企业的边界问题等（Coase，1937）。科斯认为：①市场是一种资源配置的机制和协调经济活动的组织形式，企业也是如此，企业最显著的特征便是价格机制的替代物，企业内部的权威决定了要素的配置；②企业在市场经济中存在的理由是，企业内部交易费用比通过市场进行同样的交易要低，企业之所以存在是由于一系列要素所有者之间的短期契约被企业与生产要素所有者的长期契约替代了，其中包括了对企业使用要素的要素所有者的合理回报，从而节约了交易费用；③企业规模取决于企业机制的费用与企业选择市场交易而引起的组织管理费用之间的比较，若企业机制的费用比企业选择交易的组织管理费用低则企业可以扩大规模，反之亦然。科斯的观点可归纳为：企业是作为价格机制的替代物出现的，企业实际上是企业家与生产要素所有者之间的一组长期契约。

然而，分析科斯的企业理论，可以发现以下几个问题：①科斯没有区分有劳动雇佣关系在内的生产性契约和交易者平等交易的市场性契约，他视企业中人与人之间的关系为同质的交易契约关系，也就是说不管企业与市场如何替代，人力资源与物质资源协作基础上的人与人之间的一般"交易性契约"关系不会改变（王开国和宗兆昌，1999）；②科斯仅仅从节约交易费用方面认识企业存在的唯一原因，并没有从企业组织生产和发挥人力资本社会生产率方面的重要作用来认识企业存在的原因，因此他没有进一步探讨企业中要素产权配置的必要性及其对效率的影响；③科斯没有明确区分物质资本和人力资本要素及其权利配置问题，只是单纯地考虑企业家的指挥问题。

张五常对企业的性质进行了深入考察，认为企业并非是替代市场，而是以要素市场替代产品市场，即企业是用一种要素契约替代另一种产品契约（Cheung，1983）。张五常对企业的契约性质做了进一步挖掘，但他舍弃了企业具有的生产性质，也不能回答为什么在要素的企业交易之外还存在要素的市场交易，这两种不同的要素交易市场有何区别，为什么要素的企业交易不能将要素的市场交易纳入自己的体系和范围等问题。他也没有将要素所有者的契约组合在产权配置，特别是人力资本产权配置来深入探讨。

威廉姆斯从人的有限理性和机会主义出发，运用在不完全契约下影响交易水平和特征的三个性质，即资产的专用性、不确定性和频率概念回答了以上三个问题（Willianmson，1985）。威廉姆斯认为，现实中的生产要素交易，存在着资产的专用性，如地点的专用性、有形资产的专用性、边干边学形成的人力资本用途的专用性、奉献性和品牌资本等，这使得事先的竞争被事后的垄断或买方独家垄断所取代，导致将专用性资产的"准租金"攫为己有的机会主义行为。用纵向一体化代替现货市场可以消除或减少各种机会主义行为。这是因为在纵向一体化的企业组织中，机会主义因受到权威的监督和长期雇佣关系而弱化。因此，要素企业交易代替要素市场交易是因为专用性资产的存在，要素的企业交易不能全部代替要素的市场交易，是因为并非所有的资产都有专用性。然而，他几乎没有涉及企业员工在企业"资产专用性"中处于何种地位的问题，只是在"资本家是雇佣者"的角度，评判如何采取措施，通过将工资与确定的工作岗位相联系，通过内部提拔和长期表现而非短期评价为依据的自动晋级、长期的雇佣关系等来弱化原有的"特异性"和"不可分性"（这都是资产专用性的表现）的机会主义。而且威廉姆斯重点考察纵向等级组织，并没有考虑要素主体之间的横向关系。

格罗斯曼和哈特从对契约本身的研究讨论了企业的性质，认为世界和未来事件的复杂性和不确定性、交易人的有限理性和机会主义行为的存在，使得契约总是不完全的。关系性投资存在着套牢的可能和制定完全契约的昂贵费用，使得契约在执行过程中，总有一部分第三方（如法院）难以证实的可能，总存在一部分剩余权利，这时所有权就显得特别重要。企业是作为市场的替代而出现的，企业同时是不完全契约的产物，企业本身也是一组不完全契约（Grossman and Hart，1986）。格罗斯曼和哈特对企业契约的研究让人们进一步认清了企业契约的性质，也为企业剩余权利的安排提供了理论指导，即对投资行动最重要的一方拥有企业剩余权利，以降低企业契约的不完全带来的低效率。但他们的企业理论将企业定义为企业自己所有的财产构成，从而混淆了企业所有权和财产所有权，导致他们将重点放在对企业财产的支配而不是对"行为"，即产权约束关系的支配上。而对企业来说，剩余权利对各种产权主体的激励和约束非常重要，不应忽视。

Alchain 和 Demsetz（1972）对企业性质的研究则另辟蹊径，坚持企业是一组契约，认为企业与市场的区别在于合作活动中的收益来源中包含一个团队的运作，即团队生产。阿尔钦和德塞姆茨认为企业作为一个团队组织，与传统企业的区别不在于后者利用了权威等非市场机制节约了交易成本，而是企业团队生产对市场协调生产的比较优势和企业的协作生产能力，应当设计一种契约（即激励机制，其中最主要的是产权配置机制）提高要素投入的绩效，使企业团队生产效率最大。但是他们的企业的"团队生产"性质中，团队成员是同质的，监督者可任意地从成员中挑选，唯一重要的是必须赋予企业监督者剩余所有权以保证他们监督的积极性；而且将资本雇佣劳动现象归结为资本使用的成本，并没有系统考虑"资本监督劳动"会给企业带来什么效率损失、企业初始产权如何配置、监督本身与资本权利对人力资本产权主体激励有什么关系等问题。国内学者周其仁（1996）从产权和激励两方面论述了企业的性质，指出："人力资本的产权相当特别：只能属于个人，非'激励'难以调度"，但他对企业人力资本的生产性和人力资本产权形成机制本身没有深入分析。周其仁的结论是：科斯的企业契约理论，加上产权理论和人力资本理论，可以提供一种对市场中企业组织的新理解。焦斌龙（2000）从交易性角度和生产性角度考察了企业与市场的区别：从交易性角度看，企业区别于市场的地方在于企业可以购买到一种特殊的商品——人力资本，……从生产性角度而言，企业是一个生产性组织而非市场交易关系的总和。正是由于人力资本的加入，合作收益才会产生，企业的生产特性才得到真正体现，企业才有现实意义。焦斌龙对企业性质的论述较为完整深刻，但他没有深入讨论交易性和生产性如何联系的理论问题。企业生产和交易有其内在的由个人行为相互作用的同一性的方面，体现这些相互作用的是企业的外部环境和行为人之间的博弈过程，因此应该从行为主体角度进一步探讨企业的性质和行为人相互博弈形成的企业权利配置过程。张维迎从契约论角度研究了企业家人力资本的一般均衡。

3）以知识为基础的企业理论：企业知识理论（resource-based or capability-based theory of the firms）

20世纪90年代中期形成的以知识为基础的企业理论也称为企业资源基础论（Wernerfel，1984）、企业动力能力论（Teece et al.，1997）、企业知识基础论

(Demsetz，1988)、企业权能理论（Prahalad and Hame，1990)。企业知识理论认为：同企业外部的环境相比，企业内部的能力、资源和知识积累是解释企业获得增殖收益和保持企业竞争优势的关键，也是企业间形成差异的关键（T. Erikson and L. Nerdrum，2002)。

有效的企业生产需要一种制度来协调员工知识的功能，但这一协调功能市场并不能承担。这是由于市场在协调过程中因隐含知识难以流动以及外显知识可能被盗用或搭便车而失效。这样，企业就可以成为其生产活动所需知识的获得、运用和积累的有效制度，特别是它能通过提供大规模增量知识的学习过程（干中学导致的企业专门知识的积累，此外还有主要通过学校教育形成的通用素质的积累），使得部分生产所需的隐含知识得以积累。存在于企业员工当中的知识隐含性和专业化决定了市场难以在可观察和可计算的边际概念上对知识进行价值评估，所以是企业知识生产和运用的生产成本而不是交易成本决定了企业的边界。由于知识和能力是一种专用性资产，所有权归个人所有，因此企业应该充分考虑员工的人力资本产权，并且基于员工隐含知识和复杂知识的决策分散进行，通过企业家机制来综合有效应用。

在部分已经进入知识和信息社会的发达国家，知识已成为社会进步和经济持续发展的主要力量，而积累和创造知识及信息的人力资本正成为越来越多企业的主导生产要素。在企业人力资本的价值不断上升、物质资本的价值相对下降、企业产权制度和创新的主要领域将集中在对人力资本产权的确定及其制度安排的今天，企业知识理论为认识新的历史时代中企业的人力资本产权的重要性及人力资本产权的确定基础提供了一个崭新的视野。

2.1.4.2 产权经济学理论

1）古典经济学有关产权的思想

关于市场经济和自由竞争的经济理论的古典经济学有着深刻的制度假定，特别是以产权制度为其前提，这些假定本身涉及对财产关系及其在社会制度变迁中的历史作用的经济学理论阐释，有以下几个特征（刘伟，2000)：①市场经济制度作为历史文明最为进步的方式，其弘扬的是自由竞争和平等、自由、虔诚等权利和精神，本质上是以私人财产权利平等和自由交易为前提的。每个人可自由平等地得到制度保护并且拥有排他性产权，这属于天赋人权的内容。②古典经济学认为历史变化和资产阶级时代产生的根本原因是财产制度的变化，在工商业时期交换成为一种普遍行为，人们更加要求私有产权得到保护，并要求通过市场扩张使私有产权成为新兴资产阶级发展的动力，并由此形成自由的资本主义竞争制度。③私有财产的增加是对个体积极性激励的最有力保证，因此私有产权越明晰竞争就越充分。④私有产权不仅是对个体的根本激励，也是形成和维持社会秩序的根本动力之所在。人们在主观上追求个人利益最大化的同时，在客观上形成了整个社会经济的协调。⑤财产权利是其他一切权利的基础。斯密曾从法学上特别定义：私人产权作为社会权利基础的财产权，包括物权和人权。斯密还用产权思想来分析公共工程和公共品的意识，他看到在公共品和公共工程中市场是失灵的，失灵的原因是这里不存在个人或少数人的排他性产权，解决这种失灵应引入政府行为，但政府必须根据谁受益谁支付原则来处理这些问题，而谁受益谁支付原则本身又是根据产权与责任相对称而提出的。

可见古典经济学对产权问题的定性分析是深刻而有力的，然而在后来的西方经济学者当中，这种分析被长期忽视了。以斯密为代表的古典经济学家在产权制度上有丰富思想的同时，对产权有关的人的价值的考察也有独到见解。斯密在《国富论》中指出：一国国民每年的劳动，本来就是他们每年消费的一切生活必需品和舒适品的源泉，构成这种必需品和舒适品的，或是本国劳动的直接产品，或是用这类产品从国外购进来的产品。一国国民所需要的一切必需品和舒适品供给情况的好坏，较多地取决于一国国民是以"怎样的熟练、怎样的技巧、怎样的判断力从事劳动"。"劳动生产力上最大的增进以及运用劳动时所表现的更大熟练、技巧和判断力，似乎都是分工的结果"。斯密提出劳动价值论学说时说："劳动是衡量一切商品交换价值的真实尺度，任何一个物品的真实价格，即要取得这物品实际上所付出的代价，乃是获得它的辛苦和麻烦……以货币或货物购买商品，就是用劳动购买，正如我们用自己的劳动取得一样……劳动是第一性的价格，是最初用以购买一切货物的代价。世间一切财富，都是用劳动购买而不是用金钱购买的。所以，对于占有财富并愿意用以交换一些产品的人们来说，它的价值，恰恰等于它使他们能够购买或支配的劳动量"，"只有劳动才是价值的普遍尺度和正确尺度，换言之，只有用劳动作标准，才能在一切时代和一切地方比较各种商品的价值"（亚当·斯密，1872）。然而斯密在论述价值形成的来源时，并没有坚持劳动价值论，他又提出了第二种价值论学说，即所谓三种收入价值论学说：工资、利润和地租，是一切收入和交换价值的三个根本源泉。斯密提出了两种相互矛盾的价值学说，以商品价值的分割来论证价值的源泉，视果为因（婴智杰，1998）。问题的关键是如何进行企业收益和相关权利的分配。斯密在其理论构造中还完善了约翰·穆勒的"经济人"概念，他同时将经济人的理性行为引入自由竞争和在市场经济体制条件下看不见的手的作用下自动增进全社会福利的分析框架，这是对人力资本特征最早有完整体系的分析。然而，斯密一方面肯定了劳动是一切价值的源泉，另一方面又提出三个收入价值学说，把工资、利润和地租三种交换价值直接看成了商品价值本身，认为劳动、资本和土地具有同等价值地位，"再加上他对自由竞争机制中的价格信号完善稳定的假设，对交换价值中价值实现的分析就超越了对生产过程中价值创造的发现……人力资本的抽象价值被否定掉了，经济学代之以'工资'这种价格，对人力资本特征的研究也因其对物质资本的重视显得可有可无"（王开国和宗兆昌，1991）。

2）现代产权理论

古典经济学之后，"价值"命题就不再成为西方经济学者普遍关注的问题，他们更关心的是怎样运用资本主义市场经济机制使之达到资源最优配置的状态。"均衡价格"命题成为西方正统经济学关心的核心，除少数非正统学者仍强调财产权利制度的重要性并继续研讨外，正统经济学（新古典经济学）仅仅将财产权利制度作为一个既定的前提并且是无需讨论的前提假设条件，整个新古典经济学已演变成为一个寻求均衡的理论学说。建立在效用价值论基础上的新古典经济学把人力资本视为一种普通生产要素，否定劳动价值论。资本和劳动的报酬取决于各自对生产的贡献，在均衡的情况下，工资等于劳动边际生产率，利润（利息）等于资本边际生产率，人力资本已被排除在理论范式之外。然而在 20 世纪 30 年代后，资本主义市场经济机制面对日益复杂的经济现实时失灵现象日渐增多，单就均衡本身考察均衡越来越受局限，这使得人们开始重新反省制度原因，由此产权问题又重新成为经济学者关注的问题，产权理论得到进一步发展。

将产权理论重新纳入经济学视野的主要代表人物是弗兰克·奈特（Frank Knight）和约翰·康芒斯（John Commons）。奈特从考察风险以及风险和不确定性相联系的冒险、投机入手，明确提出企业产权的必要性（Knight，1921）。奈特指出了界定企业产权的重要功能在于使财产权利受到财产责任约束，特别提出企业只能由具有财产权进而具有财产责任能力的人支配，而且在制度层面上支配者应承担相应的责任；在不确定性世界中，企业家的首要任务是"决定干什么以及如何干"，决策正确，企业家将得到剩余或纯利润，反之亦然。奈特的论述为人们认识企业家人力资本奠定了基础，问题表现在他忽视了其他人力资本所有者的作用及权利问题。康芒斯（1997）明确指出了企业产权的必要性，并对产权作出了较早的经济学和法学理论分析。他提出了"交易"范畴，认为市场经济中人们相互之间的一切冲突源于交易，一切秩序又针对交易，克服交易冲突建立合理交易秩序的关键在于依法界定和行使产权。然而康芒斯的产权理论没有涉及企业人力资本问题，因而并不完整。

科斯首次提出交易成本的概念，为现代产权理论奠定了基础。然而，从产权经济学的角度来分析，科斯的交易费用理论中，个人之间的产权关系仍然是静态和预先给定的，人力资本的性质和特征仍然像新古典经济学所描述的那般单纯。科斯注意到企业制度在社会生产组织层面的特征，忽视了企业制度在社会产权结构方面的特征。同时他忽视了组织变迁对生产成本的影响。科斯把节约交易成本看做企业存在的唯一原因，完全忽视了企业组织在发挥劳动的社会生产力方面的不可替代的作用；忽视了企业中人力资本分工协作、指挥与被指挥、追逐和回避风险的协调关系以及企业生产要素不同组织形式导致的各种资本权利的安排。在另外一篇标志现代产权经济学诞生的文章《社会成本问题》中，科斯系统论述了产权的经济作用，分析了产权的功能，特别是考察了产权结构在降低社会成本、克服外部市场失灵方面的关键性作用，使产权制度作为保障资源配置有效性的必要条件。德姆塞茨（H. Demsetz）在《论产权理论》中拓展明确了产权的形成：产权就是一个人受益或其他人受损的权利，它只有在不同的所有者之间发生利益关系时才存在意义。产权是物进入实际经济活动后所引发的人与人之间的相互利益关系的权利界定，这一界定可以是明确指定的（如法律所规定的权利），也可以是隐含的（通过道德、习俗等加以承诺或默认），其重点是关注经济活动中人的行为。德姆塞茨的论述为人们从行为学角度讨论产权提供了一个新思路。

产权经济学的巨大发展与人力资本产权关系最为突出的是交易费用理论和委托代理理论。

A. 交易费用理论

（1）对交易费用概念的拓展。威廉姆斯等认为：交易费用是制度摩擦所导致的费用，特别是产权不清必然导致摩擦发生；信息费用是交易费用的核心；交易费用发生的前提条件是个人之间的利益分歧，克服和协调分歧产生的费用本质上就是制度费用，包括信息费用、监督管理费用、制度结构变化的费用等（Williamson，1985）。例如，实施、监督和执行合同的费用，这从另一侧面要求协调各个权利主体之间的产权关系。

（2）间接定价理论。间接定价理论始于科斯、张五常，杨小凯和黄有光等发展了这个理论。张五常提出企业用生产要素契约代替市场交易契约，生产要素契约中包含了特殊的人力资本，可是他并没深入考察企业要素契约中关于企业内部结构由监督—激励问题等决定的与产权相关问题的论述，而是继续沿着科斯思路往下走，认为企业以劳动市场代替产品市场的原因是节约交易费用（曹正汉，1997）。

杨小凯和黄有光（1999）重视劳动分工效率和交易费用的对称考察，认为只要劳动分工效率大于交易费用企业就能出现。采用消费者—生产者、专业化经济和交易费用三个变量，建立了企业的一般均衡数学模型，把企业产权和定价成本联系起来，同时把企业的均衡组织形式同交易效率联系，使企业产权结构成为解释交易效率最重要的因素，也使得其定价成本成为选择企业产权构造的重要衡量依据。其结论是：唯一产生生产效率的方法是选择管理知识生产者当雇主来交易商品生产者生产的商品，这是交易费用最低的对管理能力的"间接定价"。"间接定价理论"直接聚焦于企业家人力资本，但没有考虑由于分工的深化而产生的具有隐含知识或专业才能的其他人力资本的产权问题。

（3）资产专用性及完全契约理论。Williamson（1980）、Klein 等（1978）的模型承续了科斯的企业是节约交易费用的制度模式，但将资产专用性以及由此带来的机会主义行为作为决定交易费用的主要因素，私人企业可以通过把监督投入品的权力和对企业剩余索取权安排给企业专用性资产的所有者来解决偷懒的监督问题。

Grossman 和 Hart（1983）认为企业最优一体化应是把与剩余索取权相适应的风险责任及对企业的控制权交给对企业最重要的一方：具有知识和能力的一方。

Fitzroy 和 Mueller（1984）进一步研究认为企业内的权力安排取决于非流动性在企业职员内的分布，非流动性成员应该在企业内行使管理权，管理的监督权力归于资本家的事实可以用资本非流动性来解释。张维迎（1999）认为授权经营性成员，不是由于他们更不易流动，而是因为他们难监督；委托权与资本家相匹配不是因为资本更不容易流动，而是资本是一种信号。现实中我们经常看到的企业剩余权利授予流动性大的经营成员的事实也证明了这一点。

Oroidan（1990）模型强调了因信息受损而形成的市场交易费用同因权利结构激励乏力而造成的企业资本之间的比较和替代问题。一般说来，这种比较取决于所有者本人对产品价值的评价和成本函数对管理者激励的敏感度，在产品更有价值，成本函数不十分敏感的条件下，采取纵向一体化的企业制度比直接市场交易可能更为有效。在这里，瑞奥登实际上论述了隐含产权激励可降低企业成本的问题，即对企业各个资本所有者的产权激励（权利配置）对企业效率的作用，但它没有深入探讨如何实现产权激励特别是人力资本产权激励的问题。

B. 委托代理理论

（1）委托代理权利结构分析。标准的委托代理理论模型有两个主要假定：①物质资本所有者作为委托者对产出分布函数不起作用，即对产出无直接贡献；②信息不对称，委托人对代理人的行为不易直接观察。在这两个约束条件下，一方面，如果让代理人承受全部风险，代理人成为剩余索取者，产权对代理人的约束是严格的，对其的激励也是充分的，此时企业交易成本低、绩效高；另一方面，若想使委托者预期效用最大，在委托者与代理者之间的产权结构安排中，代理方必须承担其在企业中与资产权利相对应的责任风险，同时与激励代理者所需要的利益也相对称。

（2）团队生产、道德风险和代理成本理论。团队生产、道德风险和代理成本理论实际上是运用市场交易成本来解释企业内部的监督成本，进而从产权构造上对企业效率进行分析。

Alchain 和 Demsetz（1972）认为企业本质上是"团队生产"，需要使监督者拥有剩余索取权、指挥其他成员权和修改约束成员契约权，成为团队生产投入者和所有者来保证监督的有效性。考虑到隐含知识和能力难以监督，应通过博弈分析来实现企业效率和个人效用在约束条件下的最大化。

Holmstorm 和 Tirole（1989）认为，在企业投入要素中，资本要素的作用最难度量，其报酬难以确认，因此由资本雇佣并监督劳动等要素的监督成本相对低而使企业更有效率。我们认为资本雇佣劳动并非恒久命题，事实上人力资本的贡献才难以度量。

Jensen 和 Meckling（1976）认为，委托代理成本是由企业产权结构决定的，只要管理人员不是企业的完全所有者便会产生代理成本，即存在代理关系的企业价值目标低于监督者完全所有的企业价值的差额。降低代理成本的关键在于使剩余权益和所有权相统一。我们认为，在管理者个人存在机会主义倾向的前提下，若忽视其人力资本权利的有效配置，看来是无法解决代理成本问题的。

（3）Eswaran 和 Kotwal 的激励模型。Eswaran 和 Kotwal（1989）认为，物质资本所有者直接创办企业，实际上是资本家对债务人道德败坏的一种反抗，是自己直接监督而不是在借贷关系下放弃监督。Eswaran 和 Kotwal 的激励模型强调了企业产权结构上管理权与所有权统一的重要性，但无法解释现实中存在的纯粹代理人现象，也难以解释典型的股份公司制度。我们认为，在资本市场完善的前提下，投资者没有必要直接支配其资本，因为资本市场的发达便于其资本进入或退出。

（4）斯蒂格利茨和威茨的信贷配给模型。Stiglitz 和 Weiss（1981）的信贷配给模型认为针对企业家的道德危害问题，贷款方不是更多地提高利率来约束借款者（企业家和管理者），而是借助信贷配给额约束借款者，即不以借贷交易的市场价格约束而是在企业产权结构上通过适度确定贷款比重来减少风险。我们认为如果让信贷配给（即提供物质资本）和激励（人力资本所有者）机制结合起来，效果或许会更佳。

2.1.4.3 关于人力资本产权理论的最新进展

时代的发展使得物质资本所有者享有企业所有权的市场经济"铁律"受到了来自人力资本所有者和其他利益相关者的指责。在经济学上,第一次把人力资本及其产权引进对现代企业制度的理解的是斯蒂格勒(G. Stigle)和弗里德曼(C. Friedman),针对伯勒(A. A. Berle)和米恩斯(G. C. Means)把企业家人力资本产权与企业资产资本所有权分离理解成"控制权和所有权的分离"(Berle and Means,1967),指出大企业的股东拥有对自己财务资本的完全产权和控制权,他们通过股票买卖行使其产权,而经理拥有对自己管理知识的完全产权和支配权,他们在高级劳务市场上买卖自己的知识和能力,因此股份公司是财务资本与经理知识这两种资本及其所有权之间的复杂合约(Stigle and Friedman,1983)。

Darias Palia 和 Frank Lichtenberge 从实证角度分析了企业经理人力资本所有者拥有企业所有权与企业绩效的关系,指出经理所有权比重的变化将大大改变公司绩效并进而影响企业的市场价值,这实际上探讨了企业家人力资本产权的重要性。

由于新技术革命的推动和经济全球化的影响,各国社会经济结构巨变,人力资本在企业发展和分配中的地位越来越高,人力资本产权形式也随之巨变,经理期权(ESO)、员工所有权(ESOP)等激励形式在发达国家不断推行。

20世纪80年代以来,关于企业所有权安排的最大事件当属美国29个州相继修改了公司法,明确了公司对利益相关者的责任和义务。产权问题,特别是人力资本产权问题越来越受到理论界的重视,出现了许多观点:

第一种观点,强调人力资本产权。

周其仁(1996)指出:"如何充分动员企业里各种人力资本,即发展'激励性契约',成为有效利用企业财务资本的前提,也因此日益成为当代保持企业竞争力和生产力的中心问题。"方竹兰(1999)认为人力资本所有者是企业风险的真正承担者,是企业财富的创造者,应当拥有企业所有权;人力资本的作用是积极的、主动的;应以人力资本为主导的分散式对称分布的现行企业所有权安排,代替谁投资谁拥有的集中式对称分布的现行企业所有权。但她缺少对企业组织形态、制度环境、市场等人力资本产权影响的综合考虑和产权形成过程分析。

第二种观点,强调物质资本产权。

张维迎(1995)在《企业的企业家——契约理论》中,首先,以企业当事人之间在经营能力、个人资产和风险态度三方面的差别为前提,指出了影响企业委托代理的各种因素：协作态度、风险态度、监督技术和相对重要性等。通过数学过程证明了委托权安排给企业经营者是最优的。其次，他认为就经营能力而言，富人做资本家更显可信，因为个人财产是公共信息，经营能力是私人信息。再次，张维迎将人口分为四种职业：企业家、管理者、纯粹的资本家和工人，建立了一个企业的企业家一般均衡模型，并证明了在均衡中，高能力私有财产多且低风险规避态度的人成为企业家，能力低个人财产少且有高风险规避态度的人成为工人，高能力但个人财产少的人成为资本家雇佣的管理者，能力低但个人财产多的人成为雇佣管理者的纯粹资本家。最后，张维迎也注意到其他有关能力的信号（如教育程度）可以利用时，资本对劳动的上述优势将减弱。应当说，在其设定的条件下，张维迎的论证是严格有力的，然后随着经济发展，考虑到员工个人财富数量增加及造成风险态度的事实变化，企业相关权益配置应更多地基于企业所处的市场、企业组织形态、制度环境下当事人的博弈来系统考虑，在解释"产权配置"这一动态问题时，更多的注意力应当放在"产权主体博弈"这一个体主义的逻辑上。

王跃生（1999）认为，既然企业的风险由物质资本所有者承担，那么股东拥有企业和股东治理就是自然结果；人力资本所有者应在收入中享有合理的份额，使无形资产和创业投入通过股权结构和价格机制表现出来，但这并不意味着要改变股东治理结构和利润最大化模式本身。

陆维杰（1998）认为，每个企业的所有权归属最终取决于一定生产力下该企业经济活动水平对物质资本和人力资本的需求程度以及企业环境中两种资本的稀缺程度，而且受企业规模带来的企业组织结构的影响。在现阶段，对人力资本的需求和重视会加强，但这并不意味着最后会深化到人力资本必然占支配地位，因为随着科学技术发展物质资本也在以各种方式强化着自身。

第三种观点，企业所有权配置是各个资本所有者市场交易的结果。

杨晓维（2000）认为，只要存在一个以排他性要素（资本）所有权为基础的、充分发育完善的竞争性市场体系，理性的要素所有者的自由选择和交易将会自动优化企业所有权安排。杨晓维的论述非常重要，他实际上把产权安排看做一个受企业面临的内外部技术和市场条件影响的动态变量，但没有考虑人力资本产权的制度因素和博弈过程。

第四种观点，重视人力资本产权是社会历史发展的必然。

郭金林（2000）认为，有效的人力资本产权制度安排必然体现人力资本的产权特性，制度变迁的趋势是沿着人力资本产权逐渐回归其承载者个体。

第五种观点，企业所有权的归属取决于物质资本所有者和人力资本所有者的博弈结果。

杨瑞龙和周业安（1997，1998）认为，剩余所有权和企业控制权集中对称分布于一方，至少意味着对方产权权益被剥夺，尽管这种集中式对称分布在一定条件下是有效率的，但结果的不平等不等于产权主体间签约而获利机会的不平等，因为契约的达成要取决于产权主体之间的谈判博弈。资本家与工人对企业产权占有的结构状态取决于交易复杂性（如可度量性）、企业合约中存在的"公共领域"范围大小等因素。假如交易复杂程度高，双方既面临信息不对称又相互依赖，那么共同治理就是有效的。共同治理可以促进交流，提高决策的正确性，并降低监督费用，只要所得大于所失，共同治理契约就成为有效的制度安排。

现代产权理论的重大贡献是区分了产权与物权：物权仅仅是指法律赋予的对物的排他性的占有权，而产权则是使某人受益或受损的权利，产权的核心是对人的行为、人与人之间的利益关系的界定。可见，产权明晰的核心取决于行为人在社会和组织中面临的环境及行为人之间的博弈。通过对影响人力资本产权的边界条件（市场、企业组织形态和制度等）的考察，结合前沿的博弈论、管理学和组织行为学等理论，系统研究人力资本产权安排的历史、现实和逻辑规律，进而开辟出一条通畅的人力资本增殖路径，促进效率和效益的有效提高和改善，具有重要的理论和实践价值（Yao and Sheng，2004）。

现代人力资本理论在经济学中也引出了许多问题，如人力资本产权如何界定，如何构造人力资本增殖的动力系统，尤其是结合中国的社会历史条件，开辟出一条通畅的人力资本增殖的路径体系并促进其优化演进，成了一个亟须系统深入研究的理论问题和亟待解决的实践问题，是一个重要和现实的课题。

2.2　企业人力资本增殖的理论基础

自然辩证法告诉我们，任何事物的发展成长都需要畅通的路径或通道，即有路可走或发展空间，人力资本增殖同样需要通畅的路径。按照系统动力学原理，人力资本增殖需要在充足的动力推引下，吸收外界的物质能量和信息，面临企业情境参数，通过人力资本主体自身的学习感悟和实践提升等人力资本生产过程而增殖，才能有效实现。人力资本主体这种动力和相关的物质能量信息来源于配套的制度。

2.2.1　人力资本要素增殖条件的理论

人力资本增殖包含人力资本主体自身的人力资本要素结构优化和要素水平提

高两个方面，企业人力资本增殖还包括通过建立科学的人力资本吸引筛选机制管理好人力资本的出口和入口来吸引人力资本迁移而净流入实现。人力资本增殖意味着人力资本的要素结构状态需要随着人力资本使用要求和人力要素水平不断优化和提高，最终使人力资本要素和效能总体水平不断提高。

要研究人力资本要素增殖条件，就需要明确两个方面：一是人力资本各构成要素本身积累的条件；二是人力资本要素结构优化的条件。

2.2.1.1 人力资本要素自身增殖的条件

人力资本构成要素本身积累的条件，也就是人力资本各构成要素通过什么机制来积累增殖。

1）人力资本的体能要素增殖条件

企业人力资本健康体能要素的积累增殖，主要是通过合理均衡的营养补充、科学合理的锻炼保健、积极健康的心理修炼和科学适当的作息实践等来补充体能、充沛精力、增进健康和增强活力等。

营养学家可以通过对人类生理机能生长发展的内在需要进行科学研究，根据社会经济条件提出不同年龄、不同性别人们的营养、科学、合理的饮食结构和数量及科学饮食方式的参考建议，人们可以根据自身条件选择合理科学的营养配方饮食促进身体健康。

科学合理的锻炼保健和心理修炼主要是通过一个积极健康的工作生活方式、乐观自信的人生态度、对人生社会和自然的正确思考和感悟等来改善和提高生理和心理的健康水平。乐观的生活理念和高水平的工作和生活质量是提高人们身心健康水平的重要措施。

科学适当的作息制度设计对提高人们的健康水平非常重要，这里包括非正式制度下的人们自身的自主作息安排，可能不同的人会不一样，但都有一个可供参考的有利于健康的作息安排。例如，通常成年人睡眠时间应不少于6~8个小时，吃饭时间为1~3个小时，保健休闲学习时间3小时左右等；也有正式的工作时间制度安排，一般国家会对周工作时间有一个正式法制的规定，如多数国家实现了周40小时工作制度，工作时间制度随着社会经济发展还有缩短的趋势。这一方面是因为生产力水平提高提供了高的劳动生产率、创造了大量财富，为人们拥有更多休闲时间提供了条件，另一方面是随着劳动生产的技术含量的提高要求提供更多时间来为劳动者补充体力精力和学习培训发展。

2）人力资本的智能要素增殖条件

人力资本中的知识技能要素的积累和增殖，主要通过学习教育培训、干中学、研发实践和工作迁移等途径来实现。人力资本中的知识素质积累和增殖的内容，应该由社会经济发展阶段和人力资本使用岗位，即宏观和微观环境来决定，通常会随着社会发展变化而变化，问题的关键是研究明确与社会经济发展阶段和人力资本使用岗位相匹配的知识技能内容和结构后，再通过人力资本主体的学习培训和实践感悟而实现。

从人力资本中知识要素积累和增殖的途径来看，人生初期的基础教育主要积累人的基本素质和基础技能，这是国民素质的基础，也决定了这个社会国民素质技能进一步开发的潜力和创造性。这个阶段主要是以通识教育为主，通识教育的目标主要是：①提供对本行以外可能相关的其他学术领域的认识以超越某一领域或学程的限制；②培养学生的整合能力以形成整合视域；③促进不同领域彼此沟通以期协调和达成共识；④启发人文关怀，培育人文关怀、民族情感和社会责任感，使专家对研究课题作出整体判断，站在科学发展与社会和谐的战略高度来系统地研究，让科学研究与科技应用充满人文关怀和社会责任。研究表明通识教育的实践还不能完全达成以上诸项目标，需要企业人才需求导向通过教育体制改革来更好地达成通识教育的正确目标（孟祥林，2005）。

在职培训、研发实践和干中学等人力资本增殖路径，主要是引起与岗位工作相关的理论和技能的积累增殖，这应该是人力资本知识技能素质积累增殖的持续经常的方式，也是专用性人力资本的根本来源途径。

工作迁移本身不一定直接积累增殖人力资本的知识技能素质数量，但从人力资本素质结构与工作岗位能力要求的动态匹配来看，从人力资本使用的有效激励看，提高了人力资本的效能，也可以说是实现了人力资本的要素的动态优化，相当于提高了人力资本的水平。因为，人力资本优化本身是动态的和相对的，优化与岗位匹配对应才有意义。

知识传导实际上就是人力资本增殖的重要方式。知识已成为企业战略分析的基本单元和竞争优势的源泉。知识传导是指在恰当的时间把恰当的知识内容传导给恰当地点恰当的人员，并为组织吸收、整合、应用、创新，使之适应不同的应用环境，实现知识增殖，包括传和导两个环节的动态过程。关于企业知识（包含技能）传导模式，理论界提出了多种模型，主要包括：①Nonaka（1994）提出的知识创造螺旋模型，将知识的转换归纳为下列四种模式：外部化、内在化、社会化、综合化；②Hedlund（1994）的知识传导三阶段模式，提出了知识传导的三个步骤：编码化及内化、外延和占有、消化及扩散；③Trott 等（1995）的知识传导 4A 模型，提出了意识（awareness）、关联（association）、消化（assimilation）、应用（application）（4A）模型来说明内流的技术传导过程；④Gilbert 等（1996）也提出了一个取得、沟通、应用、接受与消化的五阶段知识传导模式；⑤Szulanski（1996）提出了知识传导最佳实践在企业内传导的模仿、实施、冲刺和整合四阶段模型；⑥O'Dell 等（1998）提出了价值定位、促进因子、变革流程三个主要组成部分的最佳实践传导模式；⑦Albino 等（1999）在 Gilbert 等（1996）的知识传导五阶段模式的基础上，进一步将知识传导流程在概念上分为信息系统及解释系统，信息系统与运作分析相关，解释系统与概念层级分析相关。从运作分析的观点来看，知识传导是沟通的过程加上信息处理的活动，知识拥有者（个人或组织）根据其拥有知识的特性，通过适当的媒介将信息传给另一个人或组织，而沟通类型和沟通效率与效能，则要视媒介选择而定；而从概念层级分析来看，知识传导与组织学习的概念是紧密相关的，事实上，传导给知识接收者（个人或组织）的信息并不是知识，因为信息还必须经由组织的解释系统才能变成知识，而这个解释过程的效能则取决于知识接收者的相关专业知识和能力，即学习力。此外，还有一些研究学者从其他角度提出了相关的知识传导过程。例如，Inkpen 等（1995）区分三个层面的过程：在个体层面关键过程是解释；在群体层面关键过程是整合；在组织层面关键过程是使之制度化。陈菲琼（2001）提出四层次的"知识阶梯"：装配、零部件的调整和本地化、产品再设计、自主的产品设计。江积海等（2003）提出了知识获取—知识编码—知识共享—知识创新的传导价值链模型。

知识传导给组织员工并由员工学习、消化和掌握，实际上就是提高人力资本的智能要素。在技术日益动态变化的环境下，通过外部获取知识而不是内部开发已成为企业知识科技应用与创新的盛行方式，研究企业与企业之间的知识获取和传导并实现知识创新和应用是企业现阶段面临的重要课题。知识传导过程中会受到所传导知识的性质、传导方的意愿、接收方的激励、传导的渠道多样性等壁垒因素的影响，企业应该根据自身的知识存量和知识需求选择合理的知识传导模式和路径，以实现知识传导成本和收益的最优化和知识应用价值最大化（江积海和宣国良，2005）。

3）人力资本的德能要素增殖条件

人力资本中的思想品德素质的积累和提高，就是通过对人力资本主体进行有效的思想教育和文化观念的引导，让员工对社会自然和工作生活中的人和事进行情感体验和理性感悟，去正确思考人与人、人与组织、人与社会、人与自然等辩证关系，正确认识人生价值、社会价值、付出与回报、感恩与奉献、科技与伦理、道德与法制等伦理价值问题，树立正确的人生观、价值观、社会观和世界观，从而更好地激励人们努力发展自己、实现自我价值和社会价值，促进人全面发展、单位更好地发展和社会发展进步，促进人与人、人与社会和人与自然和谐发展，让世界更美好和社会更和谐。人力资本中的思想品德素质的积累和增殖，主要途径有思想政治教育、组织文化建设、社会文化建设、人自身的思考和感悟等。人力资本中的思想品德素质增殖，应根据社会经济发展阶段的特点和个人、单位、社会及世界和谐发展的要求，加强积极健康的社会公德、职业道德和家庭美德等教育，以全面提高人们的思想品德素质。

作为企业生产经营主体的人力资本，其应具备的道德规范主要包括（李欧，2001）：

感恩。每个人包括生命在内的所有一切都是社会和他人给予的，应从内心感谢社会和他人给予的厚爱。职位越高、待遇越优、担任的工作越重要，说明别人给予你的越多，你的感恩意识应越强。知恩图报，是做人的起码标准，也是道德观念的底线。感恩是人应有的良知，是其他道德意识的基础。故此，西方许多伦理学家将感恩列为道德的金律。

忠诚。每个人都是社会不可分割的一部分，从不同角度看，你总是自己所从属范围的一个因子。若想不被社会、不被自己所从属的群体抛弃，你必须忠诚于你所从属的群体。从大的方面讲，要忠诚于祖国、忠诚于人民；就具体问题讲，要忠诚于爱情（家庭）、忠诚于事业。作为企业的人力资本，必须忠诚于事业和企业。只有爱岗敬业，才能确立主人翁意识，在自己的岗位上创造出一流的业绩。

仁爱。"己所不欲，勿施于人"被列为道德的金律。宽厚、谦逊、友善、和气、真挚、富有同情心等美德都源于仁爱之心。仁爱可以消除隔膜，减少磨合成本，加强协作精神，营造良好的工作环境，避免矛盾冲突所带来的损失。随着生产技术的迅猛发展和生产节奏的不断加快，人与人之间的情感交流越来越少，在这种情况下，仁爱之心尤显重要。它是密切人际关系，创造精神财富，形成企业合力的源泉。

勤奋。"业精于勤，荒于嬉"是耳熟能详的箴言。许多人认为勤奋与否纯属个人习性，是与他人无关的问题。若列入道德问题，最多也只能算是"私德"。如果说个人居家过日子，勤快一点或懒惰一点属生活小节，无关宏旨；那么作为人力资本的范畴，勤奋与否则涉及责任感、事业心、工作作风、工作效率的问题。勤奋会激发创造力，勤奋能弥补能力的缺憾，勤奋可以培养一种发愤图强、苦干实干的精神。总之，勤奋是智者对待工作、对待事业和对待生活必须具备的品格。

慷慨。商品经济尽管是一种利益经济，但是利益的取舍与分割不但取决于市场运行的内在机制，而且取决于义利观、价值观等人文因素的影响。人的社会性要求人们在权利与义务之间，在索取与奉献之间，在利己与利人方面要有合于国家的、集体的价值取向。舍己为人、克己奉公是任何一个时代都倡导的伦理道德。过分计较个人利益、一事当前先替自己考虑、对社会对企业对他人只讲索取不讲奉献的人，是难以让人信赖、难以托付重任的人，因为他可能会为了个人的蝇头小利而不惜损害企业乃至国家的重大利益。

慎独。自我控制、能够抵制本能的冲动是人与纯粹动物的根本区别。自律自制是品格的精髓。中外历史名篇中，赞誉之词并非给予那些"攻城略地"的强者，而是大多献给了"能主宰自己灵魂"的人们。慎独，不仅反映了一个人的道德品质已由"他律"上升为习惯性的"自律"，而且反映了一个人的意志十分坚定，行为十分磊落。能否慎独是检验一个人品质高下的试金石。在企业经济活动中，管理者尤其是高层管理人员独立行事、独当一面的机会很多，市场经济说到底是信用经济。千千万万不相识的人之所以不惜跨越国界、省界心甘情愿地交换自己所需要的商品，就是因为有了信用。信用是商品经济社会道德的主旋律，信用是赢得社会普遍认可和尊重的通行证。我国古代圣贤一致认为讲信用是君子的一种美德，是交友处事的基本准则。在经济活动中，取信于消费者、取信于社会及取信于员工是企业的立足之本；作为企业员工，诚实守信是修身之本，是做人之本。信用使每个企业、每个人都要为自己的承诺背负永恒的责任，所以信用是构筑企业商誉的基石，守信是对人力资本进行考核的重要条件。

正直。正直与诚实密不可分，正直与坦荡相辅相成。正直就是敢于面对现实，敢于讲真话。"君子坦荡荡，小人常戚戚"，内心坦诚是战胜困难克服人性弱点最坚强的武器，性格率真自然是品行最高的境界。内心容不得一点污垢，敢于直面自身的缺点，敢于正视企业的问题，是自信和力量的表现。企业的信誉来自员工，特别是来自高层管理人员的人格魅力，而人格的魅力是由正直坦诚的人品折射出来的。

2.2.1.2　人力资本要素的结构优化条件

前文已经指出，人力资本的现实效能发挥水平取决于人力资本要素的短板，只有在人力资本的构成要素均衡和谐的前提下，人力资本才具有最大的潜在效能。人力资本的构成要素的均衡和谐，取决于社会发展和组织岗位对人力资本的使用要求，即适应人力资本应用的情景参数。当社会组织设计了一套有利于促进组织岗位要求的人力资本要素结构和水平提高的法规制度，并且这套制度能够提供充分的动力和激励来促进人力资本要素结构优化和效能水平提高，人力资本主体积极适应人力资本运用的社会组织情景参数，人力资本要素的结构优化就可能出现，即：社会组织岗位对人力资本的作用要求——配套的人力资本要素增殖和结构优化的路径系统和激励制度——人力资本要素结构优化。

2.2.2 企业人力资本增殖路径的理论

2.2.2.1 人力资本的增殖路径构成

人力资本增殖路径，是指人力资本沿着什么样的路径前进，可以实现人力资本由较低水平增殖为较高水平。这里既包括人力资本各要素数量的增殖，也包括人力资本各要素结构相对于人力资本使用岗位要求的系统优化而综合提高人力资本效能，也就是提高人力资本的整体效能。根据人力资本要素增殖条件，参考人力资本之父舒尔茨等的理论，可以归纳出以下几条基本的人力资本增殖路径：①用于医疗保健的投资；②用于在职培训的投资；③用于各种正规教育的投资；④用于成人教育的投资；⑤用于个人和家庭寻找更好的就业机会而流动的投资。

2.2.2.2 人力资本的增殖路径功能

从人力资本投资内容的角度归纳出人力资本增殖的三大路径，即医疗保健路径、教育培训路径和工作迁移路径，其对人力资本增殖的功能主要是：

（1）医疗保健路径——通过对医疗、卫生、保健、营养等进行投资，来恢复、维持或改善、提高人的体能（体力、精力），增进健康水平，从而提高劳动者消除疲劳、恢复体能的能力，以及担当和承载劳动负荷的能力。一言以蔽之，提高劳动者的生产能力。

（2）教育培训路径——以一定的费用成本支出，获得在各类学校、各种场合受教育的机会，学习和提高科学文化知识与实践技能。正规教育、职工培训、成人教育、干中学、经验积累等均系教育培训的具体路径形式。

（3）工作迁移路径——支付一定成本，实现人口和劳动力在地域、产业、行业或企业间的迁移流动，变更就业的职业或工作岗位，以便满足个人偏好或创造更高收入（Kotoro and Hsu，2002）。

人力资本投资涉及面很广，人力资本的教育投资具有核心的作用，其增殖的人力资本的德、智、体能而形成的综合潜能，与物质资本相结合，就可以形成现实的生产力。人力资本的教育培训路径，需要特别重视和深入研究。

第一，人力资本是现代经济增长的原动力、源泉和加速器。而正是教育投资直接形成人力资本的本质的构成部分——智力知识和技能，直接决定人力资本存量大小和水平高低，没有教育投资，人力资本就不复存在。

第二，人力资本教育培训投资形成人力资本的智力、知识技能和良好品格，即形成人力资本的这种特殊功能具有完全的不可替代性。无论是保健投资，抑或迁移流动投资，均无法取代教育投资形成人力资本要素实质内容的独特功能。

第三，教育在现代经济增长中起着决定性作用。只有教育，才能形成劳动者的科学知识、技能、创新意识和创新能力，这种能力成为拉动现代经济增长的新引擎和决定性要素，进而使人力资本水平较高的行业和企业取得更快发展，这点黄崇利等 2008 年 1 月发表在《中国药房》上的 "医药产业发展与经济发展关系研究"（黄崇利，2008）也可证实。所以，教育一向被美国视为立国之本，被日本、德国诸国作为 "法宝" 和 "秘密武器"，依靠它迅速实现了经济腾飞。如今，我国政府制定了科教兴国的大政方针，实为适应现时代需要的英明决策。发展教育靠什么？从根本上讲，要靠教育投资。没有人力资本教育投资，不可能有教育的发展。教育不发展，什么经济起飞、社会进步，什么富民兴国均系空谈。因此，研究人力资本教育投资、如何进行教育投资的管理，非常必要。

第四，教育投资在整个人力资本投资中居于核心地位，是头等重要的投资。在人力资本投资的三方面内容中，健康体格是人得以存在以及智力、精神活动的必要前提，医疗保健投资是其他两项人力资本投资的重要前提条件和物质基础。迁移投资是劳动者实现就业，其内在人力资本（知识、技能）得以充分释放和发挥所必需的，是保健投资和教育投资产生效益的必由之路，是让人力资本与作用岗位更加合理地匹配、促使人力资本要素结构间接优化的有效方法。教育投资是从本质上直接形成人力资本和决定人力资本数量与质量的投资，故它是整个人力资本投资的核心。三种投资各有其作用，都很重要，也都有其存在的必要，但相对而言，居于核心位置的教育培训投资最重要，因为没有这一投资，人力资本便不复存在，又谈何其他两项人力资本投资！

由此可见，保健投资、教育投资和迁移投资是相互影响、互相联系的，它们构成一个完整的人力资本投资体系，形成一个系统的人力资本增殖路径体系。虽然如此，但每类投资仍具有自己相对的独立性，有各自的投资运作规律与特征。

2.2.2.3 人力资本增殖的工作迁移路径特殊性分析

工作迁移投资路径具有一些特殊性，这里做进一步分析。前文已经指出，工作迁移本身不增加人力资本的存量，但它会因为人力资本与工作岗位（或者说物质资本）更好地动态匹配，或者说得到更好的激励，相对于岗位匹配来说人力资本的结构状态接得到优化，从而促使人力资本更好地释放效能和发挥作用。从最终发挥的作用来看，通过工作迁移人力资本的效能更高，实际上提高了人力资本水平。工作迁移的这种人力资本增殖的特殊性为企业创建人力资本工作迁移的吸引筛选机制提供了理论支持。

进一步需要明确分析，迁移投资的最终资金根源何在。从现实形式来看，迁移投资的成本费用首先是工作迁移者支付，接着也许是吸引人力资本的企业提供部分补贴和支付较高报酬来间接支付，这可以弥补工作迁移的成本费用并带来更高的投资回报。这种因为人力资本工作迁移导致的更高人力资本效能所创造的更多货币价值，会在人力资本所有者和吸引工作迁移的企业之间分配，具体分配方法取决于人力资本所有者与物质资本所有者即企业之间的博弈，通常的结果是双方受益。因此，人力资本所有者和使用者都有愿意和动力进行人力资本的工作迁移投资，这也是人力资本增殖的一条不可忽视的重要路径，特别是在现代经济条件下。

还有一点需要明确，对人力资本工作迁移的激励，绝不仅仅局限于直接的货币投资回报，一些非货币激励对人力资本工作迁移也有非常重要的作用，有时甚至会起决定作用。导致人力资本工作迁移的激励因素除了直接的货币回报外，非货币激励主要包括：①良好的单位工作环境，如单位的工作条件、发展机会；②目标城市的自然社会环境，如优美的自然环境、和谐安全的社会治安、便利的交通条件、良好的教育条件和社会文化、适度的城市节奏和压力等；③城市生活和商务成本及发展机会对比的净收益，如城市发展潜力和市场经济等带来的可能利益等。

此外，有时候还会有许多重要的外部性因素，会影响人力资本的工作迁移。下文以高校教师工作迁移的一个实例来说明非货币的外部性激励情况。五年前，温州某大学吸引高级人才的措施中就有住房补贴，在政府规划优惠支持的高级人才引进小区提供住房，最初是由工作迁移的人力资本主体与聘任企业（或其他单位）按1:4的比例按住房成本价约2000元/平方米取得住房，政府无偿划拨土地并提供基础配套设施建设，工作满五年后产权全部转移给人力资本所有者，即人才本人所有。一位教授五年前调往温州大学时支付了不到8万元得到一套180平方米的高档小区住房，现在产权已经全部转移，而该住房的市场价格目前已经达到约15 000元/平方米了，总价值达到250万元以上。试想这种增殖的利益，学校和人力资本所有者最初分别只承担了约28万元和8万元，五年后净增值200余万元，甚至于早已超过了本人协议工作年限内从学校获得的全部货币工资，这种激励对一般工薪职工的吸引力非常大。这就是市场经济（城市发展带来房地产增值）带来的巨大收益，也是工作迁移的巨大的非货币激励。

可见，工作迁移引起的人力资本增殖问题，是一个非常有研究价值的前沿问题，无论是对于工作迁移的人力资本主体自身还是使用单位。深入研究明确工作迁移的综合成本、收益构成和创造价值等，可以促进人力资本更好迁移，科学激励人力资本主体，增殖企业人力资本，提高整个企业和社会人力资本的综合效能，是一件利社会、利企业（包括其他组织）和利个人的好事。

2.2.3 企业人力资本增殖的动力理论

人力资本增殖的投资主体需要有充足的动力才会进行人力资本投资活动，促进人力资本的各种要素沿着通畅路径高效增殖。人力资本增殖投资的主体包括两个层次：第一层次是国家和企业，第二层次是家庭和个人。两个层次的人力资本增殖的投资主体之所以投资促进人力资本增殖，是因为这种投资导致的人力资本增殖能够给两个层次的主体均带来更多利益，使其生存状况得到改善。我们分别从这两个层次来分析人力资本增殖的动力系统，然后进一步分析人力资本投资增殖和企业人力资本投资增殖的特点，这样有利于提供充足持续稳定的人力资本投资增殖动力。

2.2.3.1 家庭和个人层次的人力资本投资增殖动力分析

家庭和个人通常利益具有统一性，人们通常很少去进行清晰的家庭和个人利益界定和区分，所以我们把二者作为一个利益整体来看待，称为个人层次。个人之所以进行人力资本投资增殖活动，是因为在既定的社会经济条件下，通过人力资本投资，或者说个人与组织人力资本投资的配合投资，包括货币物质和时间精力的组合投入进行学习培训提高体能智能和德能，总体上提高人力资本水平，可以得到更好的就业机会，获得丰厚的工资报酬，提升社会经济地位，更好地实现人生价值，演绎健康精彩人生。如果构建一套有利于实现个人高水平人力资本所能带来的这些广义的利益的制度体系，个人就会有充足的动力去进行人力资本投资以实现更好的人力资本增殖和使用。

人力资本投资是一个多方位的整体系统，可以体现在许多方面而形成更高水平和质量的人力资本，在科学有效的相关制度环境下，通过企业高效应用和分配报酬而充分激励，会带给人力资本主体多种利益，这些利益实际能够满足人力资本主体的内在综合需求，因而会产生人力资本主体积极主动进行人力资本投资实现人力资本增殖的强大动力。下面对人力资本各种方式投资可能带来的利益进行分析。

（1）用于医疗保健营养方面的费用投资，提高了个人身心健康水平。

（2）用于在职培训的费用投资，能提高个人的知识技能和思想道德水平，进而提高个人人力资本的生产力而获得更好回报。

（3）用于各种正规教育方面的投资，能提高人力资本的通用性知识技能和综合品德素质以及理论方法水平等，人力资本增殖后可以提高人力资本主体的使用效能，在公正合理科学的人力资本产权和激励制度下，必然会增加人力资本主体本身的收益水平。

（4）成人教育方面的投资，能够保持持续的人力资本增殖，适应甚至适度超前于社会组织对人力资本的质量要求。

（5）用于个人、家庭寻找更好的就业机会而流动的费用，实际上优化了人力资本的要素结构状态，提高了人力资本使用效能，相当于提高了人力资本水平。当然，在此考察的流动是一种自愿的行为，是人力资本追求效用更大化的结果，而并非因各种原因被解职、强行调遣等导致的流动行为。

总之，人力资本投资实质上增加了人力资本的存量。对人力资本存量的增加，要考虑绝对性与相对性的问题。人力资本增加的绝对性指人力资本投资使人力资源自身的科学技术知识增加、自身素质提高。人力资本增加的相对性是由于在竞争中体现出来的个体之间技能的差异而产生的，即某个个体（或群体）的人力资本增加的多少是通过与其他个体（或群体）增量的比较得出的。相对意义下人力资本的增长是绝对意义上的增长的动力。只有在竞争的环境中，人与人之间才会相互比较，进行有目的、有意识的人力资本投资，最终推动全社会人力资本绝对量的上升。

2.2.3.2　国家和企业层次的人力资本投资增殖动力

国家和企业对人力资本的投资促进人力资本高效增殖，根本的动力是提高社会和企业的人力资本的水平，提高社会经济效益水平，促进社会经济健康发展和企业更好发展，实现人的发展与组织发展的良性互动，最终促进人的全面发展和社会和谐进步。因为，企业是人力资本的核心主体，因而这些动力从根本上看也是企业人力资本投资的动力。

1）对人力资本投资的经济动力分析

人力资本投资和生产资料投资同是经济发展中不可缺少的生产性投资。在现代生产过程中，若人力资本投资不足，生产资料投资再多也难以促使生产长久地发展。当前，我国一些企业用于生产资料的投资大大超过人力资本投资，结果却出现投资额度高，但产量、效益无法同步上升的"浪费"现象。也就是说，人力资本投资的相对滞后，导致对追加的物质资本吸收缓慢，物质资本投资边际收益率递减。因此，人力资本投资应被视为经济增长速度的一个主导性变量。

通过设计配套的人力资本投资增殖制度和人力资本高效使用激励制度，促进人力资本有效增殖后又能高效使用，就会带给国家和企业良好的经济效益，推动企业更好地发展和社会经济进步。如果在这些配套制度下，人力资本增殖的经济效益很大，人力资本投资增殖就有了经济上的强大动力和支持。

2）对人力资本投资的非经济动力分析

必须明确，人力资本投资增殖仅仅从经济学角度分析国家和企业的动力是远远不够的，它还有丰富的精神价值、政治价值和社会价值等，里面也蕴涵着丰富的人力资本投资增殖动力。例如，通过企业人力资本投资，有效促进企业文化建设，提升组织的凝聚力和创造力，促使企业管理上升到文化管理境界；通过学习教育提高员工文化修养，会使人生更睿智更优雅、精神生活更加丰富多彩；通过人力资本投资增殖，可以提高国民的文化素质，提升社会的政治文明水平，令社会更加和谐稳定，更富有活力和创造力，有利于促进社会和单位的可持续发展。

2.2.3.3　企业人力资本增殖的动力机制

动力机制是人力资本增殖系统运行机制的根本，对增殖系统工作起着直接原动力的作用，以此为研究视角，运用彼得·圣吉所著《第五项修炼》一书中"成长上限"系统基模的有关原理，对企业人力资本增殖过程中的动力因素和阻力因素进行动力机制分析，可以发现问题，理顺动力机制，并提出解决问题的根本途径（徐辉和黄国建，2008）。

1）动力机制模型

企业人力资本增殖的动力机制是指市场经济的不同行为主体为追求经济利益、社会效益以及个体效用的最大化，对人力资本增殖产生强烈需求，从而驱动各种资源向有利于人力资本增殖的方向积聚投资，促进人力资本增殖的过程。市场力量始终是企业人力资本增殖和高效应用、科技成果产生和转化为现实生产力、企业效益和员工利益实现的原发驱动力。图2-1为企业人力资本增殖的动力机制，这种原发驱动力的作用主要表现在三个方面：一是引导科研向应用开发研究和新产品开发方向倾斜；二是市场竞争迫使市场经济主体不断进行技术创新和新产品开发，加强科学管理和制度创新，提高自身的竞争力；三是市场需求引导技术创新的方向，引导科技管理等专业人力资本开发增殖和充分应用，最终产生研究开发项目并应用，促进企业健康发展和良好效益实现。

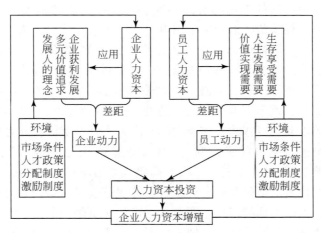

图 2-1　企业人力资本增殖的动力机制

　　企业人力资本资本增殖的动力因素可分为内在动力因素和外在动力因素。内在动力因素主要是指促进企业人力资本高效增殖和应用的内在驱动力，如企业发展人的人本理念，强烈的科技创新意识、企业对经济效益最大化以及多元价值实现的追求、企业员工的生存享受发展需求以及对自身价值实现的追求等。外在动力因素主要是指对企业人力资本增殖起推动作用的外部环境，如科技政策、成果转化的资金供应、成果转化利益分配制度、科学合理的人力资本产权制度以及完善的市场制度等。内在动力是成果转化的根本动力，外在动力通过诱导、激发内在动力而起作用，如果内在动力与外在动力能够协同形成合力，企业人力资本高效增殖应用将会以巨大的作用推动经济社会发展。根据前面的分析论述，可以归纳出一个企业人力资本增殖的动力机制模型，如图 2-1 所示。

　　2）成长上限系统基模

　　根据"成长上限"系统基模的有关原理，对企业人力资本增殖过程中的主要受限因素进行动力机制分析，为完善和优化人力资本的动力机制奠定基础。

　　A. 人力资本增殖的企业受限因素的动力机制分析

　　人力资本增殖是企业和员工共同进行人力资本投资而实现的。企业是否有强烈的动力进行人力资本投资，主要受到企业获利发展、多元价值目标和环境因素等方面的限制。这些影响企业人力资本投资的因素，主要作用于企业管理者通过其理性明智决策和科学管理行为带领员工努力工作来实现企业功能和发展目标，企业管理者的管理行为和员工的工作行为进而受限于企业制度和外部环境是否能够提供并可多大程度实现激发员工动机的刺激。

我国企业目前所处的市场经济还不完善，市场投机和不正当竞争行为还很多，人力资本的市场定价机制远未完善和公正，难以充分保证人力资本增殖投资的补偿和增值回报，限制阻碍了企业人力资本的投资增殖；专利保护还不够有力，因为专利技术的信息不对称和外溢效应，专利技术的市场定价机制和专利利益的合理分配机制还不完善，企业投资研发和类似"干中学"人力资本投资动力不足、水平低下；人力资本产权制度还处在探索试验阶段，基本停留在专利技术等法律规定的以知识产权为载体类型的高级人力资本层面，并且由于中国传统文化"不患寡而患不均"思想影响，通常规定高级人力资本的产权回报不高于职工平均工资的3～5倍，不能公正反映高级人力资本产权的价值贡献，抑制了高级人力资本的投资、增殖和充分应用；即使部分公司对高级人力资本实现的股权期权等激励，也因为证券市场不规范、上市公司所限、人力资本主体的初始股本金缺乏、流通贴现等因素限制，使人力资本的激励大打折扣，在很大程度上抑制了人力资本，特别是高级人力资本的投资增殖和高效应用。在目前阶段，我国不少企业还是把人力资源当做成本负担，还是采取类似"血汗工资制"的理念来管理和使用人力资本，缺乏员工与组织良性互动发展合作共赢的长远战略眼光，严重抑制了企业人力资本投资增殖和高效应用。考虑人力资本投资的这些企业受限因素，借鉴"成长上限"系统基模，可以构建人力资本增殖的企业受限因素动力机制结构，如图2-2所示。

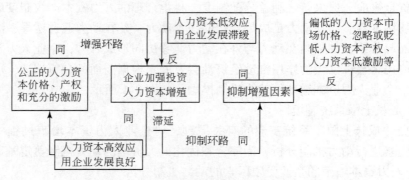

图 2-2　人力资本增殖的企业受限因素动力机制结构

注：图中"同"是指变量同向相关，"反"是指变量反向相关

人力资本的市场价格、产权设计和激励水平对企业人力资本增殖系统的运行具有导向作用。由于经济体制和历史文化等原因，我国长期不承认劳动力商品性质，劳动力商品不能在劳动力市场自由交易，在社会主义市场经济建设过程中，劳动力和用人单位虽然可以双向选择，人力资本慢慢开始可以在市场交易了，但

离人力资本公正产权、形成公平市场价格还有相当差距，多数企业，特别是国有企业和低水平的民营个体企业，由于受到计划体制、传统观念和物质资本"剥削本性"（当然有部分现阶段物质资本主导经济的因素）的影响，对绝大部分人力资本的产权还没有从法律制度和价值观念上给予正式承认，加上劳动力供大于求的市场态势，形成了人力资本的市场价格偏低、产权忽略或贬低、激励水平低下，这些构成了人力资本增殖的企业人力资本投资抑制因素，进而导致人力资本低效应用，企业发展滞缓，企业也看不到人力资本的巨大创造价值而对人力资本投资动力微弱，企业人力资本增殖滞延。在人力资本增殖受限因素作用下，人力资本的企业人力资本投资动力不足，企业人力资本增殖滞延，员工发展和企业发展陷入滞缓的恶性循环陷阱，形成增殖路径依赖甚至路径锁定。

值得注意的是，要突破人力资本增殖动力机制的企业受限因素的锁定，必须要有足够能量来突破路径依赖，如图 2-2 中抑制环路里的反运行路径，就是在企业家战略眼光或政府激励性人才相关法规制度或者说市场对人力资本的强劲需求和偏高价格引导下，人力资本增殖的企业动力机制进入到增强环路。如果企业存在明智理性富有创新精神和战略眼光的企业家，他通过考察学习和思考研究世界发展良好的现代化企业的管理经验和发展关键所在，敏锐地预感到企业人力资本在企业发展中的重要作用，作出战略决策，认为企业发展必须依靠人力资本的高效增殖应用，便会大力进行企业人力资本投资，并注重激励人力资本高效应用和公正回报，承认并处理好人力资本产权和物质资本产权的剩余分配关系，公正设计企业相关制度和进行科学管理，使企业步入健康发展轨道，形成人力资本增殖、员工发展与企业发展良性循环，形成人力资本投资增殖的企业良性动力机制。

当然，突破人力资本增殖的企业受阻因素的能量，也可以来自政府推动或市场引导。例如，政府实施鼓励人力资本投资增殖的人才产权和激励法规政策，人才市场对高级人力资本的强劲需求和偏高价格，也可以推动或拉动人力资本投资增殖的加强，形成顺畅和强劲的人力资本增殖的企业动力机制。

由此可见，塑造人力资本的公正市场价格机制、承认并实现公平的企业人力资本产权制度，给予企业人力资本的充分激励，并形成一套相关的人力资本产权激励制度、市场机制和重视人才、尊重和激励创造的人才法规政策，是人力资本增殖的企业动力机制顺畅运行和动力增强的促进成长因素。所以，现行的人力资本偏低市场价格、忽略或不充分的人力资本产权和低水平的人力资本激励等，已经成为企业人力资本增殖的主要限制因素。

B. 人力资本增殖的员工受限因素的动力机制分析

人力资本增殖是企业和员工共同进行人力资本投资而实现的。员工是否有强烈的动力进行人力资本投资，主要受员工生存发展、自我价值实现和环境因素等方面的限制。这些影响员工人力资本投资的因素，主要作用于企业管理者通过其理性明智的决策和科学的管理行为，带领员工积极努力工作，高效应用员工自身人力资本来实现企业功能和发展目标，企业进而充分激励员工的人力资本创造，给予物质精神等方面的合理回报，满足员工生存发展需要和自我价值实现需要，形成人力资本增殖的员工人力资本投资——员工人力资本增殖——员工人力资本高效应用创造更多价值——企业更好发展给予人力资本公正充分的更多回报——员工进一步进行人力资本投资增殖和高效应用的良性循环，这就是人力资本增殖的增强环路的员工动力机制，如图2-3所示。人力资本增殖的动力强度取决于刺激物价值与实现概率的乘积。

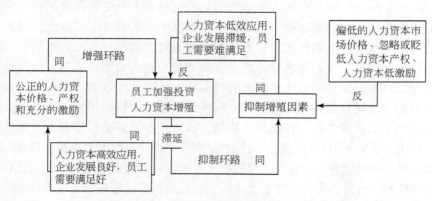

图2-3 人力资本增殖的员工受限因素动力机制结构

注：图中"同"指变量同向相关，"反"是指变量反向相关

同样，人力资本的市场价格、产权设计和激励水平，也对员工人力资本增殖系统的运行，具有导向作用。因为对于员工发展与企业发展的良性互动而言，如果环境和企业中相关的人力资本法规政策和制度科学合理的话，企业人力资本高效增殖和应用，对二者的激励动力作用是辩证统一的，只不过人力资本增殖应用的创造价值通过完善的市场机制公正回报给企业，企业通过人力资本产权和激励制度再公正回报给人力资本主体的员工，是人力资本创造价值的两次分配而已。而员工发展（也相当于员工人力资本增殖）和企业发展，一旦陷入滞缓的恶性循环陷阱，将会形成员工人力资本低效增殖的路径依赖，甚至路径锁定。

值得注意的是，要突破人力资本增殖动力机制的员工受限因素的锁定，必须要有足够的能量来突破路径依赖，图2-3中抑制环路里的反运行路径，就是在员工战略眼光和主动发展竞争挑战或政府激励性人才相关法规制度，或者说市场对人力资本的强劲需求（这可以形成工作迁移的强劲引力）和偏高价格引导下，人力资本增殖的员工动力机制进入到增强环路。更由于人力资本与其人格载体的员工不可分离，员工天然地拥有人力资本的创造力和较大比重产权。再者，除了人力资本增殖应用得到员工生存享受的物质条件满足外，人力资本增殖本身也相当于员工自我的发展，人力资本投资增殖就是员工自我发展需要的满足，也是自我价值实现的资本。因此，通常员工本人会有相对较强的人力资本投资增殖动力。例如，员工在经营不景气和员工人力资本激励不足的情况下，也可能会努力发展锻炼和提升自己，积极主动地投资增殖自我的人力资本，以期获得更好的工作岗位和发展机会，或者发展自己后再进行工作迁移，改变自我人力资本激励不足和低效应用导致的浪费才能和生命的尴尬状态。这样，人力资本增殖、员工发展与企业发展形成良性循环更容易，人力资本投资增殖的员工良性动力机制得以建立，实现了人力资本增殖的动力机制顺畅运行和优化演进。

2.2.3.4　企业人力资本增殖动力机制的优化策略

建立企业人力资本增殖的动力机制，首先应逐步消除抑制企业人力资本增殖的各种受限因素。要从完善这些构成因素的作用机制入手，发挥市场力量和产权激励制度的基础性作用，优化企业人力资本增殖的动力机制，使整个企业人力资本增殖系统具备原发动力，从而加速企业人力资本的投资、增殖、应用、激励到再投资的良性循环，促进企业人力资本增殖动力机制顺畅高效运转。

（1）创新企业人力资本产权制度。人力资本与物质资本之间的公正产权关系，应该依据二者在企业生产中价值创造作用大小、市场供求关系，特别是要有利于激励人力资本充分发挥效能最大限度地创造价值，尽可能实现合作共赢，企业剩余创造最大化，又体现二者博弈实力、双方都能接受的产权分配关系。

人力资本与物质资本之间科学合理的产权关系应该体现激励兼容，即对企业合约的合作各方加以公正激励，使他们通过分工和交易，更高效地为全社会创造产品和提供服务，最大限度地创造企业剩余。在委托代理关系中，企业财富创造效率的高低，主要取决于企业管理层人力资本和技术型人力资本以及普通型人力资本的增殖效率和效能发挥水平。由于人力资本的增殖效率和效能发挥因信息不对称难以监督而压榨，唯有激励才是明智之举。因此，真正关注物质资本产权利益回报的理性委托人，通常会承认人力资本产权并给予人力资本主体适度倾斜的人力资本产权，具体产权之间的剩余分配关系要依据企业性质、二者贡献、供求关系、人力资本类型、谈判力大小等因素来综合确定。基于人力资本投资增殖和价值创造具有投资大、风险大的特点，应按照"投资、风险分担，收益共享"的原则，使成果转化三方的合作在利益共同体中进行。

（2）建立企业人力资本增殖的激励制度。人力资本是企业最重要的资本。激励和调动员工积极性，充分发挥企业人力资本价值，越来越成为提高企业效率和效益的关键环节。对人力资本的激励，首先要确认企业人力资本的价值，然后，根据企业不同人力资本的价值，在管理活动中采用三维激励模式，运用激励手段，调动内部员工的积极性。因此，建立和健全组织的企业人力资本激励模式，健全和完善组织人力资本激励手段，对组织的生存和可持续发展具有重要意义（崔沪，2008）。

（3）创造企业人力资本投资增殖的良好外部环境。社会支撑力主要是政府以法律、法规、政策、资金等方式，为企业人力资本的投资、增殖、应用、激励的动力机制提供支持。为此在宏观层面上，需要建立健全完善的人力资本市场交易制度、产权制度和激励制度，鼓励分配向人力资本资本主体倾斜。除此之外，还需要有其他一些配套的措施来完善企业人力资本增殖的动力机制。例如，加强社会人才培养和重用；改革科技成果管理体制和评价体制；加强知识产权保护，完善科技法规；建立现代企业制度；促进人才合理流动等。

2.2.3.5 动力来源体系

企业人力资本增殖的动力既有内部动力，又有外部动力。企业人力资本增殖的内在动力主要来自于企业家创新精神和企业人力资本创新创造给企业和员工带来的利益驱动力；企业人力资本增殖的外部动力主要来自于政府政策引导力、市场需求拉动力和竞争压力以及技术推动力。企业人力资本增殖的内在动力和外在动力具有互补性，外部动力只有转化为内部动力才能实现其推动作用，而内部动力也离不开外部动力的支持。企业人力资本增殖的动力模型如图2-4所示（李刚，2008）。

图2-4 企业人力资本增殖动力的车体模型

2.2.4 企业人力资本增殖的系统动力学理论

系统动力学（system dynamics）是一门分析研究信息反馈系统的学科，也是一门认识系统问题和解决系统问题交叉的综合性的新学科。它是系统科学和管理科学中的一个分支，是一门沟通自然科学和社会科学等领域的横向学科。

系统动力学理论的基本点鲜明地表明了它的唯物的系统辩证的特征，它强调系统、整体的观点和联系、发展、运动的观点。从系统方法论来说，系统动力学的方法是结构方法、功能方法和历史方法的统一。按照系统动力学的理论与方法建立的模型，通过改变政策参数来模拟模型的行为特性，改善模型结构，优化模型的功能和行为，找出政策的杠杆作用点。运用系统动力学模型实验提出促进现实系统优良行为的政策组合建议，是一种能有效突破时空和社会条件限制的制定相关政策的好方法。系统动力学认为，系统的行为模式与特性主要取决于其内部的动态结构与反馈机制。因此，通过系统动力学模型模拟分析，设计合理的政策组合，改进系统信息反馈机制和结构方式，可以有效优化系统的功能和行为，还可以找到有效的政策作用点和参数取值（钟永光等，2009）。系统动力学模型可作为实际系统，特别是社会、经济、生态等复杂大系统的"实验室"。系统动力学建模过程就是学习、调查研究的过程，模型的主要功用在于为人们提供一个进行学习与政策分析的工具，并使决策群体或整个组织逐步成为一种学习型和创造型的组织（李旭，2009）。

企业人力资本增殖是个复杂的系统工程，基于系统动力学理论，可以建立一个以人力资本增殖为主链，产值或收入、效率等为协流，包括政策参数杠杆作用点的辅助变量构成有效反馈回路的系统动力学模型，通过模拟运行分析模型的行为特性，修正政策参数，可以改进模型结构，建立一个既能促进企业人力资本高效增殖又能灵活适应企业发展需要的企业人力资本增殖的系统动力学模型。

2.3 人力资本增殖规律及制度设计理论基础

要进行人力资本增殖的制度设计，首先需要对作为人力资本实质的德、智、体能的能力增殖成长的理论规律作出基本的梳理（许杨，2007），并明确制度设计的理论基础，以确定对企业人力资本增殖起作用的主要制度，更好地指导制度设计。

2.3.1 人力资本增殖规律

2.3.1.1 人力资本能力建设的与时俱进规律

（1）人力资本能力是一个不断发展的历史过程。人的某些潜能是天赋的，但人力资本能力绝大部分是在后天的实践活动中形成的，实践活动是形成能力的基础。社会实践的需要还推动着人类理性思维的产生和发展。而人的理性思维的抽象能力和推理能力，都是在无数次地反复实践中锻炼出来的。人的生存和发展是不能脱离历史的，因为新一代的人们都必须借助信息继承以前许多世代的生产、社会政治和精神生活的成果。正因如此，他们才能免于在认识和实践方面一切从头做起。人的能力是在长期的实践活动中逐步积累起来的。所以，人的能力是与人的实践活动直接相关的，是可以通过人的实践活动表现、实现和确证的。

（2）不同时代的人力资本能力需求及发展状况不同，不同时代对能力的需求也不同。人的能力是随着时代的发展而发展变化的，时代观决定人才观，人才观决定能力观。在农业时代，土地和体力是创造财富的主要生产要素，具有一定劳动经验的人是农业时代所需要的人才，这种人才所具有的能力主要是人的体力和劳动经验；在工业时代，劳动和资本是主要的生产要素，具有专业知识和专业技能的人是工业时代所需要的人才，这种人才所具有的能力主要就是人的专业知识和专业技能；在知识经济或信息经济时代，人的知识、智力和创造能力是创造财富的主要生产要素，具有创新能力的人才资源是第一资源，以人的创新能力为核心内容的人力资本是第一资本，因而具有知识、智力，尤其是创新能力的人才是知识经济时代所需要的人才，这样的人才必须具有创新能力。由农业时代的体力经验型人才，到工业时代的专业知识和专业技能型人才，再到知识经济时代的智力型和创新型人才，反映出了不同时代人的能力的发展状况。

这一规律着眼于人力资本能力建设与时代发展的内在关系。

2.3.1.2 人力资本能力建设符合人性发展要求规律

所谓人性，就是人通过自己的活动所获得的全部属性的综合，是现实生活中的人所具有的全部规定性。在世间万物中，人是最复杂的存在物，必然具有多方面的属性，忽略其中任何一方面，都会使我们在理论上对人性的了解陷入片面，进而导致人力资源管理实践中的失误。例如，由"经济人"的假设引申出的严格控制、监督式的管理方案，就是因为只看到人性中追求经济利益的一面而无视人性中的其他方面所造成的。所以，进行能力建设，必须遵循人性发展要求和前进方向。

（1）人性具有开放性和可变性。人的生命活动是一种社会性的生命活动，它包括人认识世界和改造世界以适应自身需要的全部过程。正是在这种社会性的生命活动中，人的种种属性才得以形成、发展，并表现和发挥出来，结合成一个整体。人类的生命活动永不间断，人性就永远处在发展、变化之中。

（2）人性具有现实性。对于人性的研究可以有层次之分，即一般的人性和现实的人性。对一般人性的研究，是指撇开具体的历史阶段、社会形态、经济关系和文化哲学来讨论人的共同属性；而对现实人性的研究，则是要研究一般的人性在不同的历史阶段、不同的社会形态，不同经济关系和文化背景中的不同表现和特征，更为深入一些，还可以研究人性在个体身上的差异。对于人性的研究，只有落实到现实的层面，才能在人力资源管理中应用自如。

（3）人性具有创造性。创造性是人性最突出的特征，是人的活动不同于动物活动的本质体现。动物生存的主要方式是通过改变自己的机体来适应环境，人却通过自己创造的活动让环境适应自己，为自己创造一个有别于原始自然界的人的世界。工具的使用、语言的产生都是人的创造性的集中体现。人性就是在人类历史发展中人类自己创造的自身的全部特性，是人自身实践活动的产物。

（4）人性具有社会性。人性具有社会性是说社会是人活动的唯一场所。人性的形成、发展和完善都离不开社会。

（5）人性具有整体性。人的生物属性、社会属性和心理属性中所包含的种种特征，都是完整的人性结构中不可缺少的组成部分，它们是一个有机整体，相互影响和渗透，紧密交织在一起。

（6）人性具有矛盾性。人性丰富多彩，异常复杂。在人性中同时存在积极和消极两种因素，因而也就存在向善或向恶两种可能性。人性又是一个开放的结构，可以塑造和改善。人力资源管理方案的设计应是导人向善，防止向恶。

（7）人性具有个体性。人性既可以从共性方面加以了解，又必须从个体性方面加以认识。人性的个体性是说每个人都有其独特性，都是一个独立的个体。同是生物属性，每个人都有不同于他人的生理结构、外貌特征；同是心理属性，每个人都有不同于他人的思维方式、情感特征、表达方式、精神世界等。只有了解了每个人的特点，对人的管理才能做到有的放矢，知人善任。

在人的生命活动中，人的种种属性表现为人们不同的需要。从这个意义上也可以说人性就是人的需要。与人性的两方面内容相对应，人的需要也可以归纳为两部分：生理需要和心理需要。衣、食、住、行、性、睡眠等需要就属于生理性的需要；而交往、理解、爱、尊重、创造、成功、自我实现等，就属于心理需要。生理需要是心理需要的基础，在一般条件下，人只有首先满足生理需要，才有可能进一步产生较高的需要，并进而满足它。同时，生理需要和心理需要又是相互交融的，如果人的心理需要不以生理需要做依托，往往会被扭曲；如果人的生理需要不渗入心理的、精神的内容，就会沦为纯粹的动物性需要，二者是不能截然分开的。只有满足人的各方面的需要，人性才能获得健全的发展。

人所具有的这种不断发展和生长的内在本性，驱使人们从事工作、学习和其他的社会活动。因此，人才成长与自我价值得到发挥的重要前提条件，就是为他们提供良好的政策制度环境与精神文化环境，即创造一个宽松、和谐的外部环境。根据人的生命成长的抛物线，针对特定时期人对成就的不同需要，最大限度地激发他的潜能，使其获得成就感。在他的期望值是 1 时，你满足了他的期望，他就会发挥出 10 倍的潜力；若他的期望值 1 没有得到满足，随着年龄的增长，他的期望值也在增长，到 10 时，你再给他 1，不但不可能有促进作用，反而会起反作用。因此，激励设计一定要把握好激励时机、激励内容和激励程度。

2.3.1.3　人力资本能力建设与道德建设统一规律

按照本书对人力资本的界定，人力资本是凝聚在人身上的德、智、体能的统一体，人力资本的道德品质也可以表现为一种能量，即德能。这样能力建设与道德建设就成了人力资本能力建设的两方面内在内容，正如前文所述，人力资本内在要素也有一个结构优化与和谐统一的问题，这会随着社会要求、组织发展和自身需要而发展变化。

不容否认，道德对人类社会的进步和发展起着重要的作用，但能力与之相比，对人类进步的作用更大：

第一，道德相对稳定、变化缓慢，而能力则随着时代的发展日益提高且发展永无止境。孔子讲的仁、义、礼、智、信今天仍在发挥作用，能力则不然，古人制造的手工工具，今天基本被现代科技所取代。纵观历史发展可以看出，一切有重大影响的道德体系在根本上是大致相同的，而一切有重大影响的能力体系在根本上是彼此相异的。

第二，就社会发展而言，能力的作用比道德的作用更大。每一项借助于人的创造能力的重大发明和发现，都会直接而迅速地推动社会的巨大进步和发展。

第三，社会的进步与发展在很多情况下是通过社会转型、社会变迁来实现的，在社会历史转型和变迁时期，破和立的历史任务都是非常艰巨的。在这种情况下，就更需要具有能力，尤其是创新能力的人。

第四，道德的功能主要在于维持社会秩序和稳定，而能力的功能则主要在于促进社会的创新和发展。中国传统社会过于注重道德而轻视能力，所以往往是稳定有余而发展不足，保守有余而创新不足。进入21世纪，国家之间综合国力的竞争日趋激烈，中国解决主要问题的关键在于发展和创新，在于充分提高和发展生产力，而这有赖于人的潜力和能力的充分发挥。

第五，道德得到后容易丧失，而能力一经获得便不易丧失。从有德变成无德的例子不胜枚举，而能力则是不断积累的，这种积累对社会发展的积极作用会越来越大。

道德建设主要是解决"如何做好人"的，而能力建设则是解决"如何做好事"的。做人和做事是有区别的，但也不可分割。道德建设对能力建设具有十分重要的作用。这主要体现在：以道德引导和规范能力发展的方向，以道德保证能力的正确发挥。能力建设、能力发展和能力发挥是有方向的，它自己不能为自己确定方向，一旦涉及目标和方向的正确性，就必然需要道德的引导和规范，不然，能力越大就越会坏事。凡是能力越大问题越大的人，一定是道德方面出了问题。所以，能力的正确发挥离不开道德的约束、引导和规范，这也就是我们强调德才兼备的重要原因。

2.3.1.4 人力资本能力建设依赖于个人对社会物质生活条件占有的规律

（1）人是处在一定社会物质生活条件下的人。自我实现的需要，就是人充分发挥自己潜能的创新能力的需要，这种需要必须以人的生理需要、安全需要和社交需要的满足为前提和基础。这就内在包含一个基本事实：人的潜能和创新能力的形成和发挥必须以社会物质生活条件为前提和基础，必须借助于社会物质生活条件来形成和发挥其潜能和创新能力。

（2）社会物质生活条件及其占有状况决定人的能力发展状况。社会物质条件的占有状况包括占有程度和占有方式。由于社会历史发展的必然性，出现了社会分工、交换、私有制和阶级。分工和私有制的出现一方面造成了个人力量的分散和对立，从而使社会生产力表现为一种完全不依赖于各个个人，并与他们相分离的异己力量；另一方面也使社会关系作为物的关系与个人独立相对立，出现了使人的社会物质生活条件同人及其活动相分离的异化，这种异化在资本对雇佣劳动的关系中达到了极端。其中，大多数个人不能占有社会物质生活条件，而且为资本家私人所占有；大部分社会物质生活条件，不能用于大多数个人及其能力的发展，反而作为异己力量阻遏大多数人的全面发展。上述异化现象只具有暂时的必然性，异化的产生和发展同扬弃异化的前提条件、历史要求和任务是同时产生的。异化的扬弃将是人的能力的全面发展，其实质就是个人必须占有现实的社会物质生活条件。

（3）人力资本能力建设的首要前提在于提高和改善社会物质生活条件。人既是能动的存在物，又是受动的存在物。所谓受动的存在物，就是说在人之外有对象，人受这一对象限制和制约。这一对象包括社会物质生活条件。这种受动性表明：人力资本能力建设的首要前提在于要不断改善和提高社会物质生活条件。

首先，人力资本能力建设要求提高教育水平，而提高教育水平需要必要的资金投入以及其他社会物质条件的投入；

其次，人力资本能力建设要加强政府、企业和学校的联合，这种联合除了具有相应的机制外，还需要一定社会物质条件的投入，如计算机、资金等；

再次，人力资本能力建设需要加强培训，培训实质上是一种人力资本投资，而加强培训，必要的资金投入是基础；

最后，人力资本能力建设要求能力参与分配，实现产权激励。只有这样，才能真正焕发人们进行人力资本能力建设的积极性、主动性和创造性。这种产权激励，实际上是人力资本能力建设的一种经济上或分配上的物质条件的投入和投资。

2.3.2 制度设计的理论基础

2.3.2.1 机制设计的基本原理

经济学上的机制设计可以分为两类，第一类不妨称为最优机制，即机制的目标是最大化委托人的预期收益，Myerson 于 1981 年发表的"最优拍卖设计"是这一类的基础。第二类可以称为效率机制，即设计者的目标不是个人收益最大化，而是整体社会的效率最优（Vickrey，1961；Groves，1973）。这被广泛地运用于垄断性定价、最优税收、公共经济学以及拍卖理论等诸多领域。企业中的激励机制设计属于最优机制，其目标是最大化委托人的预期收益，是机制设计中简单和特殊的类型。委托人和代理人签订合约时，当合约签订的一方比另一方具有信息优势时，为了提高合约形式的相关效果，就需要进行机制设计，即当信息不对称出现时，信息劣势并要求主动缔约合同的委托人与信息优势、被动缔约合同的代理人签订合约，使代理人代表委托人实施行动。一般来说，委托人设计合约，然后提供给代理人，代理人研究了合约的条款后，如果合约保证代理人的效用大于他的机会收益的效用，他就接受合约，否则放弃合约；代理人决定签订合约后，代理人代表委托人实施行动或努力。由于代理人具有带来利益的私人信息，如在生产管理中发挥创造价值效能的人力资本质量水平等，所有这些信息无法自动披露，就需要机制设计，如剩余权的分配比例，来解决代理人的人力资本激励问题。如果双方都具有私人信息，就可能出现讨价还价的情况（Laffont and Martimort，2000）。

管理机制设计是指构造管理机制的过程。管理的实质就是管理客体在管理机制下向管理者所预定的目标运动。由于被管理者有不同的效用偏好，管理者只有使自己提供满足这些偏好的补偿，并且管理者指定的目标成为被管理者得到所追求的目标的回报条件，被管理者才会向管理者所期望的目标或方向努力，这就是机制设计中的"需求机制原理"。因此，管理机制设计一般包括效用偏好分析、回报分析、业绩分析和回报与业绩的关联这四个部分（孙绍英和朱佳生，1995）。效用偏好分析是分析被管理者有哪些自发需求，如事业成就感和物质利益分别代表不同的效用偏好。回报分析是指根据效用偏好分析的结果，寻求管理者能够提供的或可以控制的回报，如薪酬形式选择。业绩分析是依据管理者所期望目标，对达到目标时被管理者的各种标志进行分析。回报与业绩的关联是管理机制设计中最关键的部分，其原理是，当被管理对象向管理目标接近时，所得到的正回报就增加，负回报就减少；如果被管理对象的状态向背离管理目标的方向运动时，所得到的正回报就减少，负回报则增加。如果被管理者追求正回报而躲避负回报，他就会努力使自己的状态接近管理目标，从而达到管理的目的（夏天，2006）。

将经济上的激励设计理论与管理上的机制设计方法结合起来是机制设计的基本研究思路（Bergemann and Uälimäki，2002）。

2.3.2.2 机制设计的主体和客体

激励的主体是施加激励的组织或个人，激励的客体是激励的对象。在组织激励中，激励主体是由组织使命决定的。在以公司价值最大化为目标的公司中，激励主体就是代表公司价值的全体股东；在以利益相关者最大化为目标的公司中，激励主体是多个利益相关者，这两类组织中的激励客体都是经理人。在企业内部的第二层次的激励，是管理层对员工的激励，这时管理层的经理人就成了激励的主体，员工就成了激励的客体。

在市场激励中，市场中的众多参与方有动力去获取能对价格产生影响的信息，通过支付信息成本来获取真实的盈利信息，甚至通过"用脚投票"来激励经理人实现股东价值最大化，激励的主体是以市场这个中介来传导压力或动力的。根据激励主体的数量，激励问题可分为经典委托代理模型和多人委托代理模型。

2.3.2.3 机制设计的基本原则

要建立科学而有效的管理激励与约束机制，需要对激励和约束机制进行设计，明确机制设计的基本原则。Milgrom（1992）提出了企业家最优报酬激励契约设计的 5 个原则：充足信息原理、激励强度原理、监督原理、等报酬原理、棘轮效应原理。Milgrom 等（1992）从经济学、管理学和系统工程理论结合的角度提出机制设计的以下主要原则（夏天，2006）。

1）系统性原则

机制设计是一项系统工程，应该用系统论的思想来指导系统的开发。系统的目的性是系统与环境之间或系统行为的先后状态之间，由于结构中介，而调节了信息联系，保持一种相互适应性和调节性。系统设计要体现整体性、结构性、环境依存性、等级性等。整体性主要表现为系统的性质功能和运动规律只有从整体上才能显示出来。结构性强调的是各元素间的相互作用中比较稳定的方式、顺序和强弱。环境依存性表明系统与环境要保持物质、能量和信息的交换才能保证自己的生命。系统设计还要充分考虑系统的等级性。

2）效用偏好原则

机制设计是从人的动机、需求分析出发的。在理性人假设条件下，偏好是主体对不同方案或事物状态进行价值和效用上的辨优。决策主体在不确定环境下最终结果的效用水平是通过决策主体对各种可能出现的结果加以估价后获得的，决策者谋求的是加权估价后形成的预测效用的最大化或最优解。如果决策者偏好确定性所得，那么他就是风险规避的；如果决策者偏好不确定性所得，那么他就是风险偏好的；如果决策者并不关心所得是确定性的还是不确定性的，那么他就是风险中性的。

在有限理性假设条件下，决策者对信息的处理能力是有限的，他并不完全了解所得的分布，或具有不完全信息，或无法计算并选择最佳的行动方式，这时决策者会寻求满意解而不是最优解（西蒙，1964）。"期望理论"认为期望选择遵循的是特殊的心理过程和规律，情绪破坏和认知困难是这种行为模式的主要原因（Kahneman and Tversky，1979）因此，风险偏好类型的假设是机制设计的基本原则。

3）激励相容原则

由于委托人和代理人的信息不对称，委托人会面临来自代理人的两个约束。第一个约束是参与约束，即个人理性约束，是代理人从接受合同中得到的期望效用不能小于不接受合同时能得到的最大期望效用。代理人"不接受合同时能得到的最大期望效用"由他面临的其他市场机会决定，可以称为"保留效用"。第二个约束是代理人的激励相容约束，给定委托人不能观测到代理人的行动和自然状态，在任何激励合同下，代理人总是选择使自己的期望效用最大化的行动，任何委托人希望的代理行为都只能通过代理人的效用最大化行为实现。只有当代理人从选择委托人希望的行动中得到的期望效用大于从选择自己的期望效用最大化的行动中得到的期望效用时，代理人才会选择委托人希望的行动。保持一个机制有效的根本原则就是激励相容，强调机制设计者和机制需求者最终目的一致。

4）成本效益原则

经理人在履行合约的过程中容易产生逆向选择和道德风险。此外，合约方将面临的各种偶然因素不可能在签约期被全部预见，即使能够预见，也可能因为偶然因素太多而无法写进合约中，降低信息不对称，需要支付信息成本，还必须依赖于经理人的"道德自律"，因此在信息不对称的情况下，股东与经理人之间的合约是不完全的。其次，股东监督经理人履行合约的成本很高，可能会涉及较为可观的法律成本，经理人有时会利用其信息优势逃避股东对其合约履行情况的监督，追求自身利益的最大化，因此存在"道德风险"问题。

5）效率与公平原则

效率在微观上了反映生产中耗费的经济资源与产出的能够满足人们需要的产品和劳务的对比关系，在宏观上是对社会资源配置和利用的合理性、有效性的评价和量度。完全竞争的市场体系的效率体现为资源最优配置的帕累托效率；随着生态环境对人类经济发展约束的增强，效率体现为"可持续综合效益论"；随着通信技术和计算机技术的发展，效率体现为"网络经济效率论"。公平强调的是权利与义务的对称，分配公平应该包括社会利益的合理分配（权利）和社会负担的合理分配（义务）。收入分配各过程由三个环节构成：起点、过程、结果。公平与效率是人类追求的两个基本价值目标，公平与效率是有矛盾的。任何类型的经济制度都蕴涵着两个目的：一是如何提高经济效率，以最大限度地满足社会需要；二是如何分配这些物质财富才能达到执掌分配大权者所满意的公平。

2.3.2.4　机制设计目标及评判标准

机制设计的评判标准是一个机制相对于其他机制的优劣性标志。机制设计的目的在于实现既定的组织目标。组织的目标是组织成员对企业发展前景的展望、设计和构想。组织的目标决定了机制设计的目标，同时以组织成员的目标为基础。好的机制设计能够良好地实现既定目标。经济学家通常认为好的经济制度应该满足三个要求：导致资源有效配置、有效地利用信息、实现激励相容（田国强，2003）。在实现组织目标的过程中，好的管理激励机制应该尽可能地兼顾利益相关者的价值，实现有效的信息通信和管理，最终做到经理人目标和组织目标一致，实现公司价值最大化。

激励机制是在组织系统中，激励主体系统运用多种激励手段并使之规范化和相对固定化，与激励客体相互作用、相互制约的结构、方式、关系及演变规律的总和。激励机制是企业将目标转化为具体事实的联结手段。一定的激励机制会"自动"导致激励客体的一定行为，呈现出某种规律性。激励只有形成机制，才能持续有效地发挥作用。现代企业理论把企业理解为利益集团之间的隐性合约（Alchian et al. , 1972），企业价值的实现过程是经营者和股东、债权人、职工等利益相关者的权利和利益均衡的过程。因此，企业目标应该是利益相关者价值最大化（SRI，1963；Blair，1995；Donaldson et al. , 1995）。因此，机制设计目标包含了平衡利益相关者的利益，而不仅仅是最大化股东的利益。机制设计的目标是实现利益相关者在非对称信息下的价值最大化和帕累托最优风险分担。显然，利益相关者的机制设计更为复杂，构建科学的管理层激励机制的基本方向是：把控制权激励内化于市场型的公司治理体系中的平台上，发挥报酬机制的激励功能。（夏天，2006）

2.3.2.5 机制设计的基本方法

1）机制设计的基本假设

机制设计是一项复杂的系统工程。机制设计不仅包含多主体、多目标和多因素，还包含多主体之间的相互作用机制。有效率的制度安排必须最大限度地激励每一个社会成员在每一个可能方向上追求效率的努力和创新，各个利益相关者只有在竞争中追求自身利益最大化才有助于实现公司价值最大化。为便于研究，需要在一系列基本假设下展开。这些基本假设包括：参与人的数目和特征、参与人的效用类型（风险规避）、公司的业绩形式（努力的线性函数）、参与人的支付函数（如经理人的报酬）、信息分布状态（信息不对称）、代理人行动集合（如努力水平分为高、低两档）、信息系统的集合、激励问题有解、外部良好稳定和市场制度完善等（夏天，2006）。

2）博弈论的基本原理

博弈论是研究激励与约束机制的基本方法。机制设计理论需要考虑设计博弈规则；博弈论是在博弈规则既定或假设其不变的情况下，求出到底哪些策略互动起着重要的作用，不关心是否需要设计博弈规则。博弈论主要研究决策主体的行为发生直接相互作用时的决策以及这种决策的均衡问题。当理性的决策主体根据既定的信息结构采取期望效用最大化的行动的同时，他既要考虑其他博弈者对自己的决策行为的影响，又要考虑自己的决策对其他博弈者的决策的影响，并根据推理可能得到的均衡结果来做决策。博弈论已经形成了一套完整的理论体系和方法论体系。它的基本概念包括参与人、行动、信息、战略、支付、结果均衡。在上述概念当中，参与人、行动、结果统称为博弈规则。博弈分析的目的是使用博弈规则决定均衡。博弈的划分是研究不同博弈行为的基本方法。

当有多个委托人和代理人时，我们就要考虑多人决策行为的相互影响。当多个当事人能够达成一个具有约束力的协议时，就是合作博弈；反之，就是非合作博弈。合作博弈面临的主要问题是如何分享合作带来的剩余。但是，如果参与人之间的协议不具有约束力，他们都只选择自己最优的决策，如何协调不同参与人的利益就是非合作博弈研究的主要问题。合作博弈一般都有解，非合作博弈不一定总有解，但是如果有解，一定是唯一的。在机制设计当中，当事人之间既有可能是合作博弈，又有可能是非合作博弈，这取决于对实际参与人行为的假定。

既然博弈是在一定的信息结构下实现的，那么根据参与人对有关其他参与人的特征、战略空间及支付函数的知识的掌握程度，可划分为完全信息博弈和不完全信息博弈。委托代理理论正是非对称信息博弈论在经济学上的应用，非对称信息指的是某些参与人拥有但另外一些参与人没有的信息，拥有这些信息的参与人是代理人，没有这些信息的参与人是委托人，委托代理理论就是在委托人和代理人的框架下研究什么是非对称信息下的最优契约安排。委托人和代理人双方签约的委托代理类型是最基本的模型。

机制设计理论是研究激励与约束机制的核心。机制设计是一种典型的三阶段不完全信息（贝叶斯）博弈。第一阶段，委托人提供一种机制（规则、契约、分配方案等）；第二阶段代理人行动，他决定是否接受这种机制，如果他接受机制，则进入第三阶段，代理人在机制约束下选择自己的行动。与子博弈纳什均衡相比，这里的贝叶斯均衡机制似乎显得很弱，所以产生了激励理论中最基本的原理——"显示性原理"。"显示性原理"是指为了获取收益最大化，委托人可以只考虑被"显示"的机制，即委托人在第二阶段接受机制，第三阶段在机制下选择。这里代理人的类型空间就直接等同于信号空间，就把复杂的社会选择问题转换成了博弈论可处理的不完全信息博弈。这个工作是 Gibbard（1973）完成的，后来被 Green 等（1977）、Dasgupta（1979）、Myerson（1979）加以完善和补充（田国强，2002）。机制设计另一基本的原理是"可实施"。"可实施"是指代理人接受机制的收益总比拒绝机制占优（Gibbard，1973；Satterthwaite，1975；Groves，1975）。1977 年 Laffont 和 Green 发表了《满足公共品显示原理的机制的特征》一文，他们提出并证明了存在说真话机制的占优策略是任何一个非独裁的社会选择规则的充分必要条件，并指出 Groves-Clarke 机制是符合该条件的唯一机制（Prat and Rustichini，2003）。从这以后，机制设计理论朝着多个方向发展，取得了令人瞩目的成就。从实施的方式来看，设计理论可分为占优策略实施、纳什均衡实施、贝叶斯均衡实施。从机制的形式上来看，又可分为单个代理人、多个代理人以及多个委托人等，根据代理人之间的不同关系以及前文提到的不同策略，又可细分为更多的类型。可见，博弈论强调在既定的博弈假设或规则下，参与人相互作用时的决策以及这种决策均衡问题；机制设计主要考虑显示性原理和激励相容问题，考察一个给定的结果是否能够作为机制均衡被推导出来，通常不考虑是否还存在其他均衡，也就是多重均衡问题。

3）激励机制的博弈次序

建立合约关系的基准模型有助于分析委托代理问题。由于存在随机因素影响合约关系，可用自然来代表随机变量的影响。将委托人和代理人合约签订的过程用基准博弈的步骤次序来表示，其中，N 代表自然、P 代表委托人、A 代表代理人，这便于识别合约的形式和分布的性质，如图 2-5 所示。假定所有的参与人同时行动，每个参与人在每个点及时选择一个最优策略，得到的解是个子博弈完备均衡（夏天，2006）。

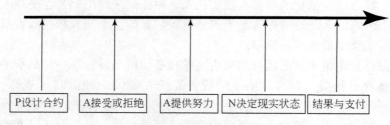

图 2-5　基准博弈次序图

本 章 小 结

本章对人力资本、人力资本产权、企业理论、人力资本增殖理论、人力资本增殖规律和机制设计以及博弈理论等文献进行了梳理和述评，为研究确立了起点和理论基础。

首先，系统回顾了人力资本理论国内外研究文献，梳理了人力资本的概念、计量、特点，人力资本增殖的主要路径，也特别指出了马克思的劳动力价值及合作价值理论和人的全面发展理论对人力资本理论发展的重要贡献，相应地也梳理了国内人力资本研究的理论观点，周其仁的"市场里的企业是人力资本与非人力资本的合约"为本书研究提供了重要指导；指出了目前人力资本理论研究存在脱离社会经济背景、过分采取个人主义研究方法等不足之处。

其次，对人力资本产权理论、企业知识能力理论进行了梳理，指出了现代产权理论的发展趋势是人力资本主体与物质资本主体共同拥有产权，并且随着科学技术和社会经济的发展，特别是在知识经济时代，人力资本对经济主导的作用不断增强。

再次，对人力资本增殖的路径、动力、制度和研究方法等理论基础做了梳理和分析研究。

最后，系统归纳了人力资本增殖规律和制度设计理论。指出人力资本增殖是一个随着社会经济发展而与时俱进的过程，而且必须要有一定的社会经济制度条件和物质基础；对制度设计的经济学和管理学理论基础、主体与客体、原则与判断标准以及博弈论作出了梳理。

3 人力资本增殖相关概念和特征分析

要研究人力资本增殖问题，先要明确人力资本、人力资本增殖、人力资本的使用价值等相关概念和它们的特征及影响因素。

人力资本增殖的路径、动力和制度设计的研究的理论背景是现代经济学的人力资本范式。人力资本范式，自形成以来，由于其具有反映现实的合理性和解释产出"剩余"的有效性，因而获得了充分的存在价值和强劲的生命力。

对企业人力资本增殖的相关理论问题进行的全面、系统的创造性研究目前尚不太多，它是一项艰难的开拓性研究工作，涉足这一拓荒性研究领域，需要站在学术前人的肩膀上，力争有所突破和创新。

3.1 人力资本的含义及其影响因素

3.1.1 人力资本的含义及特征

1960 年美国经济学家舒尔茨就任美国经济学会主席发表题为"人力资本投资"的演说时说："人的知识、能力、健康等人力资本的提高对经济增长的贡献远比物质、劳动力数量的增加重要得多。（舒尔茨，1990）"因此，一些学者从内容上把"人力资本"定义为劳动者的知识、技能和健康状况的总和。第二种界定方法是从形成的角度来定义人力资本。例如，贝克尔认为："人力资本是通过人力投资形成的资本，用于增加人力的资源、影响未来的货币和消费能力的投资为人力资本投资。"因此，不少学者把人力资本定义为人们在教育、职业培训、健康、移民等方面投资所形成的资本。第三种是从两者结合的角度来定义人力资本。例如，国内学者李玲博士认为："所谓人力资本是指通过后天投入而凝结在人体内，具有经济价值并能带来未来收益和据此参与收益分享的知识、经验、技术、能力、工作努力程度、协作力、健康及其他质量因素的总和。"

3.1.1.1 人力资本的含义

上述一些人力资本的含义是研究者根据研究需要从不同角度进行的界定。要科学地研究人力资本增殖问题，应该从人力资本的内在本质上来把握，根据人力资本相联系的经济时代，结合其人性与资本性两个基本方面，科学地界定人力资本的科学含义和特征，并与研究的人力资本增殖理论问题保持内在一致。

先看一下资本的含义。保罗·A. 萨缪尔森在其《经济学》（第 14 版）中写道："资本是一种生产出来的生产要素，一种本身就是经济的生产的耐用投入品。"当前，西方经济学界一般认为，凡是用于生产、扩大生产能力以及提高生产效率带来剩余价值的物质均称为资本，它不仅包括设备、厂房，而且包括知识、技能，一般将前者视为物质资本，后者即为人力资本。

本书采取的人力资本概念定义如下。

人力资本，是指为提高人的知识和能力，花费在人力保健、教育、培训、迁移等方面的投资所形成的，可以在未来特定经济活动中给有关经济行为主体带来剩余价值或利润收益的，凝结在活的人体中的包括体力、健康、经验、知识和技能及其他精神存量的一种资本。为了更有好地理解、增殖和运用人力资本，需要对人力资本进行要素解析和结构优化。

人力资本的基本要素构成归纳为三个部分：思想道德、知识技能、健康体能。人力资本的这三个方面能力①分别需要通过三种路径或者说三种投资方式——保健医疗、学习培训和思想教育来形成。当然，这三种基本的人力资本增殖路径增殖效果，不仅取决于人力资本增殖的路径结构，更取决于人力资本增殖的动力和制度安排，需要创建一个系统的人力资本增殖理论模型，方可有效地解决和解释人力资本增殖问题。要科学准确地把握人力资本的含义，可以从以下几方面来对其进行深入理解。

（1）人力资本是活的资本，它凝结于劳动者体内，表现为人的德能、智能（智力、知识、技能）和体能的统一体，但德能、智能和体能应该有机匹配和保持良性互动。其中真正反映人力资本实质的是劳动者的智能，它是人力资本创造性和生产性的根本支持；德能（主要指开拓创新、乐观自信、勇敢刚毅、真诚热情、友善合作等思想道德品质）会支配和影响智能的发挥程度和创造潜力；体能（主要指健康的体魄和旺盛的精力）是智能和德能得以发挥作用的基础载体。人力资本中的智能和德能也会催化体能的发展，智能和德能高的人更懂得健

---

① 把人力资本的基本构成要素归纳为德能、智能和体能三种能力，是因为人力资本是一种潜在的能力，它与物质资本结合就会形成现实的生产力和创造力，相当于一种潜在能力。这样界定人力资本对更好地解析人力资本构成要素和优化结构，通过结构合理的人力资本增殖路径有效成长，让人力资本的潜在能力最经济地达到最大化，使其潜在能力在一定制度规则下与物质资本更好地结合，形成最高水平的现实生产力和创造力，更具理论和实践指导意义。

康体魄的重要性，深知"身体是革命的本钱"，从而会积极主动地坚持锻炼和保健，注重科学合理地作息和营养，充分提高自己的体能。人力资本的德、智、体三种能力素质有机匹配并与物质资本相结合进行生产创造等经济活动，创造的价值和财富通过相关制度公正分配反哺人力资本主体，主体通过消费投资于自身的活动又可以促进人力资本有效增殖和充分利用，从而在人力资本增殖和高效生产活动之间形成良性循环，促进物质资本生产和人力资本生产和谐发展，最终推动社会全面进步和人的全面发展，如图3-1所示。

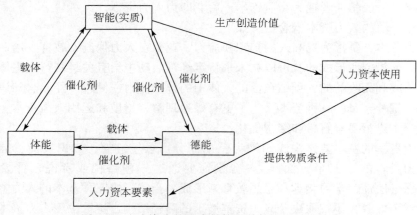

图3-1　人力资本的要素结构及其使用的互动关系

（2）人力资本需要根据社会经济和企业发展的要求不断优化结构来提升其质量。存在两个层次的优化：既包括每个人力资本主体拥有的德、智、体能的结构优化平衡，也包括企业等组织中各种人力资本主体之间的结构优化均衡。前者主要是指人力资本的德、智、体能素质要保持一个均衡的优化结构，以最利于智能在组织工作中发挥生产和创造作用为依据，这需要依据人力资本使用岗位的要求来选择匹配智能的各种素质，如知识、智力和技能的合理匹配，以及与智能有效发挥作用的德能素质，如创新、刚毅、自信、果断、合作、热情等德能品质的有机匹配，还有与作为人力资本载体和基础的健康体魄和旺盛精力的体能良性匹配。后者主要是针对企业等组织而言，需要按照企业性质要求的管理型、技术型和操作型员工的合理结构来匹配相应类型的各种人力资本员工，当然也包括不同年龄、性别、性格和气质等方面的各种人力资本员工的合理匹配。这种人力资本的主体内部素质的合理结构和各种类型的人力资本主体之间的合理匹配，是保证每个人力资本主体充分发挥生产创造作用和整个企业或整个团队更有效地行使职能的必要前提。

（3）人力资本总体最大潜力水平从根本上受制于人力资本要素的短板，正如木桶蓄水量取决于木桶的短板，即短板效应。因此，在企业人力资本投资中，特别要注意加强人力资本短板要素的成长，以保证人力资本主体的最大综合潜力以最经济的方式获得。人的各种能力仅是一种潜在的能力，要使潜在的能力变为创造物质财富的实际能力，还必须发挥人的主观能动作用。主观能动作用的发挥取决于责任意识、诚信态度和利他协作精神，而这些都属于道德品质的范畴。行为主体的道德品质依附于人体的意识形态，它同知识、技能、体能一样属于人力资本的构成要素。人类的活动实践已反复证明了这样一个事实：一个缺乏积极道德伦理的人，即使学富五车、才高八斗，也不可能将其内在的潜能变为创造社会价值的实际能力，不仅如此，还有可能利用其"才能"对企业、对社会价值的创造产生巨大的破坏作用，如高科技犯罪。反之，一个具有忠诚、守信、责任感等道德素养的人，即使个人天赋稍弱一点，也可能充分发挥自己的潜能，实现人力资本价值的最大化。人力资本德、智、体能各要素本身也是一个包含着各种子要素的体系，其具体子要素构成取决于社会经济组织生产的要求。

（4）人力资本由一定的费用投资和自身的保健学习实践感悟转化而来，没有外在费用条件的投入和自身的精力投入，就不会获得现实的人力资本。这种投资，既包括在货币和实物形态上的保健支出、教育支出、迁移费用支出等，也需要人力资本的主体自身的时间精力投入和积极主动开拓进取学习的态度。简单地说，任何人的能力都不可能完全靠先天获得，要形成、培育能力就必须接受教育，必须投入时间、财富和精力。也就是说，人力资本增殖的效果，一方面取决于人力资本投资额和投资类型，另一方面取决于人力资本主体自身投入的时间精力和学习态度，即人力资本增殖效果是其增殖路径、动力系统和制度安排的复合函数。这也是本书研究的重点，后面将深入探讨。

（5）劳动者拥有的人力资本价值要通过生产劳动创造转移或交换，才能实现价值的增殖，也就是说，人力资本的使用价值能创造价值和带来价值增殖。而这种实现的价值增殖又为人力资本下一步更好地增殖提供了物质条件，前提是存在一个反映人力资本创造作用的科学合理的产权制度和激励分配制度。这样人力资本的有效增殖和充分利用就形成了一种良性互动关系，进而更好地推动了社会进步和企业发展。人力资本是一切资本中最重要、最宝贵且最具能动性的资本。发达国家经济增长的事实说明，人力资本能比物力资本更有效地推动经济发展。

3.1.1.2　人力资本的基本特征

人力资本的特征，可以从其人性和资本性来理解：人力资本必须附着在活的人体身上，会随着人的生命周期而产生、增长和消失，其积累效果最终取决于人自身的学习能力和主观态度，其使用效率也最终取决于人力资本主体在一定激励水平下的主观愿意；人力资本的资本性主要体现在人力资本必须与物质资本相结合，在经济活动中使用才能创造财富和价值，并要求取得其与贡献相对称的回报。人力资本与物质资本对创造价值的剩余分配权大小，取决于二者在相应经济时代的重要性对比和谈判能力的博弈，这就需要建立相关的产权制度和激励机制保证人力资本的高效使用和增殖，其实人力资本的高效利用和有效增殖是一个有机互动的过程，二者辩证统一。人力资本的基本特征如下（吴国存，1999）。

（1）人力资本是一种无形的资本。人力资本以潜在的形式存在于人体之中，必须通过生产劳动才能体现出来。劳动者在进行实际生产之前，其体内的人力资本是无法发挥作用的。

（2）人力资本具有时效性。人力资本的形成、使用都具有时间上的限制，这是由其生物基础决定的。人作为生物有机体，有其自身生命周期的特点。人力资本的形成并非完全与生俱来：体能要靠后天的营养和保健来生成，智能要接受一段时期的教育和培训才能积累，德能需要在社会交往和道德规范下修炼方可形成。另外，在生命历程的不同时期，已经形成的人力资本结构会有变化。一般来讲，人的一生大致可分为三个时期：25 岁之前是一个人德能、智能和体能的形成时期，该时期对人的一生起着地基的作用；25～50 岁是创造性最强的时期，此期间人的生命力、记忆力、理解力、想象力等各种能力都处于最佳时期；在 50 岁、60 岁以后，逐渐步入第三时期——总结经验，传、帮、带时期，此时体能明显下降，但丰富的经验、阅历却又是一大笔财富。所以，不同时期人力资本构成会不同，在使用上也应有所区别。再者，对人力资本的使用不是一次性无休止进行的。经过一个劳动过程之后，劳动者必然支出一定的体力和脑力。此后，需要一段时间的补充、休息，才能再次投入生产。因此，对人力资本的使用必须考虑其时效性：针对不同层次、不同类型的人力资本，掌握最佳时机，才能充分发挥人力资本潜能。

（3）人力资本具有收益递增性。人力资本是一种资本，具有收益性，在现代经济发展中，人力资本收益的份额具有递增性，即人力资本投资的收益率会越来越高，人力资本的创造效能可以边际递增。可以这样认为，人力资本是高增值的资本。舒尔茨认为，人力资本经济价值的上升，使劳动相对于土地和其他资本的作用日益扩大，很可能会带来新的制度变革，形成人力资本主导的新经济时代，即知识经济时代。

（4）人力资本具有累积性。在现实的生产活动中，各种资本都会因为使用而产生损耗：使用强度越大，往往磨损程度越高。人力资本在使用中也不例外，也会产生损耗，必须通过补充一定的物质资料、进行闲暇休息才能保证再生产的顺利进行，形成"消耗—生产—再消耗—再生产"的过程。但是，与其他资本不同的是，在"生产—消耗"总过程中，人力资本可以不断地自我累积，并具有"用进废退"性，如果使用适当的话，每一次"补充"之后，劳动者体内的人力资本会比上一过程有所提高，从而导致人力资本含量不断上升。例如，科研人员不会因为从事的科研项目过多而最终"磨损"掉所拥有的知识、技能、相反，会因此积累更丰富的经验，从事更深入的研究。而且，人力资本的不断累积是在使用中逐渐形成的，一旦闲置，反而会退化和过时。舒尔茨认为："失业状态使劳动者掌握的技术蒙受损失，人力资本因处于闲置而退化。"

（5）人力资本具有无限的潜在创造性。人力资本是经济资本中的核心资本，是一切资本中最宝贵的资本，其根本原因在于人力资本的无限创造性。人力资本蕴涵于人体之中，通过人与物质资本结合进行生产，创造出超过其自身价值的更大价值。人类社会的不断进步，正是靠人力资本在人体内不断地积累、不断地被开发和使用创造实现的。开发人力资本，焕发出人的各项潜能，才能最大限度地利用现有的科技知识，发明创造出新的生产工具，更好地服务于社会。如果人类社会的发展是无限进行的话，只要激励充分有效，那么人力资本的创造力也将是无限的。

（6）人力资本具有能动性。人类不同于自然界的其他生物，是因为他有意识、思维，能主动地从事生产劳动。意识是人所特有的，与语言有联系的大脑的最高功能。通过意识功能，人类对现实世界有了概括性的反映，并产生对行动后果的预先思考，然后通过意识采取合理的行为，并不断地对其进行控制。这一切活动都是发自人体主观思维的。人类通过这种意识上的能动性，对自身和社会有了更深刻的认识，并主动作出反应，尤其是能够能动地利用自身的人力资本，从事有目的的活动。

人力资本作为人类认识世界、改造世界的主要能力，发挥其能动性是至关重要的。在微观上，通过人本管理和科学激励，充分调动企业内每位员工的主观能动性，使其主动发挥体内人力资本的作用，对于企业发展大有益处。日本企业的成功之处就在于它树立了员工的主人意识，让每位员工切实感到公司是属于自己的。这样，使其在工作中投入极大的热情。在宏观上，在国家经济建设中，调动全民生产积极性，主动献计献策，忘我地工作，才是国家长久发展的关键。

（7）人力资本具有个体差异性。对物力资本进行研究，一般从其同质性角度入手，但研究人力资本则不然，必须重视其自身的个体差异性。人力资本是蕴藏于人体内的能力，它与人体的不可分割性决定了它会受人的心理、意识、思想等多方面因素的影响，从而产生差异。不同的个体在各自不同的成长历程中，形成各自稳定的心理、意识等品质特征，从而在人力资本上反映出能力上的差异。例如，同样是学习某种技术操作，有的人学得快一些，有的人则慢一些，这说明前者学习技能高于后者，但是，这不能反映出其人力资本含量高于后者，因为在其他能力上前者可能不如后者。研究人力资本的个体差异性，有利于掌握个体情况、有效开发和合理利用人力资本，做到因岗选人、用人之长、人尽其才，在人力资本投资的方向、方式上做到有的放矢。

综上所述，人力资本的这些特征，集中体现在其人力性和资本性两方面。考虑到人力资本的人力性，必须根据人的生理性、心理性和社会性等特点，注重通过保健、激励和尊重等方式提供充分动力来促进人力资本增殖；考虑到人力资本的资本性，必须根据资本需要有机匹配、合理使用、加快运动、充分增值、积累补充的特点，来高效使用人力资本，回报激励进而高效积累人力资本，以促进人力资本增殖与企业发展和社会进步的良性循环。这一切都需要理论创新和实践开拓，下文将深入人力资本内部，打开人力资本这个"黑匣子"，深入研究人力资本增殖的路径动力和制度设计等相关问题。

3.1.2　人力资本增殖的企业研究视角

企业是人力资本投资的核心主体，人力资本主体本身是企业发展需要激励的对象和人力资本的增殖工厂，也就是说企业人力资本要实现有效增殖，必须依靠企业这个核心主体提供投资、设计制度、实现激励。企业也是社会发展的经济细胞。推动社会根本发展的核心主体是企业，正是企业生产财富和提供服务的创造性社会实践，根本推动着人类社会不断发展和进步。企业的最终发展需要以充足优质的人力资本为基础。研究人力资本增殖，最根本的是要解决好企业的人力资本高效增殖和充分利用问题，当然企业人力资本高效增殖，也可以为其他组织人力资本增殖提供理论示范和实践参考。因此，本书抓住关键，选择企业视角，来研究人力资本增殖路径动力和制度设计。

企业人力资本，是指企业所拥有、可获得或可控制的，能够推动企业发展的人力资本。企业人力资本可以通过招聘直接获取，也可以通过激励培训使用等开发途径来增殖。因此，企业人力资本增殖体现在两个层次：一是通过设计企业人力资本的吸引筛选模型，管理好企业人力资本的入口和出口，提高人力资本的质量与水平，实现企业层次的人力资本增殖；二是通过创建企业内部员工个体的人力资本增殖路径动力及制度设计模型，促进人力资本主体自身的人力资本增殖，即打开人力资本这个黑匣子，深入人力资本内部，深入研究人力资本增殖的微观机制。当然，人力资本主体自身的人力资本增殖，自然也会增加企业人力资本的总量和提升其质量水平。

人力资本增殖与企业密切相关，人力资本增殖主要在企业这个大工厂中实现，或在企业对人力资本的需求引导下促使实现，如教育体制改革和人才培养模式的配套跟进等就是在企业人才需求指挥棒引导下促进和实现的。企业是人力资本投资的根本主体，提供了人力资本增殖的制度环境，也是人力资本激励的实施主体。本书选择企业视角来研究人力资本增殖问题，主要基于如下几方面的考虑。

（1）企业是人力资本投资的根本主体。人力资本投资的主体是多元的，主要包括企业、政府和个人。这些人力资本投资主体，基于不同的利益取向，共同投资于人力资本主体，促使人力资本有效增殖。政府投资人力资本，主要通过举办公立教育事业和公共职业技能培训来进行，利益取向是推动社会更好进步和人的全面发展。企业投资人力资本，主要通过招聘、干中学、在职培训和脱产培训来实现，追求的是企业效益最大化、企业持续健康发展和员工全面发展。个人的人力资本投资，主要是投入资金、时间和精力，参加各种教育培训、实践学习以及自我修炼等，积累增殖人力资本，以更好地实现自我人生价值和享受幸福生活。通过人力资本增殖积累，实现这些价值利益，形成了人力资本投资的各种主体的强大投资动力。当然不同的人力资本投资主体与相应的价值利益的关联程度是不一样的，或直接相关，或间接潜在，但无论如何，都是这些价值利益推动激励着各种主体进行人力资本投资。

在众多的人力资本投资主体中，企业是最根本最核心的人力资本投资主体。首先，因为人力资本的增殖积累水平，与企业的持续健康发展最密切相关，是企业竞争力的关键和基础前提，所以企业有特别强烈的人力资本投资愿望和实践行为。其次，企业作为社会基本经济细胞，拥有很大比例的剩余分配权，是最有投资实力和条件的人力资本投资主体。再次，其他人力资本投资主体的政府和个人，其投资的财力保证最终来源于企业，只有企业发展良好才能提供充裕的政府财政的经济保证，才能提高员工的收益水平为个人人力资本投资提供资金支持。最后，企业对人力资本质量和结构的需求信息，也会引导政府进行合理的人力资本的教育和培训投资，也会引导个人进行正确的人力资本要素增殖和结构优化投资。人力资本投资除了资金等物质条件投入外，还必须有人力资本主体自身的时间和精力投入，这也离不开企业配套的工作安排和制度激励。特别值得一提的是，企业人力资本投资的力度、方式和内容，对政府和个人的人力资本投资会有非常大的示范和激励作用，只有企业人力资本增殖的路径动力和制度安排理顺了，才能为其他主体的人力资本投资提供充分的有效的实践导向和理论指引。

（2）企业提供人力资本增殖的基本路径。人力资本增殖的基本路径，即分别主要用于增殖人力资本的健康体能素质、知识技能素质和思想道德素质的保健医疗、学习培训和思想教育，主要是由企业来设计、支持和提供的。企业按照社会保障法规建立员工医疗保险制度提供大部分医疗保险基金，建设企业的医疗保健设施和相关制度鼓励和保证员工提高医疗保健水平，开展丰富多彩的文体活动，合理安排工作内容和作息时间，提高员工工作的生活质量，这些医疗保健路径的科学设计和合理运用，会大大提高员工的人力资本中的健康体能素质。企业根据发展需要和员工技能思想现状，有针对性地安排员工进修培训和开展生动活泼富有成效的思想教育活动，并配套相应的考核分配激励制度，提供员工学习培训和思想教育的路径系统，可以有效促进员工人力资本的知识技能素质和思想道德素质的积累增殖。当然，企业之外的人力资本增殖路径，如专门的学校素质教育和职业技能培训等路径，也会受企业路径的引导而发展完善。

（3）企业设计人力资本增殖的微观制度。依据人性理论假设，人是经济人、社会人、复杂人等复杂人性交融的综合体，人性假设解释了人的不同追求和动机，这是人的思想和行为的内在动力。当然，生活在社会中的人，其思想和行为会在制度的引导下进行，或者说是在人性假设的内在动力和外在制度的规则约束下，人通过自己的思维活动和行为实践，实现了自身的利益追求。可以这么说，对人文社会问题的研究，必须深入到人性假设和内在动机中去，找准主体的内在追求，设计与之相适应的法律制度等规则，引导个体的思想行为与组织目标兼容一致，促使个体全面发展与组织健康发展良性互动，这样才能切中要害找准问题答案。立足人性假设，力争激励兼容，此乃管理之真谛也。

再回到论题，要实现人力资本的有效增殖，作为社会基本经济细胞的企业，除了设计出路径外，还需要设计提供个体人力资本增殖动力的相关制度，如相应的产权制度、激励制度、分配制度、晋升制度等。现实存在的人，是社会人、单位人、家庭人和个体人的统一，单位提供了人们分工协作生产创造的正式制度安排，是现实存在的人的行为规范的重要制度来源。企业等单位提供了人力资本增殖的微观制度。

（4）企业为人力资本增殖实施具体激励。从激励内容来看，企业是最主要的人力资本增殖的激励主体，是物质激励和精神激励的最根本最重要来源。首先，企业为人力资本投资和使用提供公正的工资福利等激励，让人力资本主体感觉到这种投资物有所值，能够更好地实现自己的人生价值和幸福生活。其次，企业为人力资本的价值创造和发明创新提供物质激励和精神奖励。再次，企业会制定制度鼓励人力资本增殖，如制定实施基于能力的考核激励制度，培训进修激励倾斜制度，任人唯贤的选拔晋升制度等，促进员工注重知识技能和道德素质的开发提高。最后，企业还会建设各种文体设施和带薪休假制度等，提高员工工作生活质量，丰富员工文体生活，做到劳逸结合，激励员工注重医疗保健，提高体能精力素质。总之，对人力资本增殖的激励主体主要是企业，政府和个体的人力资本投资最终来源也是企业的价值创造和分配提供的。

（5）企业重视和呼吁推动着国家重视人力资本开发。企业对全面素质高技能人才的强烈需求和重用激励，以科技和人才为主要特点的激烈竞争，促使实践界、学术界和政府开始思考社会经济和人本身的发展理念，对过去那种靠拼资源低工资的粗放型发展方式进行了调整和纠正，提出了科教兴国发展战略，注重人力资本投资，走新型工业化路子，坚持科学发展观，共建和谐社会。其中的核心要义是坚持以人为本，高度重视人力资本开发，注意科技创新和发挥人力资源优势，大力发展教育事业。为此，国家配套制定和出台了一系列重视人力资本开发和利用的法律法规和制度，形成了企业人力资本开发增殖的良好的外部环境。

综上所述，本书选择了企业视角来深入研究人力资本增殖的路径动力和制度设计等相关问题，可以说是抓住了人力资本增殖的"牛鼻子"。

3.2　人力资本的计量及其使用价值

研究人力资本，离不开人力资本的价值研究。人力资本的价值在于通过科学合理地使用人力资本，让人力资本更有效地创造物质财富和提供优质服务，来更好地促进企业组织和社会经济发展。人力资本也只有通过更有效的价值创造才能获得其有效增殖的物质投资支持、动力来源和制度保证。人力资本增殖是以企业为主导进行的。

3.2.1　人力资本的计量

人力如果作为一种资本形态，应具有资本的一般特性，即独占性、价值性、增值性。独占性是指资本的使用、处分、转让、收益等私有属性，这对人力资本主体是不言而喻的，人力只属于人力的所有者。不过，进一步分析可以发现，人力所有者独占的人力并不是一般物质性的商品，而是一种劳动能力。劳动能力先要成为商品，然后才能成为资本，并实现价值增值。在商品经济下，劳动力只有在劳动者一无所有并且为物质资本所有者雇佣用于生产时才成为商品，否则，劳动力不能与一般商品进行交换。从劳动力提供者的角度看，劳动者依靠出卖劳动力来获得收入以维持生活，我们可以从通俗的角度认为人力是劳动者获得收入的"本钱"、"依据"。但从资本的内涵来说，资本只有成为能够较准确地对其价值量进行计量的价值实体，才能确定其获得的收益是否超过价值量。如果人力资本概念成立，那就要使人所获得的收入不仅反映人自身的经济价值，并且能获得超过其价值的收益，即人力是一种可以实现价值增值的"资本"。因此，必须计量人力资本（德、智、体能的统一体）的价值量和收益。资本作为一种价值形态，应该与其他价值可以比较和交换。人力要证明自己是资本的一种形态，最重要的是要说明人力资本与其他资本一样具有价值，而且是可以度量的价值。如果人力资本无法进行价值度量，人力资本也就无法说明其可以获得超过其价值的价值，资本的可转让性和增值性也将有问题。因此，要使用人力资本这一概念，就必须先分析人力资本价值的度量。人力资本学家用成本费用法、边际收益法或收入贴现法三种方法来计算人力资本价值量（贾后明，2006）。

上述人力资本计量方法都是间接用人力资本投资成本或人力资本可能取得的收益来计量，只是一种为研究方便而采取的简单替代的方法，缺乏准确性和科学性。要科学准确地计量人力资本，一方面要立足于人力资本的科学含义，另一方面要科学区分人力资本投资成本、人力资本、人力资本创造价值、人力资本收益回报等几个容易混淆的关联概念。

依据人力资本是其主体拥有德、智、体能总和的科学含义，可见上述人力资本计量方法都是学者假设的简单近似计量，要真正科学准确地计量人力资本，就必须解决人力资本加总的统一口径问题。这里可以借鉴彭正龙教授的企业经营者素质测评与计量模型，对于一般操作型和技能型人才人力资本的计量，可以通过调整素质系统中的主感应元素和关联感应元素以及修正其情景参数来实现。

1）素质系统的共协反应理论

同济大学彭正龙教授2002年在《企业经营者评价系统与激励机制研究》中提出了"系统共协反应评价"理论模型：人的素质是一个多元素、多层次且相互联系的系统；面对环境刺激，系统各元素在特定情境下经过协调平衡整合后产生共协反应，共协主感应元素和共协关联感应元素面对环境刺激（工作任务或管理难题）时，可能出现共协促进、共协补充或共协抑制三种共协整合基本形式之一的同时性或继时性共协反应，由原始素质态经过共协整合变成反应素质态，表现出不同水平的工作技能；运用共协反应理论设计企业经营者素质测评模式和实施测评操作技术——系统共协反应作用力法与系统共协反应权数调整法，应以情境参数（如市场技术情境参数、管理情境参数、人际沟通情境参数等）优先，考虑任职标准或素质标准，动态匹配最佳人选，才能达到企业系统进入良性运行的目标。系统共协反应评价理论由"人的素质系统对环境刺激反应的机理"和"情境参数优先与系统共协反应"组成。素质系统的共协整合与状态转换如图 3-2 所示。

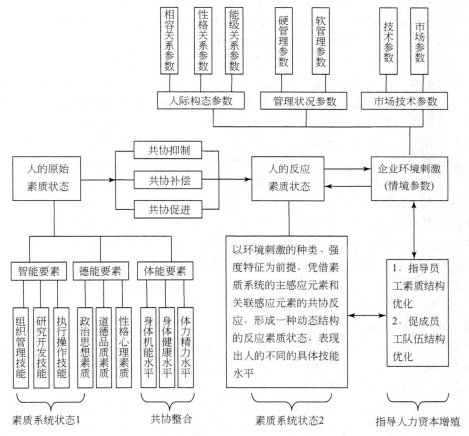

图 3-2　素质系统的共协整合与状态转换及其对人力资本增殖的指导

注：模型根据彭正龙教授的经营者素质系统共协反应评价理论模型改建（彭正龙，2002）

2）企业人力资本的测评计量探索

企业人力资本的计量需要与企业情境参数结合，考虑企业各类人力资本主体内部的各种素质元素的共协反应和各类人力资本主体之间的协调整合后所表现出来的综合的人力资本能力。可以通过在人员素质系统共协反应综合测评技术测评出各类员工的综合素质得分的基础上，分类加权求和得出企业人力资本的综合总量。统一成综合素质得分口径后，可以进而求出企业员工人均的人力资本水平，以利于企业之间进行人力资本拥有量的总量比较和均值比较。如果按照智能素质、德能素质和体能素质分类计量企业的人力资本存量及其构成，或者说按照管理型人力资本、技能型人力资本和操作型人力资本来计量企业人力资本存量及其构成，就可以根据企业情境进一步对其人力资本存量进行结构分析和优化调整，为企业人力资本增殖和制度设计提供基础依据。

需要指出的是，对于企业人力资本概念，有必要从静态和动态两种角度来把握人力资本。静态的人力资本，可以理解为人力资本主体身上承载的包括智能素质、德能素质和体能素质在内的各种静态素质的总和，也可以称为潜在的人力资本，或者说存量的人力资本。动态的人力资本，可以理解为在静态人力资本的基础上，在企业面临的情境参数中，在相关制度引导和管理激励下，企业人力资本存量所表现出来的知识、科技和财富等方面的资本创造力，也可称为现实的人力资本，或者说激活的人力资本，或者流量的人力资本。因此，静态的人力资本是动态的人力资本的基础，动态的人力资本是研究或管理追求的目标，动态的人力资本在不同的企业情境参数和管理制度下，可以大于、等于或小于静态的人力资本。通过人力资本与情境参数的匹配，加上设计合理的制度和科学的管理，可以促进系统优化功能整合，形成素质系统共协促进或补偿，充分激励人力资本主体的能动性和有效协作，可以最大限度地发挥人力资本的潜能，达到"一加一大于二"的人力资本的创造力效果。

综上所述，静态的企业人力资本计量，可以依据素质系统共协反应测评模式技术进行。而对于动态的企业人力资本，可以将其转化为企业人力资本的市场价值或市场价格来表示。在成熟规范的市场经济条件下，自然也有一个成熟的劳动力市场，人力资本的供求双方会综合考虑人力资本的投资开发成本和可能创造的价值，在具体的供求竞争态势下，形成一个人力资本的均衡价格。立足于人力资本的均衡价格，通过加权求和可以大致计量企业的动态的人力资本总量以及人均水平。当然，人力资本的市场价格，其投资开发成本只是形成基础，其最终稳定的市场均衡价格或者说人力资本与物质资本结合进行生产活动后的报酬，从根本上看取决于人力资本在企业情境参数中和管理制度激励下所能创造和实现的价值量大小以及人力资本主体与物质资本主体对剩余分配权的博弈过程。所以，动态的或者说激活的企业人力资本的计量，除了考虑人力资本主体素质系统共协反应外，还应该结合企业情境参数和管理激励制度，深入到生产和流通过程，研究人力资本的投资开发、价值创造及市场实现，还有人力资本与物质资本在生产过程中作用对比和博弈过程，才能够科学准确地理解和把握。

马克思在劳动价值论中曾经指出，复杂劳动创造的价值是简单劳动的倍加或自乘，这对正确方便地计量研究企业人力资本提供了有益的启示。可以把企业中不需要经过专门培训的一般劳动力身上凝聚的综合人力资本量记为一个标准当量劳动力。其他经过专门培训和积累了一定劳动经验技能和相关知识理论方法的劳动力的，根据其人力资本创造能力大小由专家评价后给定一个系数，可以转换为若干个标准当量劳动力。这样企业人力资本水平的计量就可以通过对各种劳动力转换为标准当量劳动力后加权求和而得出。

必须指出，标准当量劳动力所包含的人力资本结构和水平会随着社会发展和人的发展而不断提高，各个企业也可以根据自身情况确定其标准当量劳动力的人力资本结构和水平，当然要求同一企业的标准当量劳动力的人力资本水平大致相当。如果用标准当量劳动力对社会人力资本水平进行计量，则应该有一个大致统一的标准当量劳动力人力资本水平的社会标准。标准当量劳动力的人力资本水平标准确立和转换方法，是一个需要进一步研究的具体技术问题，这里只是提出一个原则思路，不再做深入研究。

因此，需要研究人力资本的基本构成和增殖路径，更要研究人力资本增殖动力和制度设计，力争建立一个人力资本有效增殖、高效使用和科学激励的良性互动的分析框架，深入到人力资本内部动力机制和制度设计，真正打开和疏通人力资本这个"黑匣子"，将人力资本的研究上升到一个新台阶，是本书的研究追求。可以说企业人力资本的恰当计量，为企业人力资本增殖研究奠定了基础。

3.2.2 人力资本的使用价值

人力资本的使用价值就是能够作为一个生产要素发挥资本效能，创造大大超过自身价值的价值，能够带来价值增殖。当然人力资本的价值创造性具有边际递增性质，创造性大小的影响因系除了人力资本自身的数量与质量外，还包括相关制度提供的激励水平和人力资本主体的主观能动性等因素，如果这种激励科学充分合理，人力资本的创造性就可以高效发挥，人力资本创造性的合理回报也会反过来促使人力资本主体更加积极主动进行人力资本的增殖，实现良性互动（Frantzen，2000）。可见，人力资本增殖动力提供与制度设计非常关键，后面将专门深入研究探讨。

1）人力资本使用价值和价值的界定

借鉴马克思的劳动力使用价值和价值理论可以定义人力资本使用价值，即人力资本在与物质资本等的结合中，在一定的情境参数和管理制度下，创造知识、科技和财富等价值的能力。人力资本的价值就是生产和再生产劳动力人力资本所需要的劳动耗费，可以还原为再生产劳动力人力资本（也包括劳动力所哺养和赡养的必要人口）所需要的生存、发展和享受的物质资料的价值。随着经济和社会的发展，人力资本日益成为主导社会经济发展的核心生产要素，劳动力人力资本所需要的发展和享受资料的内容范围会越来越丰富，所占的比重会越来越高，劳动力人力资本所需要的补偿和回报也会越来越高，这不仅是指绝对数量，而且相对于物质资本［或者说物质资料，因为从劳动力转化为人力资本、物质资本转化为物质资料是一个相互联系此消彼长的发展过程（莫志宏，2004）］的补偿和回报的比例是不断提高的。

2）人力资本使用价值的影响因素

可见，人力资本的使用价值的大小的决定基础是人力资本的德、智、体能要素质量的高低和应用动力强度以及相关制度环境。当然因为人的能动性、人性复杂性和实践社会性，人力资本的使用价值大小一般说来会受到以下几个基本因素的强烈影响：

（1）人力资本的结构和水平。人力资本德、智、体能素质水平越高，素质结构越优化，系统共协促进或补偿配合越好，人力资本的使用价值就越大。

（2）人力资本的情境参数。人力资本主体面临的市场技术参数、人际构态参数与人力资本素质系统配合越好，人力资本的使用价值就越大。

（3）人力资本的制度环境。人力资本应用的社会文化制度、市场技术制度和产权制度等越鼓励开拓创新、公正回报，人力资本的使用价值越大。

（4）人力资本的管理激励。人力资本受到的管理激励越充分，人性越得到尊重，个性越允许张扬，创造越受到鼓励，精神需求越得到满足，人力资本的创造潜力就越能充分发挥，人力资本的使用价值就越大。

需要指出的是，这些影响人力资本的使用价值大小的因素也会影响人力资本的增殖，制度形成动力，动力促进增殖，这正是本研究的根本逻辑。

3.2.3 人力资本的价值实现与价值分配

3.2.3.1 人力资本价值实现的约束条件

人力资本价值实现不是无条件的，也不是如一般商品可以在市场交换中实现自身价值。人力资本价值实现只有通过劳动，而劳动在现代社会中不是一个单纯的人与自然的关系，而是需要社会提供劳动条件。而社会提供的劳动条件反映了一个社会的生产关系。因此，抽象地把人获得收入看作是一个资本获利过程，掩盖了人力资本价值实现需要的复杂社会条件。

（1）人力资本的使用价值是劳动与创造。人力资本的真正价值是人的劳动所特有的创造性。只有人的创造性劳动才能真正使自然提供的物质资料满足人的需要。只有人了解人的需要，并通过劳动生产出符合人需要的产品。自然界虽然在满足人的需要中起到了作用，但真正将自然资源转化为人所需要的产品的只有人的劳动。这种创造性是没有生命的物质体所不具有的，而人不通过劳动或参与劳动也不可能创造价值。

（2）人力资本价值实现需要社会提供劳动资料等劳动条件。除了少数可以由个体劳动（如绘画）生产社会需要的产品外，一般的生产活动需要社会的分工合作和物质条件的支撑。人的能力再强，知识学习得再多，如果社会没有提供实现其能力的物质条件，没有社会其他成员的配合，这种能力与知识也不会生产出社会需要的产品，也就不会有价值。没有社会环境和背景，没有生产与创造的平台和条件，人的知识与能力只能是精神性的，不能物化，其价值也就无从实现。从这个意义上讲，劳动对象、物质条件及社会合作反而决定了人的价值实现程度。人的潜能是巨大的，如果有一个合适的环境与条件，人的创造可能高出其平时表现出的能力与水平。而如果劳动条件不具备，人的潜能也就无法施展，甚至连一般的生产能力也无法发挥，其价值也就难以实现。

（3）人力资本价值在劳动中创造，在交换中实现，由社会确定价值量。人力资本（或劳动力）商品与一般商品相比具有极强的异质性。在没有劳动之前，人力资本并没有价值。人与人之间以及人与一般商品之间没有直接可比性，因此，人力资本的价值也就不明确。人的生存费用与人的能力或创造力并没有完全的对应关系，不能用人的生存费用来确定人的价值。同时，人也不能根据自己的能力确定自己的价值，只能通过能力与社会条件结合后可能创造的价值来确定自己的价值。在社会分工中，个人不能完全自己满足自己，人需要通过社会商品交换来满足自己的需要，也只有在满足社会需要中才能实现自己的价值。人通过自己的劳动产品或人自身的劳动来满足社会需要，与社会进行交换。在生产资料属于劳动者个人时，劳动者可以通过自己产品的社会交换直接实现自己的价值。在生产资料属于别人的情况下，人力资本所有者只能出卖自己的劳动力。但是，在生产中还是通过劳动生产产品最终通过交换来实现。这种情况下劳动者的收入往往与其产品价值的实现无关，而是在劳动力市场中由供求关系来决定。在劳动力供给充裕的情况下劳动力出卖的价格只能基于他的生活费用。不同人力资本的不同创造特点，以及社会对这种劳动产品价值的评价，不再与一般劳动者有关，而是由生产资料的提供者来承担。

（4）只有人力资本的全面发展才能根本提升人的创造力。人力资本的创造力的形成也不是无条件的，并不是个人对自己不断进行生活和学习投入就可以实现自己的创造力的提高。只有全面发展，人才能充分发挥自己的潜能，发挥自己的聪明才智。人要有充足的营养、健全的体魄、良好的教育、健康的心理，在工作中受到尊重，有相应的岗位能够发挥自己的才能。只有如此的全面发展，人才能充分地发挥创造力，使自己的价值充分展现出来。

3.2.3.2　人力资本创造价值的分配

依据马克思的劳动价值理论，商品的价值是由劳动创造的，劳动者不仅创造了其劳动力价值，即工资，还创造了剩余价值。资本收益来源于劳动力创造的剩余价值。从这个理论也可以推出，劳动者通过劳动不仅可以维持生存，还可以"还本得息"，是真正意义上的"资本"，可以实现自身价值的增值。从社会看，正是由于劳动者可以创造超过其劳动力价值的价值，经济才会发展，社会才会进步。但是在现实中，一般劳动者所得的只是能够维持自己生存的工资，根本不可能偿还自己以前的成长支出，获得"利息"收入更是困难。只有少数劳动者的收入可以超过其付出，并且有"利息"。人力资本理论的研究者对此的解释是：一般劳动者没有人力资本，因为不承担生产中的经营风险，所具备的知识与才能不具有稀缺性；而掌握较高技术的高科技人才与掌握企业经营权的企业家则是真正的人力资本者。这种解释把绝大多数劳动者排除在人力资本之外，实际上这种学说是片面的，不能真正做到对经济现象的本质进行揭示。与其说一般劳动者没有人力资本不能"创造和取得"剩余价值，毋宁说具有不同人力资本的人格主体由于谈判力不同和供求关系差别，在市场博弈中取得的剩余分配权有所差别。因为现实的创造价值活动，是不同人力资本主体和物质资本主体共同投资创造的结果，自然不同的资本所有者都要参与其中的共同成果"价值"的分配，这种分配比例取决于各资本主体的市场博弈。当然，这种分配格局，其根本原因应该从经济时代和社会生产方式去寻找，只有人力资本成了真正主导经济时代的普遍形式后，这种看似"不公"的分配才能根本改变。真正人力资本主导的经济时代，人力资本主体从事的大多是创造的工作，一般的毫无创新的机械性操作通常都可由机器来完成，此时，机器等生产资料贡献的主要回报是消耗或折旧补偿，人力资本主体拥有绝对的剩余分配权，获得了绝大部分"剩余价值"，人力资本的创造潜力得到充分发挥，人力资本也能够充分增殖。

（1）一般劳动者创造的剩余价值大多为物质资本所有者占有。认为一般劳动者不具有人力资本的研究者是从一般劳动者的收入只能维持生活的现实出发来研究的，不仅一般劳动者的收入没有体现资本增值，而且一般劳动者在生产中的地位也无法与物质资本所有者（企业的所有者）进行平等谈判，也就不具备"资本"的同等地位。因此，一般劳动者也就不把自己当做一种资本，社会尤其是物质资本所有者也不认同。因为，一般劳动者市场供应充足又"一无所有"，唯有被雇佣"剥削"才能创造获得回报而生存发展。实际上，一般劳动者创造的价值要大于工资，这是社会进步与财富积累的重要原因。一般劳动者在生产活动中也需要发挥知识与能力，而且不管劳动者受教育程度高低，都通过社会或生产过程掌握了一定的技能。如果说知识与技能就是人力资本，一般劳动者也应有人力资本。但在劳动力市场中一般劳动者没有力量与资本力量抗衡。劳动者所掌握的知识与才能从属于自己，从这个意义上说，它具有独占性。但是，劳动者并不能随心所欲地支配这种劳动能力，不能根据所得报酬决定自己的付出。劳动创造能力只是潜在的，劳动者如不向使用者付出劳动力，这种劳动力对劳动者就没有价值。在劳动力市场中交换的不是劳动，而是劳动力。对于这点，马克思已做了充分的论证。劳动者进入企业后，劳动力商品的控制权就转移到企业所有者手里，发生了产权转移，因为企业所有者通过用工合同将劳动力的使用权、收益权转为己有，劳动者为企业所有者控制。这里虽然不存在完全的人身控制，但实际上是一种对人的经济控制。劳动者必须接受指派的工作，只能以合同约定的工资标准获得收入，这实际正反映了劳动力的产权转移。一旦劳动力产权进行了转移，劳动者实际上已不能完全控制自己。国内一些学者对人力资本产权特性做了研究后认为，人力资本产权天然属于个人，人力资本产权具有完备性和关闭功能。它的产权权利一旦受损，其资产可以立刻贬值或荡然无存。当人力资本产权中的一部分被限制或删除时，产权的主人可以将相应的人力资产"关闭"起来，以至于这种资产似乎从来就不存在。这种观点认为劳动者可以决定自己的能力和知识的付出，即决定自己对外的资本转让量，如果雇佣者不能给予他价值应得的收入，受雇人可以将自己的能力不付出，或只付出他认为与收入相应的部分。但在现实生产中，雇佣者虽然需要使用一些激励的方法来促进人发挥自己的能力，但并不存在根本性的使用困难。因为在一个竞争的劳动力商品市场上，劳动者之间的竞争可以使劳动者尽力出卖自己的劳动力来供别人使用，只有这样才能保住自己的工作岗位。对于货币或物质资本所有者来说，完全可以找到许多办法来控制劳动者，使其为自己的利益服务。劳动力只要不影响投资者的收益，资本所有者在某些情况下甚至可以让渡一定的权利，容许受雇佣者不付出所有的体力和智力。在生产过程的许多场合并不需要被雇佣者发挥所有的创造力，只要够用就行。这也说明相对一定的企业或组织而言，可能存在人力资本过度增殖问题。对于不能为他带来收益和不能按约定实现资本所有者目标的人，资本所有者可以开除或替换。运用这种做法，资本所有者没有根本性的损失，而劳动者则将面临劳动力资源失效的困境。劳动者虽然独占人身，人身没有转让，但劳动能力的价值只有在劳动过程中才能实现，而货币或物质资本所有者所拥有的资本具有广泛的交换性，完全可以实现对其他资源的控制。由此可见，对于物质资本者来说，人力资源与其他物质资源一样，只是一种资源，可以被资本获利所利用。从人力资本进入企业开始，人力便只能从属于资本，是总资本中的可变资本，与企业的其他资产没有本质区别。这就是说，劳动能力这种对于劳动者而言的"资本"，只能从属于雇佣者资本，不能被劳动者独占，劳动者虽然在生产中创造出高于其劳动力价值的价值，但这些剩余价值被资本家占有。一般劳动者通过劳动给自己带来的只能是满足自己生活需要的费用，不可能有"利息收入"。

需要指出的是，从动态和长期趋势来看，如果物质资本所有者长期或者经常过多地"占有"人力资本主体创造的"剩余价值"（相对于人力资本主体创造的价值而言），人力资本主体就会主动"关闭"或"闲置"自身的部分人力资本不让其发挥作用；或者说在较发达的市场经济条件下，人力资本主体会另谋高就，选择更能充分发挥自身人力资本作用并能取得合理"剩余分配权"回报的组织就业，从而实现人力资本的充分利用，让早期人力资本投资得到更高的收益回报。因此，物质资本主体也不能随意贪婪地榨取超高的"剩余价值"，最终的理想结果应该是人力资本主体与物质资本主体经过谈判博弈和市场机制作用后，彼此均衡合理地来分配"剩余价值"，以达到一种"合作共赢"的理想状态。

（2）掌握高技能与知识的高级人力资本主体（如高级科技人才和管理人才等）才能成为获得较高收入的"知本家"。由于现代企业竞争的主要领域是科技，对科技人才的争夺是企业竞争的重要手段。因此，掌握企业需要的高技能与知识的科技人才就有可能得到较高的收入，这些收入甚至有可能大于他创造的价值，表现为他的知识与才能的高收益，成为某种意义上的"知本家"。但是，这些"知本家"也有条件：一是他掌握的知识与技能是企业急需的，即对企业来说具有专用性和高效用的人力资本，才可以为企业带来较高收益，只有这样企业才会付出较高的报酬。如果掌握的知识与技能企业不需要，不能为企业带来收益，企业便不会支付高工资，这样的人也成不了"知本家"。二是掌握这种知识与技能的人在人才市场上相对较少，只有这样，才会引起企业的争夺，才会支付较高的工资。如果这样的人才多了，企业也就不会支付高工资。这说明不是每个有知识与技能的人在任何情况下都能成为"知本家"。"知本家"只能是市场中的少数，一般劳动者难以有这样的地位。三是由于市场变化和技术的变化，掌握知识与技能的人才可能出现知识老化，不再为企业需要，最终减少收入。四是掌握高技能与知识的人不论其自认为价值多高，只有与企业生产结合，经过市场检验，才能实现其价值。没有与企业生产结合，这些知识与技能是没价值的。这说明，"知本家"不能离开物质资本家，在物质资本家的收益没有保证的情况下，"知本家"的收益也是空的。当然，随着市场经济的发展，特别是金融市场和人才市场发达的情况下，这种对比格局也可能改变，即高级人力资本所有者凭借其雄厚的管理和技术等人力资本，即社会评价的商誉"身价"，直接从银行融资或从资本市场筹资，从而建立起人力资本与资本物质相结合的生产条件，创造出大量价值和"剩余价值"，物质资本的回报直接以利息或股息的形式支付，高级人力资本主体直接主导企业，直接支配"剩余分配权"和占有大部分"剩余价值"。

（3）企业家凭借对资源的控制权获得了收益分享权。人力资本学说最典型的例证是以企业家在企业经营中的高收益来说明企业家是人力资本家，应该获得高收入。这些研究认为，没有物质资本的企业家，凭借其经营管理能力，获得了与物质资本所有者，即传统资本家分庭抗礼的地位，用自己的知识与能力获得了很高收益。这些收益远远高于其付出，实现了自身价值的增值，成为真正意义上的人力资本。国内研究者从人力资本的概念角度出发，说明企业家的高收益是由于他们拥有较多的人力资本，他们掌握了与物质资本相同甚至更重要的利润来源。这种方法也还是用结果来说明原因，没有认真分析企业家收入的真正来源。

首先，要承认企业家往往具有一般人不具有的知识与才能，这些知识与才能也许并不是通过教育获得的，一些企业家受教育程度并不高，有些能力也不是教育可以给予的，如敢闯敢冒的风险意识、果断做事的决断力与敏锐的市场判断力，这些能力是一个优秀的企业家应该具有而一般人不具有的能力与品质。这些能力与品质有助于企业家管理和经营企业，使企业获得较高的利润。因此，在企业获得较高利润的同时，企业家分享收益有相当的合理性，也与其能力与付出相适应。

其次，企业家经营企业所获得的利润并不是完全由企业家创造的。企业家在企业中发挥着"四两拨千斤"的作用，通过管理整合企业的各种资源，把握市场机遇，最终实现企业利润的增加。没有企业物质资源和劳动力资源，企业家的才能无法发挥，价值也无法显现。与才能相比，舞台更重要。

再次，企业家的高收入，一方面是其价值的体现，另一方面也是物质资本所有者为了减少监督成本而采取的一种激励措施。企业家掌控着物质资本家大量的资产、市场经营的信息和企业管理中的信息，如果不把企业家的利益与企业经营效益挂钩，企业家完全可以找到各种理由来说明经营失败的原因。物质资本家为了资产的安全，为了能保证自己的收益，只能将经营收益的部分分享权给予企业家。只有这样，才能减少对企业家的监督成本，企业家也利用这种委托代理中的信息不对称从而在利益分配上占有一定主动权。

最后，要明确企业家的角色。企业家更大程度上是物质资本家的代理人，而不是人力资本的所有者。企业家虽然也有可能有被雇佣的感觉，但是，企业家与物质资本家的利益是一致的。企业家所掌握的对企业资源的控制权是通过物质资本家委托获得的，自己的收益只有在保证了物质资本家的收益的基础上才能得到保证。因此，为了能在更大程度上保证物质资本家的收益和自己的收益，企业家可以与资本家进行对等的谈判，要求获得更多的企业控制权。对于一般的企业劳动者，企业家则代表资本家对劳动者进行管理。一般劳动者依旧处于被雇佣的地位，很难获得与物质资本所有者包括其代理者——企业家对等谈判的地位。

综上所述，人力资本主体价值的创造和实现，必须通过与物质资本主体相结合，形成现实的生产条件，才能创造出价值和"剩余价值"，剩余分配权以及对"剩余价值"的分配比例取决于各种资本在价值生产中的作用对比和各资本主体的市场博弈的均衡结果。理想的结果应该是各资本主体友好合作，实现各资本要素优化组合，并建立一套有效的产权安排和激励制度，实现最有效的生产经营和价值创造，并在各资本主体之间合理分配价值和"剩余价值"，达到共赢结局。

3.3　人力资本增殖概述

3.3.1　人力资本增殖的界定与分类

3.3.1.1　人力资本增殖界定

人力资本增殖①是指把体能、德能、知识和技能"凝聚"在一个具有一定发

---

① 人力资本增殖，这里是借鉴生物学中的细胞增殖的概念，也参考了马克思著的《资本论》中的资本增殖概念，因为人力资本积累或生产过程，类似于细胞增殖，也是有生命力的人力资本主体，在一定的生产活动和制度环境中，主动投入精力和接收物质投资，通过生物化学转换和大脑理解内化，形成和增加人力资本主体德智体能等素质。也有些学者称之为人力资本积累，或者人力资本生产（吴国存著《人力资本生产制度研究》）。文中对这些概念不做区分，出于形象生动和口径统一考虑，使用了人力资本增殖范畴。

展水平的人身上，使其德智体能增加或结构优化，那么，这个人就能够获得一种人力资产。如果这种资产被用于生产，就可以为所有者，也是使用者的个人带来收益，为生产的投资者创造剩余价值。在此过程中，人力资产转化成了人力资本。相对于人力资本的使用过程而言，人力资本的形成过程，即在载体人身上"凝聚"知识和技能的过程，要复杂得多、困难得多。人力资本的形成，是具有特定运行规律和实现机制的系统工程。这一工程，周期长、分层次、高成本，是符合投入—产出一般生产性条件的经济过程。因此，有理由将人力资本增殖过程称为人力资本的生产过程。使用人力资本生产概念，有三方面的积极作用：

第一，能够反映人力资本形成过程的本质特征。人力资本的获得，不仅需要大量的投资——既有国家投资，又有组织投资和个人投资，建立专门的制度系统，而且需要经过训练的专业人员付出高度复杂的劳动。在生产的一般性意义上，人力资本的形成过程，就可以看做生产过程。人力资本的生产具有长周期的特点。层次越多，周期越长。以中国的人力资本生产制度为例，获得博士层次的人力资本，一般需要 19~22 年，真可谓"十年树木，百年树人"。[①] 此外，人力资本的生产还具有层级性。中级人力资本的生产，必须以初级人力资本的产出为基础，而高级人力资本的生产，必须以中级人力资本的存在为前提。

第二，有利于揭示经济增长和经济发展的动力之所在。人力资本是技术先进国家生产力占优势的主要原因。研究经济增长而无视人力资本，"等于想不用马克思主义就能解释苏联的意识形态"[②]。把人力资本看做一种生产出来的生产要素，对于发展中国家制定经济和社会发展战略，具有重要意义。现在人们已经逐步认识到，"正是'人力资源'，不是资本，也不是物质资源，最终决定着一个国家经济和社会发展的性质与步伐"（Todaro Micheal P，1981）。

第三，有助于改变传统的教育非生产性消费观念。有必要从生产要素的生产角度，研究教育的投入与产出机制、教育的生产效率和教育投资的收益率等问题。

3.3.1.2 企业人力资本增殖分类

从企业人力资本增殖的过程环节来看，企业人力资本增殖包括两个基本过

---

① 各种学历人才的培养年限，是基于中国的学制及弹性要求给出的，这里指连续的教育培养年限，即小学和中学各 6 年，本科 4 年，硕士研究生 3 年，博士 3~6 年。如果学习、学业或闲暇交替进行的话，各种人才的培养成功的时间还要延长。

② 这里所引用的舒尔茨的观点（包括直接引语和间接引语），均出自他 1960 年所做的《人力资本投资》著名演讲。

程：一是设计相关企业人力资本制度，包括招聘制度、薪酬制度、培训制度、晋升制度、剩余分配制度、工作环境和企业文化建设等制度，将企业需要的员工吸收进企业，使员工数量增加，实现企业人力资本增殖，本书称之为企业吸收性人力资本增殖；二是通过设计促使企业员工适应企业发展战略而更好地成长和发展，使员工个体拥有的人力资本水平提升和结构优化，促进整个企业人力资本不断增殖，本书称之为企业成长性人力资本增殖。这两类基本的企业人力资本增殖，前者主要通过工作迁移路径来实现，后者则主要通过岗前培训、干中学、在职教育和脱产教育等培训开发路径来实现，两者各有其增殖规律，后面将分两章构建企业人力资本增殖的系统动力学模型来专门模拟分析研究。

企业人力资本的吸收性增殖，是指企业通过各种招聘渠道，将企业所需要的外部人力资本吸引招收进入企业，成为企业所拥有或可以控制使用的人力资本，导致企业员工标准当量的数量的增加，进而使整个企业人力资本水平提升，实现企业人力资本的增殖方式。

企业人力资本的成长性增殖，是指企业吸收性增殖的人力资本，在企业生产创造、培训开发、岗位匹配和学习教育等实践活动中不断地成长，提高人力资本的质量和水平，促进人力资本结构优化，使工凝聚的人力资本与企业生产创造的具体要求保持更好契合，促进企业人力资本不断成长壮大。企业员工与岗位的匹配导致的人力资本增殖可归类为成长性增殖。

企业人力资本吸收性增殖和企业人力资本成长性增殖都存在一定期限的延迟问题。因此，在制定企业人力资本增殖制度和人力资源规划时，应该要有战略眼光和科学预测能力，防患于未然，事先主动规划和采取行动，才能在充满风险和激烈竞争的市场经济中得心应手、游刃有余，总是拥有强有力人力资本支撑这样的核心竞争力，永保竞争优势。有效的企业人力资本增殖系统，应该能够灵活有效地适应企业发展战略，并能经得起企业环境发展变化等外界各种干扰的影响，具有良好的适应能力和强壮性。绝不能一有风吹草动，企业人力资本增殖系统就土崩瓦解。因为缺乏有效的企业人力资本增殖系统支持会让企业在充满风险和激烈竞争的市场上变得很脆弱，进而让企业难以很好地生存和健康发展。因此，在后面两章分模型研究中，会将企业人力资本增殖系统动力模型加上延迟环节，并进行抗干扰测试，进行相关参数模拟，以便提出科学有效的企业人力资本制度参数体系和选择人力资源策略。

3.3.2 企业人力资本增殖及其条件

企业人力资本增殖，是指企业的人力资本在企业制度环境下（当然也包括一部分社会制度环境，因为这些制度环境从更广阔的范围和更高层次上约束着企业的生产经营和管理活动），通过企业为核心主导多主体的人力资本投资，实现人力资本增殖成长的过程，其原理类似于机体细胞吸收营养、水分在生命活体中的繁殖。企业人力资本增殖的基本条件包括：

（1）存在积极主动的以企业为主的人力资本投资主体体系。

（2）企业人力资本增殖路径通畅结构合理。

（3）具有充足的企业人力资本增殖动力和有效的动力传导机制。

（4）配套有促进企业人力资本高效增殖和充分运用的相关制度环境。

本 章 小 结

本章对人力资本概念、特征及计量，人力资本价值及其实现分配，人力资本增殖及其条件等做了研究，为主题研究做了一些概念界定和基础铺垫。

首先，根据国内外对人力资本的各种定义，明确本研究的人力资本是指通过投资而凝聚在人身上的德能、智能和体能的统一体，人力资本要素之间相互影响共同发挥资本效能。特别强调了人力资本的人性和资本性特点，分析了人力资本增殖研究的企业视角的科学性和合理性。这是全文研究的基础。

其次，借鉴彭正龙教授的经营者素质要素共协理论研究了人力资本共协反应下的加权计量方法，并以马克思的资本理论和西方人力资本理论，指出人力资本的使用价值是创造价值和剩余价值，人力资本的价值需要人力资本与物质资本结合进行生产才能创造，人力资本的价值实现需要一系列社会经济条件。

最后，科学界定了人力资本增殖的含义和企业人力资本增殖的条件，为研究明确了概念和研究范围。

4 企业人力资本增殖的关键因素分析和主模型构建

在明确人力资本、人力资本增殖含义及方式、人力资本的使用价值等相关概念和它们的特征及影响因素的基础上，要继续深入到企业人力资本内部，打开人力资本这个"黑匣子"，研究企业人力资本的增殖机理和规律，构建人力资本增殖的主模型。人力资本增殖需要畅通的成长路径，充足的增殖动力和提供动力的配套制度，这里需要借助于人力资本投资这个辅助变量来创建人力资本增殖模型和设计制度策略。

4.1 企业人力资本增殖的关键因素分析

以人力资本增殖、人力资本生产、人力资本成长等为关键词对近 30 年来的研究文献进行检索，浏览查阅近千篇相关文献，发现有约 50% 的文献研究了人力资本增殖的制度问题，有 30% 的文献研究了人力资本增殖的动力问题，也有 10% 左右的文献提出过人力资本增殖的路径问题，可以大致判断出：制度、动力和路径是影响企业人力资本增殖的重要因素。结合多年的人力资源管理教学和研究的体会和感悟，受到物理学中动力学理论和系统动力学理论的启发，基于组织行为学理论和激励动力理论，本书拟以企业人力资本增殖为主线，系统研究影响人力资本增殖的路径、动力和制度三个主要因素，来构建企业人力资本增殖的系统动力学模型，以研究寻找有效控制企业人力资本增殖的主要政策参数及其杠杆作用点。

4.1.1 企业人力资本增殖关键因素的专家访谈检验

为了证验研究假设的关键因素的可靠性，我们围绕企业人力资本增殖的主要因素，设计了针对人力资源（本）研究专家和企业高管深度访谈的半结构式访谈提纲（详见附录 1：确定企业人力资本增殖的主要关键因素访谈提纲）。这些研究专家和企业高管既有丰富的实践经验，又有一定的理论知识，能够较为准确地判断出影响企业人力资本增殖的主要关键因素，具有较高的信度。

采用半结构式访谈法与企业人力资源中高层管理人员进行深度访谈（包括电话访谈），来分析归纳出专家眼中的企业人力资本增殖或开发或成长的主要关键因素。访谈企业高管对象来源企业包括中国人寿保险海南公司、泰康人寿保险衡阳公司、海南椰树集团股份有限公司、海南马自达汽车制造公司、通化钢铁集团四平公司、海南航空股份有限责任公司、上海浦东生产力促进中心、沈阳森之洋企业形象设计公司；这些企业的行业分布是：中资保险 1 家，外资保险 1 家，轻工 1 家，汽车制造 1 家，钢铁 1 家，航空 1 家，高科技 1 家，管理咨询 1 家，行业分布面较广，具有行业代表性；公司规模均比较大，属于管理比较先进的现代化企业，对人力资本发展要求较高。访谈的企业高管样本分布情况如表4-1 所示。访谈的人力资源（本）专家包括国内知名院校的 5 位人力资源（本）管理领域的研究专家。

表 4-1　企业人力资本增殖关键因素的调查访谈企业高管样本分布

样本类型	公司名称	高管职位	行业	所有制	销售规模	员工规模
	中国人寿保险海南公司	人力资源主管	保险	国有	大型	大型
	泰康人寿保险衡阳公司	总经理	保险	外商独资	大型	大型
	海南椰树集团股份有限公司	生产副总经理	食品制造	国有	超大型	超大型
公司高管	海南马自达汽车制造公司	研发副总经理	汽车制造	合资	超大型	超大型
	通化钢铁集团四平公司	生产副总经理	钢铁制造	国有	超大型	超大型
	海南航空股份有限公司	人力资源主管	航空飞行	合资	超大型	超大型
	上海浦东生产力促进中心	常务副总经理	产业孵化	国有	大型	大型
	沈阳森之洋企业形象设计公司	总经理	管理咨询	民营	小型	小型

从对专家和企业高管的访谈可知，他们完全认同人力资本的最大特点就是在生产运用中追求更好回报；关于人力资本增殖的关键因素，5 位专家都强调了路径、动力和激励制度三个方面，企业高管强调了路径、产权、培训、激励、发展机会和共同愿景的综合作用，实际上都可以归纳为路径、动力和制度三个方面；关于人力资本增殖的制度问题，专家和高管都意识到了人力资本须产权激励，但是由于人力资本难以计量、产权不易分配，特别是国有企业高管激励的政策约束和文化约束，加之人力资本市场和金融市场不完善，人力资本产权激励面临着许多制约和尴尬，人力资本产权制度改革完善和公正实现任重道远，也是个理论难题；现代公司在追求利润时大多会合理考虑员工利益及共赢发展的辩证和谐，专

家和高管都能对此共识；具有国际视野和战略眼光的公司特别注重员工与岗位的有机匹配，经常会有计划地安排高级优秀员工外派学习、岗位交流、员工培训，这点在有外资背景的泰康人寿衡阳公司和海南航空体现得更加充分；企业在选拔员工时更注重其人力资本潜质，现代化的优秀公司特别注重培训开发和干中学，以增殖专用性人力资本，也会为员工提供行业内富有竞争力的激励和待遇。人力资本管理中最大的困惑，一方面是社会各界已经深刻认识到人力资本增殖对企业发展的特别重要性和人力资本激发潜力的无限性，另一方面又受困于人力资本增殖的理论空泛和实践尴尬。根据专家和企业高管的访谈情况归纳，企业人力资本增殖的路径、动力和制度是企业人力资本增殖三个主要关键因素（表4-2）（孔宪香，2008）。

表4-2　企业人力资本增殖关键因素的企业高管和专家访谈观点

访谈项目	主要观点
人力资本的重要性	非常重要，人力资本必须在生产运用中才能实现增值和回报
人力资本增殖因素	专家都强调了路径、动力和激励制度三个方面，企业高管强调了路径、产权、培训、激励、发展机会和共同愿景的综合作用
人力资本增殖制度	专家和高管都注重人力资本产权激励，但是由于人力资本难于计量和人力资本市场和金融市场等不完善，人力资本产权激励面临着许多现实制约和尴尬
人力资本与企业发展的兼容	公司在追求利润时大多会合理考虑员工利益及共赢发展的辩证和谐，专家和高管都能对此共识
人岗匹配及增殖路径	具有国际视野和战略眼光的公司特别注意员工与岗位的有机匹配，经常会有计划地安排高级优秀员工外派学习、岗位交流、员工培训
人力资本的管理困境	深刻认识到人力资本增殖对企业发展的特别重要性，又感到人力资本增殖的理论空泛和实践尴尬，而且都深深地认识到了人力资本可以激发无限潜力
访谈结论	根据专家和企业高管的访谈情况归纳，企业人力资本增殖的路径、动力和制度是企业人力资本增殖三个主要关键因素

4.1.2　企业人力资本增殖影响因素的问卷调查分析

为了保证调查研究的覆盖面和可靠性，笔者进一步设计了包含更多影响人力资本增殖因素的调查问卷（详见附录2：企业人力资本增殖影响因素的调查问卷），对三个班的 MBA 学员进行问卷调查，共发放问卷 150 份，收回问卷 145

份，整理得到有效问卷 128 份。

4.1.2.1　企业人力资本增殖的管理实践影响因素调查分析

人力资本增殖的影响因素的量表参考 Delery 等（1996）在验证战略人力资源管理的三种理论观点的研究中所设计的量表来设计。针对外部招聘、人力资源规划、内部职业发展、培训系统、基于能力的绩效评价、激励性薪酬体系、员工就业保障和员工参与等方面的人力资源管理实践，各以若干题进行测试，通过被调查者的回答了解企业在多大程度上采用了上述人力资源（本）管理实践，来进一步判断企业如何重视设计和运用这些影响企业人力资本增殖的主要关键因素。

量表为 5 级李克特量表，填写人在"非常同意"、"比较同意"、"既不反对也不同意"、"比较不同意"、"非常不同意"中选择一个最适当的答案，正向计分依次为 5、4、3、2、1，反向计分依次为 1、2、3、4、5。量表问卷统计分析如表 4-3 所示。

表 4-3　企业人力资本增殖的影响因素重要性五级李克特量表问卷统计

单位:%

企业人力资本增殖的影响因素	重要性 5 级量表				
	5	4	3	2	1
一、企业外部招聘类因素重要性均值	59.40	10.85	4.00	21.40	4.60
1. 我所在组织一般都通过正式招聘程序来招聘新员工	83.5	12.5	2.5	1.5	1.0
2. 组织中许多重要岗位的空缺都通过外部招聘来填补	35.5	9.5	5.5	41.3	8.2
二、 　3. 我所在组织从企业全局角度来制定人力资源战略规划	63.2	13.3	18.5	3.5	1.5
三、企业内部职业发展类因素的重要性均值	46.62	19.20	15.14	9.34	7.66
4. 人力资源管理部门并不只是事务性地执行而是参与高层决策	45.24	18.96	16.46	11.3	8.04
5. 组织中各个岗位都是因岗设人，人岗匹配度良好	56.5	23.5	8.3	3.5	8.2
6. 我所在组织中许多重要岗位都有较清晰的职业发展路径	36.8	13.2	15.5	21.5	13.0
7. 这些岗位的人员在组织内都有比较好的发展空间	26.5	38.5	13.1	16.8	5.1
8. 直接由上级了解下属员工在组织中的职业发展愿望	20.6	13.4	39.3	13.7	13.0

企业人力资本增殖的影响因素	重要性5级量表				
	5	4	3	2	1
9. 希望得到提升的员工有不止一个潜在的可晋升岗位	85.8	6.2	6.1	1.0	0.9
四、企业培训系统类因素的重要性均值	53.28	19.48	14.7	7.43	5.38
10. 组织中针对不同岗位的员工有多方面的正式培训计划	63.5	6.5	12.3	8.2	9.5
11. 不同岗位的员工每隔一年通常都会接受正式培训	35.8	13.2	36.7	10.3	4.0
12. 组织中有正式培训计划来提高新员工工作所需的技能	53.5	33.0	6.3	5.2	3.0
13. 为了增加员工晋升的可能性,组织为员工提供正式的培训	60.3	25.2	3.5	6.0	5.0
五、企业基于能力的绩效评价类因素的重要性均值	56.07	20.77	9.33	7.90	5.83
14. 员工绩效评价主要看其工作能力、行为和态度而不是结果	56.2	35.3	4.2	3.3	1.0
15. 员工绩效评价的结果是定性的、可评估的	30.5	23.5	16.0	16.5	13.5
16. 组织对员工定期进行正式的绩效评价	81.5	3.5	8.1	3.9	3.0
六、企业激励性薪酬体系类因素的重要性均值	53.63	23.18	6.38	13.10	3.73
17. 组织当中有明确的激励性薪酬政策	36.5	13.5	8.2	40.3	1.5
18. 奖金等激励工资主要根据绩效评价结果或目标达成确定	39.5	35.5	11.5	8.3	5.2
19. 员工的收入能够随着组织的获利水平增加而增加	65.0	23.5	3.5	2.3	5.7
20. 组织有正式的薪酬体系和严格的薪酬等级	73.5	20.2	2.3	1.5	2.5
七、企业员工就业保障类因素的重要性均值	46.85	24.90	16.55	6.20	5.50
21. 组织中员工的职业安全基本上是有保障的	43.5	26.5	21.6	3.4	5.0
22. 如果组织遇到经济困难,不得已才会考虑裁员	50.2	23.3	11.5	9.0	6.0
八、企业员工决策参与类因素的重要性均值	47.33	23.67	16.87	4.80	7.33
23. 上级能够鼓励下级经常参与其决策过程	35.2	23.3	31.5	3.0	7.0
24. 组织有政策保证员工有机会向组织提供有效建议和意见	56.5	26.5	3.6	6.4	7.0
25. 上级能够在工作中与下属保持公开坦诚的沟通	50.3	21.2	15.5	5.0	8.0
企业人力资本增殖因素的重要性等级综合均值	53.3	19.42	12.68	9.21	5.19

4.1.2.2　企业人力资本增殖影响因素调查问卷统计分析

接着再分析企业人力资本增殖因素的 MBA 学员选择的汇总情况。如表 4-4 所示，在企业人力资本增殖的路径中，员工开发发展的途径主要是内部培训、外部培训和自学，调查的认同比例均超过 60%，学历教育认同比例为 35%，说明在职员工的学历教育还没有成为主要途径；企业高管的培训方式中，工作实践、外部短训、外出考察、自学、轮岗均很重要，认同度均超过 60%，其中干中学认同度最高，这也印证了管理是实践的艺术；培训对提升员工能力的作用非常大，达到 83%，说明培训是提升员工能力增殖人力资本的重要途径；培训对改善绩效的作用非常大，达到 85%，说明培训对改善绩效很有效。企业人力资本增殖的员工动力来源认同度均比较高，达到 60% 以上，这些动力可以归结聚类为生存发展、回报晋升和价值实现三个方面；企业人力资本增殖的企业动力来源认同度均较高，达到 65% 以上，说明企业人力资本增殖动力来源多样，可以聚类为获利发展、多元价值追求、企业家创新、竞争压力和技术推动力，93% 的 MBA 学员选择了企业家创新动力，可见企业家创新对企业发展的重要作用，也说明了创新型人力资本对企业发展的重要贡献。企业人力资本增殖的制度，高管考核注重业绩、能力、品格、态度及行为，认同比例均达到 85% 以上，可见能力、品行与业绩在考核中同样是非常重要的内容；业绩考核的用途也是综合的，在调薪调岗、职务晋升、奖金分配和培训开发中都是重要的依据，认同度均达到 73% 以上；长期激励形式包括股票、期权、年薪制、虚拟股权等，其中年薪制使用最广，其认同度高于 60%；高管薪酬项目中岗位工资、职务工资、技能工资、年功工资、奖金津贴和长期激励，认同度均高于 80%；员工流动机制也已经基本建立起来，完全实现和基本实现的比例达到 85%，认同度较高，说明随着我国市场经济的发展人力资本市场已经基本建立起来，就业双向选择已经普遍实现。特别是 80% 以上的学员认为企业人力资本增殖的关键是路径、动力和制度，产权、激励和共同愿景等因素均可以归结为制度因素；82% 的学员在选择人力资本增殖因素的运行机制时选择了"制度→动力→投资→路径→人力资本增殖"。这些有多年工作经验和多数本身就是企业中高层管理者的 MBA 学员，也认同企业人力资本增殖的关键因素集中于路径、动力和制度，并确认了企业人力资本增殖机制。在开放性问题关于企业人力资本的主要影响因素和管理重点的回答中，对企业人力资本增殖的路径、动力和制度方面的列举比较集中，相应的人力资本管理重点是疏通增殖路径、强化增殖动力、设计和灵活实施相关的人力资本产权和激励制度，与前面的模型假设比较吻合。

表4-4　企业人力资本增殖影响因素调查问卷统计分析表　　　　单位:%

路径	员工培训方式	内部培训	外部培训	学历教育	自学	其他
		93	62	35	86	35
	高管培训方式	工作实践	外部短训	外出考察	自学	轮岗	其他
		95	68	89	83	65	28
	培训提高能力	非常大	很大	一般	有一点	没有
		38	45	10	6	1
	培训改善绩效	非常大	很大	一般	有一点	没有
		35	50	8	5	2
动力	员工动力	生存发展	价值实现	职位升迁	金钱回报	其他
		75	83	63	92	86
	企业动力	获利发展	多元价值	创新	竞争压力	技术推动	其他
		89	68	93	75	83	65
制度	高管考核内容	业绩	品质	能力	态度行为	其他
		93	85	95	87	36
	绩效考核用途	调薪调岗	职务晋升	奖金分配	培训	其他
		91	73	89	83	28
	长期激励形式	股票	股票期权	虚拟股权	年薪制	其他
		63	58	51	89	75
	高管薪酬项目	岗位工资	职务工资	年功工资	技能工资	津贴奖金	长期激励
		95	89	83	96	96	81
	员工流动机制	完全实现	基本实现	未实现好	没有实现
		63	22	13	2
综合	增殖关键因素	路径	动力	产权激励	薪酬晋升	共同愿景	其他
		86	89	93	81	85	38
	增殖运行机制	制度→动力→投资→路径→企业人力资本增殖		制度→投资→动力→路径→增殖		其他
		82		18		0

注:选项可以多选

　　综上所述,笔者的模型假设与问卷调查、专家访谈的结论基本一致,再根据因果关系分析(图4-1),建立了图4-2的企业人力资本增殖的系统动力学模型。笔者将进一步通过系统动力学模型构建和模拟完善,来证明这些企业人力资本增殖的影响因素或政策对模型行为优化的促进作用,为路径选择、动力强化和制度安排提供理论支持。

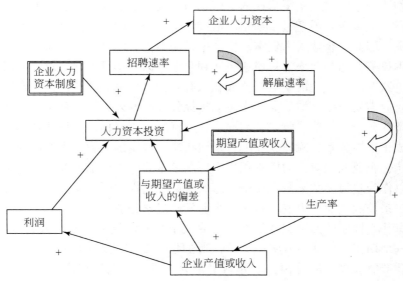

图 4-1　企业人力资本增殖系统因果与相互关系图

注：图中"＋"、"－"表示回路的正或负相关和回路的极性，下文图中均同义

4.2　企业人力资本增殖主模型的构建

通过文献汲取、专家访谈和问卷调查分析等方法，初步验证了路径、动力和制度是影响和决定人力资本增殖的关键因素。下面以系统动力学理论为基础，以组织行为学理论和激励动力理论等为指导，以企业人力资本增殖为主线，系统思考影响人力资本增殖的路径、动力和制度三个主要因素及其相互关系，以企业人力资本水平 EHC 和企业产值或收入或收入 EP 为两个基本状态变量，来构建企业人力资本增殖主模型。

4.2.1　企业人力资本增殖的因果与关系图

首先构建企业人力资本增殖的因果与关系图。企业人力资本的状态水平 EHC 取决于初始状态水平 EHC（t_0）加上招聘速率与解雇速率之差与时间间隔的乘积。而招聘速率与解雇速率又取决于企业产值或收入和期望产值或收入的差距及企业人力资本政策决定的企业人力资本投资水平。而产量又取决于企业人力资本和物质资本的投入水平形成的生产率与时间间隔的乘积。若企业产值或收入已经很高，达到或者说超过了期望产值或收入，企业就可能降低招聘速率和人力资本投资。因此，企业人力资本、生产率、企业产值或收入、产值或收入偏差、人力资本投资、招聘速率或解雇速率回到企业人力资本可形成负反馈回路或负反馈关系，这取决于企业的期望产值或收入等企业发展战略要求的政策参数作用强度，是企业需要根据其情景参数来主动选择和控制的外生政策变量；企业人力资本、生产率、企业产值或收入、利润、人力资本投资和招聘速率或解雇速率之间通常形成正反馈关系，除非企业配合发展战略而制定的人力资本制度或政策施加特别影响，企业利润对人力资本积累率也属于重要的外生辅助变量。这两个外生变量可以作为政策参数来模拟模型运行的政策，它们共同作用人力资本投资这个辅助变量来控制企业人力资本水平与企业发展战略相适应。

究竟什么性质的回路起主导作用，取决于企业的发展战略与人力资本政策，若引进一个期望产值或收入辅助变量，则企业人力资本投资取决于期望产值或收入与实际产值或收入的差额，这为制定企业人力资本政策提供了一个杠杆作用点，于是因果关系图可以再修改增加一个期望产值或收入与实际产量的偏差的辅助变量。另外可在企业人力资本投资环节引入一个企业人力资本制度作为政策参数，以利于企业根据发展战略与情景参数来制度企业人力资本制度，通过这些政策参数形成企业人力资本投资动力，主动控制企业人力资本增殖行为。

经过辅助变量修改后，企业人力资本增殖系统的因果与相互关系可绘制出图 4-1 和图 4-2。如图所示，企业人力资本、生产率、企业产值或收入、利润、人力资本投资、招聘速率回到企业人力资本形成正反馈关系；企业人力资本、解雇速率、人力资本投资、经招聘速率回到企业人力资本形成的回路是正反馈回路；而经过与"期望产值或收入的差距"的反馈回路，即企业人力资本、生产率、企业产值或收入、与期望产值或收入的差距、人力资本投资、经招聘速率或解雇速率而回到企业人力资本的反馈回路，其极性为负。

使用 Vensim 软件绘制的企业人力资本增殖的因果与关系图如图 4-2 所示。

4.2.2　企业人力资本增殖主模型的流图

企业人力资本增殖的系统动力学模型的建模目的是找到有效支持企业发展战略的企业人力资本制度和政策参数，促进企业人力资本增殖灵活有效进行，提供适应企业发展需要的企业人力资本支撑。同时通过模型模拟和调试分析，能够指定适应企业发展战略的科学恰当的企业人力资本制度和政策。

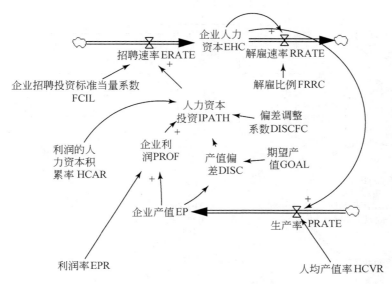

图 4-2　使用 Vensim 软件绘制的企业人力资本增殖的因果与关系图

　　如图 4-3 和图 4-4 所示，企业人力资本增殖的系统动力学模型以企业人力资本增殖为主线，包含两个基本的状态变量：企业人力资本 EHC 和企业产值或收入或收入 EP。

　　企业人力资本 EHC 积累水平由招聘速率 ERATE 和解雇速率 RRATE 二者之差决定；企业产值或收入 EP 由企业投入应用的人力资本 EHC 和物质资本共同决定生产率确定，假定企业的技术水平相对稳定不变，由企业产值或收入 EP 就是关于企业投入应用的人力资本 EHC 决定的生产率 PRATE 来确定，企业生产率 PRATE 是关于企业人力资本 EHC 的函数。企业的招聘速率 ERATE 和解雇速率 RRATE 由企业人力资本制度和政策决定的人力资本投资 IPATHS 决定。企业人力资本投资 IPATHS 具体要由企业发展战略 GOAL 决定的企业实际产量 EP 与期望产值或收入或收入 GOAL 的偏差、企业人力资本制度和政策 SYSTEM 以及企业的利润 PROF 水平共同决定，企业利润 PROF 水平又进一步取决于企业产值或收入或收入 EP。而企业产值或收入或收入 EP 又取决于企业人力资本 EHC 决定的生产率 PRATE。

　　这样，企业人力资本增殖系统模型，应该包含两个状态变量企业人力资本 EHC 与企业产值或收入 EP，企业产值或收入状态变量 EP 通过速率变量生产率 PRATE 来动态决定，企业人力资本状态变量 EHC 通过招聘速率 ERATE 及解雇

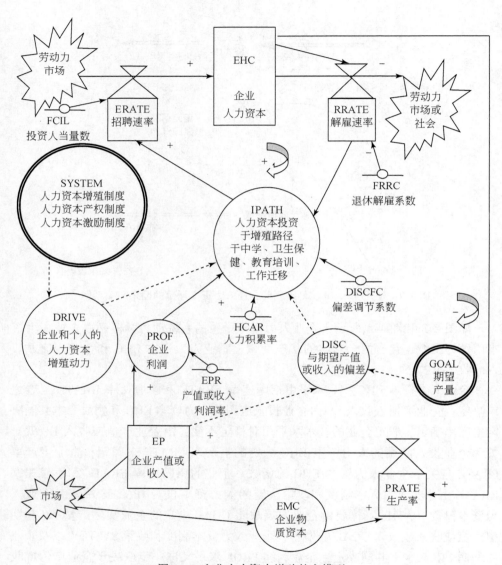

图 4-3　企业人力资本增殖的主模型

速率 RRATE 来决定，还与辅助变量企业人力资本投资 IPATHS 联系，形成了企业人力资本 EHC 与企业产值或收入 EP 之间的反馈互动关系。特别是其中的辅助变量企业人力资本投资 IPATHS，为施加政策参数的企业人力资本制度 SYSTEM 和企业发展战略 EGOALS 提供了杠杆作用点，是对模型模拟和调试优化的政策参数作用点。可通过对模型模拟测试，来寻找制定适应企业发展战略又能灵活有效促进人力资本增殖的科学恰当的企业人力资本制度和政策，提供有效的研究工具和方法。企业人力资本增殖的主模型流图如图4-3和图4-4所示。

使用Vensin软件绘制的企业人力资本增殖的主模型流图如图4-4所示。Vensin软件制图使用英语，按照制图一般规范，字母一般使用小写，但状态变量的第一个字母需要大写，这里也遵守这个规范。但是在系统动力学的DYNAMO程序语言中，字母通常使用大写，本书也遵守此规范。因此约定，在本书同一章节中，字母含义不区分大小写。

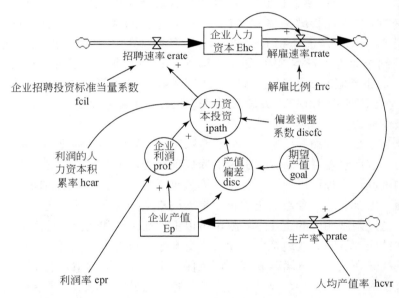

图4-4 使用Vensim软件绘制的企业人力资本增殖的主模型流图

4.2.3 企业人力资本增殖主模型的反馈机制

企业人力资本增殖的系统动力学主模型的模型起点是从劳动力市场招聘企业需要的人力资本，劳动力流入企业成为企业员工，终点是人力资本因不能较好适应企业发展和自身发展需要或因健康状况或到退休年龄而解雇退出企业，中间过程是人力资本沿着路径在动力作用下通过投资实现增殖并应用于企业生产过程形成企业产值或收入和创造利润，增殖的动力来源于科学设计的相关制度。而促使企业人力资本在充分动力下实现有效增殖和高效使用是模型基本功能和目的。劳动力市场和社会是企业人力资本增殖的系统动力学模型的外部环境，为企业人力资本提供了外部雇佣来源和解雇或退休去处。相对来说，企业人力资本增殖制度是一个企业控制的制度外生变量，当然这些相关制度的设计也会综合考虑企业人力资本增殖的速率和企业人力资本的解雇率或流失率。

企业人力资本增殖的系统动力学模型有二阶状态和三个速率，结合企业人力资本增殖的制度动力和企业利润 PROF 以及与期望产值或收入的偏差 DISC 决定的企业人力资本路径投资 IPATHS 三个辅助变量，构成了三个反馈回路：企业人力资本 EHC、生产率 PRATE、企业产值或收入 EP、企业利润 PROF、人力资本投资 IPATHS 经招聘速率 ERATE 或解雇速率 RRATE 形成正反馈回路；企业人力资本 EHC、解雇速率 RRATE、人力资本投资 IPATHS，经招聘速率 ER-ATE 再回到企业人力资本 EHC 是正反馈回路；而企业人力资本 EHC、生产率 PRATE、企业产值或收入 EP、与期望产值或收入的偏差 DISC、人力资本投资 IPATHS 经招聘速率 ERATE 或解雇速率 RRATE 回到企业人力资本 EHC 的回路，其极性为负。

也就是说，一方面，增殖制度公正合理富有激励性，会强化人力资本投资增殖的动力，进而沿着增殖路径促进吸引雇佣到优秀员工并促进企业人力资本高效增殖，制度设计合理可以促进人力资本高效增殖和充分发挥效能形成良性循环；另一方面，由企业情景参数决定的企业发展战略又会强有力地决定主导反馈回路的极性，通过制度相应的企业发展战略可以主动地控制和选择企业人力资本增殖的速率和结构，从而有效地把握企业人力资本增殖行为模式。可见，科学合理的企业发展战略和人力资本增殖制度，可以保持企业人力资本增殖速率在企业发展适应的范围内，也可保持企业员工的适当新陈代谢又对外部员工具有吸引力，这是具有较强核心竞争力的企业的典型特点，如图 4-3 所示（Mihm，2003）。

因此，企业人力资本增殖的系统动力学主模型，通过制度的科学设计，形成人力资本投资的充分动力，能够促使人力资本有效增殖和高效利用，推动企业发展与人力资本增殖良性互动，最终推动社会经济健康发展和人的全面发展。

4.2.4　企业人力资本增殖主模型的系统动力学机理

企业人力资本增殖的系统动力学模型的正反馈机制，是增殖后的人力资本有效使用创造更大价值企业产值或收入 EP，并合理分配企业利润 PROF 后使各个人力资本投资主体得到更大的激励并且各自感觉公正满意，进而促进人力资本进入下一个增殖周期，形成人力资本增殖持续动力，加大人力资本投资 IPATHS，这样人力资本就可以按照增殖模型持续不断地螺旋式上升增殖，企业人力资本增殖在增强环路中顺畅运行，保证人力资本 EHC 增殖与创造利用形成企业产值或收入 EP 的良性互动。同时，如果人力资本增殖和使用效果均较好，则会促进人力资本增殖制度进一步巩固和完善，使企业人力资本制度和政策改善，在系统的正反馈机制中形成良性循环。

另外，如果人力资本增殖制度不能提供有效动力，如人力资本创造价值不能够进行合理分配而使人力资本投资得不到合理补偿和投资回报，人力资本投资主体就不会或者说很少进行人力资本投资，人力资本水平因不能补充消耗和相对平均增殖的社会人力资本而衰减，退回到相对社会和过去而言的较低水平的人力资本状态，低水平人力资本相对社会平均的人力资本来说效能更低，为个人、企业和国家带来较差的综合效益，导致人力资本各个投资主体更不愿意甚至也不能投资，形成人力资本衰减和低效使用的恶性循环效应。人力资本的不断增殖是在其使用中，即干中学逐渐形成的，一旦闲置，人力资本各种要素的全部或部分则会退化和过时。舒尔茨对此认为："失业状态使劳动者掌握的技术蒙受损失，人力资本因闲置而退化。"

人力资本衰减和低效应用之间形成恶性循环，是各个人力资本投资主体最不希望发生的情形。此时会形成促使人力资本增殖制度修改或再设计的压力机制，通过制度修改完善，如采用能力导向的绩效评价和分配激励制度，加大人力资本产权的分配比例，或者说配合企业扩张发展或内涵式发展的发展战略直接加大企业人力资本投资，创造人力资本有效增殖和高效使用的动力，通过加大招聘力度、加强在职培训和正规教育及鼓励干中学等增殖路径，促进人力资本招聘率和增殖率有效提高，并采取科学的管理制度和方式促使人力资本更有效地应用，迫使人力资本增殖进入有效增殖和高效使用的良性循环状态。这里的企业人力资本增殖制度或政策和扩张式企业发展战略就是有效的政策参数，也是企业人力资本增殖系统的涨落点，通过在这个环节设置辅助变量人力资本投资 IPATHS 和与期望产值或收入的偏差 DISC，就可以成为政策参数的杠杆作用点。这在后面的模型模拟和测试改善中还将深入研究。

根据企业人力资本增殖系统的因果与相互关系图和系统动力学模型及相关分析，下面将进一步构造企业人力资本增殖系统模型的系统动力学方程，编写出DYNAMO 语言的计算机程序清单，以便进行模型模拟和测试改进，找出模型优化行为模式和满足企业人力资本增殖系统的政策参数。

4.2.5 企业人力资本增殖主模型的系统动力学程序清单

企业人力资本增殖模型的系统动力学的 DYNAMO 语言计算机程序清单包括程序注释语句（NOTE）、状态变量方程（L）、速率变量方程（R）、辅助变量方程（A）、状态变量赋初值方程（N）、常数赋值方程（C），以及通常作为赋值政策参数的表函数，还包括输出打印等控制语句（PRINT、PLOT、SPEC）。括号中字母是相应方程标志，放在每句程序语言开头并以空格隔开。系统动力学模型清单中变量方程中的 .J、.K、.L 及 .KL 分别表示状态变量、辅助变量或速率变量的时间标志，代表模型计算的一个时间间隔的前个、当前和后个时刻的相应变量，.KL 表示当前到后个时间间隔的时间的相应变量，模型假设在一个计算时间间隔中的速率变量不变，因为时间间隔符合计算精度的足够小要求。

当然程序清单会随着参数改变和模型测试而相应改变，这在后面的模拟中会逐步分析研究。系统动力学模型的计算机模型程序清单会对不同类型的变量方程和注释控制语句标以不同的字母来区分，具体请参阅相关的 DYNAMO 计算机语言程序编写规则。企业人力资本增殖主模型的 DYNAMO 程序如下（企业人力资本增殖主模型的 Vensim 程序清单见附录 3）。

```
ENTERPRISE HUMAN CAPITAL MULTIPLICATION SD-MODEL
L EHC.K = EHC.J + DT* (ERATE.JK - RRATE.JK)
N EHC = 100 (SL)
R ERATE.KL = IPATHS.K* FCIL EMPLOYMENG RATE (SL/M)
C FCIL = 0.5 (SL/ (KUSD* M)) EMPLOY 1 SL PER 1 KUSD PER MONTH
A IPATHS.K = PROF.K* HCAR + DISC.K* DISCFC
C HCAR = 0.1 HUMAN CAPITAL ACCUMULATION RATE
A PROF.K = EP.K* EPR ENTERPRISE PROFIT
C EPR = 0.2 ENTERPRISE PRODUCT VALUE PROFIT RATE
A DISC.K = GOAL - EP.K
C DISCFC = 0.005 DISC ADJUST CNSTNT
R RRATE.KL = EHC.K* FRRC
C FRRC = 0.0002 FIRING & RETIRING RATE CNSTNT
L EP.K = EP.J + DT* PRATE.KL ENTERPRISE PRODUCT VALUE (KUSD)
N EP = GOAL ENTERPRISE PRODUCT VALUE
C GOAL = 250 (KUSD)
```

R PRATE. KL = EHC. K - EHC. J) * HCVR

C HCVR = 5 (KUSD/ (SL* M)) HUMAN CAPITAL VALUE RATE

SPEC DT = 1/LENGT = 36//PRTPER = 3/PLTPER = 2

PRINT EHC/ERATE, RRATE/EP, DISC, IPATHS

PLOT EHC/ERATE/EP, DISC, IPATHS

RUN BASE SIMULATION

企业人力资本增殖主模型方程式清单中，相关的变量含义及量纲设定如下：

EHC——企业人力资本标准当量（标准当量劳动力）；

ERATE——企业人力资本的招聘速率（标准当量劳动力/月）；

IPATHS——企业人力资本投资（千美元）；

FCIL——企业招聘投资标准当量系数［标准当量劳动力/（千美元·月）］；

PROF——企业利润（千美元）；

HCAR——企业利润对人力资本积累率（无量纲）；

DISC——企业产值或收入与期望产值或收入的偏差（千美元）；

DISCFC——产值或收入偏差对人力资本投资的调整系数（无量纲）；

EPR——企业产值或收入利润率（无量纲）；

EP——企业产值或收入、营业额（千美元）；

GOAL——企业目标产值或收入、营业额（千美元）；

RRATE——解雇速率（标准当量劳动力/月）；

FRRC——解聘和退休率系数（1/月）

PRATE——企业生产率（千美元/月）；

HCVA——企业标准当量劳动力月产值或收入率［千美元/（标准当量劳动力·月）］；

DT——时间间隔（月）；

LENGTH——系统模型模拟时间长度（月）；

PRTPER——打印结果相邻两数据间的时间间隔（月）；

PLTPER——绘制图形相邻两点的时间间隔（月）；

BASE SIMULATON —— 基本模拟。

特别需要说明一下企业人力资本的量纲——标准当量劳动力。标准当量劳动力是指某企业中不需要经过专门培训的一般劳动力身上凝聚的综合人力资本量。其他经过专门培训和积累了一定劳动经验技能和相关知识理论方法的劳动力的，根据其人力资本创造能力大小，可由专家评价后给定一个系数，可以转换为若干个标准当量劳动力。这样企业人力资本水平的计量就可以通过将各种劳动力转换为标准当量劳动力后加权求和而得出。

必须指出，标准当量劳动力所包含的人力资本结构和水平会随着社会发展和人的发展而不断提高，各个企业也可以根据自身情况确定其标准当量劳动力的人力资本结构和水平，如可以把适应了企业发展需要的中级工的平均人力资本水平作为标准当量劳动力，但是要求同一企业的标准当量劳动力的人力资本水平大致相当。如果用标准当量劳动力对社会人力资本水平进行计量和比较，则应该要有一个大致统一的标准当量劳动力的人力资本水平的社会标准。标准当量劳动力的人力资本水平标准确立和转换方法，是一个可以进一步研究的具体技术问题，这只提出个原则思路，不再深究。

4.2.6　企业人力资本增殖主模型的方程说明及参数赋值

（1）企业人力资本状态方程：
$$EHC. K = EHC. J + DT \times （ERATE. JK – RRATE. JK）\qquad (4-1)$$
这个企业人力资本状态方程，表示企业人力资本的状态水平等前期的人力资本资本水平加上企业纯招聘速率与计算时间间隔的积，即企业人力资本水平等于前期企业人力资本水平加上时间间隔人力资本的积累量。这是系统动力学计算状态变量的基本原理，也表明了状态变量在速率变量作用的动力学积累或衰减的性质。当给定企业人力资本状态水平的初始值100标准当量劳动力后，模型通过计算机模拟运行就可以利用给定速率或通过速率方程和辅助方程等各种方程推演运行，计算出现在时刻 K 的企业人力资本状态水平取值。

这里给出企业人力资本状态初始值为100标准当量劳动力，只是为了模拟计算方便。其实给定什么初始状态值，不是系统动力学模型研究的重点，系统动力学模型研究的重点是模型运行行为的模式和性质，如指数加速增长、指数渐近目标增长、等幅振荡、发散或收敛振荡、S形增长等增长模式，还包括研究有效影响系统模型行为的政策参数构成和政策杠杆作用点，以寻求并制定合理有效的政策组合和选择参数作用敏感区域，或者说改善模型系统结构，主要是信息反馈机制，建立合理的反馈回路，以有效控制和改善系统行为和功能。

（2）企业人力资本增殖的速率方程：
$$ERATE. KL = IPATHS. K \times FCIL\qquad (4-2)$$
企业人力资本的招聘速率等于企业人力资本的投资额与企业人力资本投资当量系数的积。企业人力资本投资当量系数，是指企业每月投资1千美元可以平均雇佣到多少标准当量劳动力。企业人力资本投资当量系数可以通过对企业历史上招聘新员工的平均投资额的统计分析计算得出，注意这里计算时需要将招聘到的新员工换算成标准当量劳动力的数量，实际上一般企业在招聘不同层级的新员工的人力资本投资额往往是不一样的。通常越是高级劳动力企业招聘投资越高，如企业直接或者通过猎头公司招聘一名企业高级管理者或高级技术专家往往需要花费非常高的投资，当然高级管理者或高级技术专家换算成的标准当量劳动力也相当高，甚至对高级人才招聘投资的标准当量劳动力投资额更低一些。程序单中给定企业人力资本投资当量系数为 0.5 标准当量劳动力每月每千美元，相当于每月投资 2 千美元约可以招聘到一个标准当量劳动力，这也符合一般企业的招聘费用水平情况。

企业每月人力资本投资额根据企业利润水平与人力资本投资积累率积，再加上企业产值或收入偏差与偏差调节系数的积而得出。

$$\text{RRATE. KL} = \text{EHC. K} \times \text{FRRC} \qquad (4\text{-}3)$$

企业解雇速率根据企业当前的人力资本状态水平与解聘退休率系数的积确定，这里给解聘退休率系数为 0.0002，相当于每万名标准当量劳动力的企业平均每月解雇或退休 2 名标准当量劳动力，这大致相当于企业平均的员工新陈代谢率，可以保持企业的稳定发展和创新活力。

（3）企业人力资本投资方程：

$$\text{IPATHS. K} = \text{PROF. K} \times \text{HCAR} + \text{DISC. K} \times \text{DISCFC} \qquad (4\text{-}4)$$

企业每月人力资本投资额根据企业利润水平与人力资本投资积累率积，再加上企业产值或收入偏差与偏差调节系数的积而得出。公式的数学含义容易理解，这里重点理解其代表的现实意义，因为它是设置企业人力资本增殖的系统动力学模型的政策参数杠杆作用点。这个杠杆作用点就是，通过在企业发展战略和企业人力资本制度及政策指导中设置的企业人力资本投资积累率 HCAR 和偏差的人力资本调节系数 DISCFC，来作用于企业人力资本投资额。因此可见，这两个系数的选择可以充分体现企业人力资本制度及政策和企业发展战略，也能有效控制企业人力资本增殖效率。

这里根据一般企业人力资本投资积累率水平和偏差调节力度情况给出企业人力资本投资的利润积累率为 0.1 和 0.005，表示企业拿出利润的 10% 和产值或收入偏差额的 0.5% 来投资人力资本促进其增殖。

（4）企业产值或收入或收入状态变量方程：

$$\text{EP. K} = \text{EP. J} + \text{DT} \times \text{PRATE. JK} \qquad (4\text{-}5)$$

企业产值或收入等于前期产值或收入水平加上期间生产率增长而积累产值或收入。时间间隔产值或收入积累率等于企业现在人力资本水平下的生产率减去前期人力资本生产率。而企业生产率等于标准当量劳动力月均产值或收入率与企业人力资本标准当量劳动力数量的积，即 PRATE. JK = （EHC. K – EHC. J）×HCVR。

企业标准当量劳动力月产值或收入率 HCVA 设定为 5 ［千美元/（标准当量劳动力·月）］。企业产值或收入的初始值为 250 千美元，刚刚等于企业目标产值或收入。此时企业产值或收入与期望产值或收入的偏差为 0。企业人力资本投资额只由企业利润水平和利润的人力资本投资积累率的积来决定，这会使某些方程变得简单，让模型模拟运行相对简单，运行模式和行为特性在后面再进一步分析。

（5）企业利润辅助变量方程：

$$PROF. K = EP. K \times EPR \tag{4-6}$$

企业利润等于产值或收入乘上平均产值或收入利润率的积，这里平均产值或收入利润率取一般传统行业的平均产值或收入利润率水平 20%。

需要强调的是，对于不同行业进行模型模拟时，需要根据行业特征收集统计数据或合理估计，来灵活选择和估计有关参数和赋予初始值，尽可能让模型参数与真实系统相近，才利于实现研究目标，制定出促进系统模型功能和行为改善的制度政策和找准政策的杠杆作用点。

本 章 小 结

本章进一步明确了人力资本增殖理论模型的要素相关理论并建立了企业人力资本增殖的主模型，即包括路径、动力和制度三个模块支撑企业人力资本增殖的企业人力资本增殖的系统动力学模型。

首先，根据人力资本要素成长机理研究了要素增殖条件、增殖路径、增殖动力和系统动力学等指导人力资本增殖相关理论，奠定了模型建立的理论基础。

其次，通过文献汲取法、专家访谈法和问卷调查方法，提出并验证了人力资本增殖的三个关键因素：路径、动力和制度。

最后，在系统动力学理论、管理激励理论和制度经济学理论等的指导下，通过分析企业人力资本增殖的主要因果关系绘制出企业人力资本增殖系统的因果与相互关系图，明确了基于企业人力资本增殖的主要反馈回路，设计了企业人力资本增殖的主模型，编写了主模型的系统动力学 DYNAMO 程序清单，说明了模型的主要方程的建立思路和方法，并对模型主要参数和变量赋予了初始值，为后文的主模型模拟奠定了基础。

5 企业人力资本增殖主模型的模拟分析与检验评估

企业人力资本增殖主模型建立后，通过对企业人力资本增殖的现实系统一般情况研究判断，给主模型方程赋予初始值，进行模型模拟来观察模型主要状态变量的行为特点，并将之与人们期待的行为参考模式进行对比分析，找出模型变量的趋向参考行为模式的主要可控参数，以控制企业人力资本增殖来动态支撑企业发展战略，并趋向于预期的参考行为模式。在主模型模拟和行为特性分析判断的基础上，对模型的边界、结构、参数、灵敏度和强壮性等进行检验评估。

5.1 企业人力资本增殖主模型的模拟分析

5.1.1 主模型的行为参考模式

根据企业人力资本增殖主模型的建模目标和模型功能，力争寻找适应企业发展目标、能有效支持企业发展战略实施、促进企业人力资本增殖与企业发展战略灵敏适应的企业人力资本增殖制度和人力资源策略，保证企业一方面能够通过相关制度和参数调整，吸引到适合企业发展的一定质量和规模的人力资本，并能够促进企业人力资本在企业中有效成长、为适应企业发展需要的提供更高水平和更优结构的企业人力资本。

企业成长发展的理想过程，应该是企业在创建初期能够迅速适应市场环境制定合适的发展战略，通过一个企业人力资本和企业产值或收入及利润指数加速增长的成长期，达到企业发展的预期目标后，能够通过企业人力资本制度和政策参数的调整，让企业灵活有效地转入平稳发展期，此时企业人力资本、企业产值或收入和利润等增长变慢，逐渐接近企业发展的理想规模目标。而且企业发展过程中，能够随时根据市场机遇和发展战略而灵敏调整企业人力资本制度和政策参数，让企业人力资本规模和产值或收入及利润的增长在指数加速增长和指数渐稳增长之间自由转换并互动适应。

因此，企业人力资本增殖系统动力学模型的行为参考模式应该是：企业人力资本、企业产值或收入和企业利润等主要规模和效益变量呈现先指数加速增长模式，经过一段时间的发展后通过调整企业人力资本制度和政策参数，将模型主要变量增长模式转向指数渐稳增长模式，即企业人力资本、企业产值或收入及利润等主要变量呈现出"S"形增长模式，并且"S"形增长的拐点可以由企业根据发展战略选择时机和进行参数控制来灵活掌握。当然由于政策参数突然调节（时间10年，在第6年偏差调整系数由0.005改变为0.021），模型的主要变量企业人力资本、企业产值或收入、偏差及解雇速率等由指数加速增长（偏差是衰减）模式转向指数渐稳增长（偏差是衰减）模式的拐点呈现折线特点，而招聘速率和企业人力资本投资呈现跳跃式突降的特点，如图5-1所示。

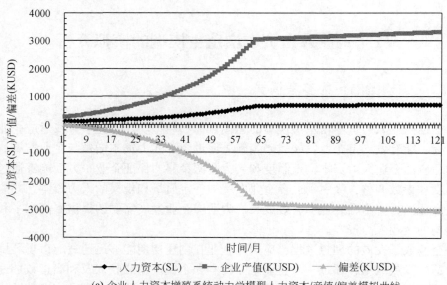

(a) 企业人力资本增殖系统动力学模型人力资本/产值/偏差模拟曲线
(时间10年,在第6年偏差调整系数由0.005改变为0.021)

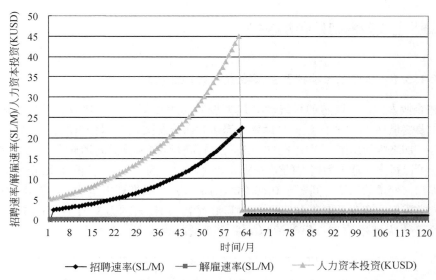

(b) 企业人力资本增殖系统动力学模型速率/人力资本投资模拟曲线
(时间10年,在第6年偏差调整系数由0.005改变为0.021)

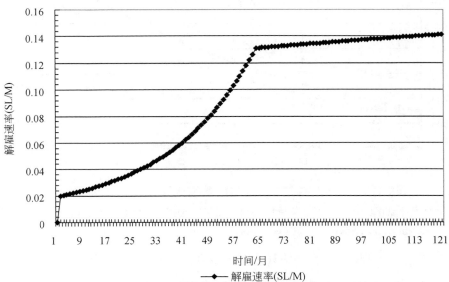

(c) 企业人力资本增殖系统动力学模型解雇速率模拟曲线
(时间10年,在第6年偏差调整系数由0.005改变为0.021)

图 5-1　企业人力资本增殖主模型的 "S" 形增长参考模式

5.1.2 主模型的初始参数模拟

5.1.2.1 模型三年模拟及主要变量行为特性初判

将企业人力资本增殖的系统动力模型按照初始赋值和给定参数进行模拟运算，得出主要变量在 36 个月的数据（因数据繁多和研究主要是模拟变量的行为特性和总体走势，加之版面所限，书中略去数据表，后面模型模拟数据同理略去），根据模拟数据，可以算出企业人力资本的倍增时间 T_d（EHC）为 25 个月，根据系统动力学相关原理知，变量的倍增时间等于 0.69 倍时间常数，可以推算出企业人力资本增殖系统动力学模型的企业人力资本 EHC 的时间常数 T（EHC）约为 36 个月（图 5-2）。

企业人力资本增殖主模型模拟的主要变量曲线如图 5-2 所示。

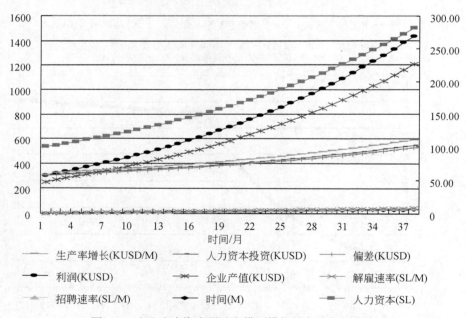

图 5-2 企业人力资本增殖主模型模拟的主要变量曲线

去除一些变量后，将曲线图适当编辑后得到图 5-3 以及图 5-4。如图所示，企业人力资本和企业产值或收入呈现加速上升的指数增长趋势，从三年的短期曲线看这种趋势还不是十分明显，后面延长模型时间到 10 年再确定，系统模型 10 年模拟如附录 3 和正文中图 5-5 及图 5-6 的变量曲线所示。但是招聘速率、解雇速率和人力资本投资变化趋势在图 5-6 中由于纵坐标幅度太大而这些变量数值偏小而不明显，需另外将这三个变量用图 5-7 再输出观察分析。

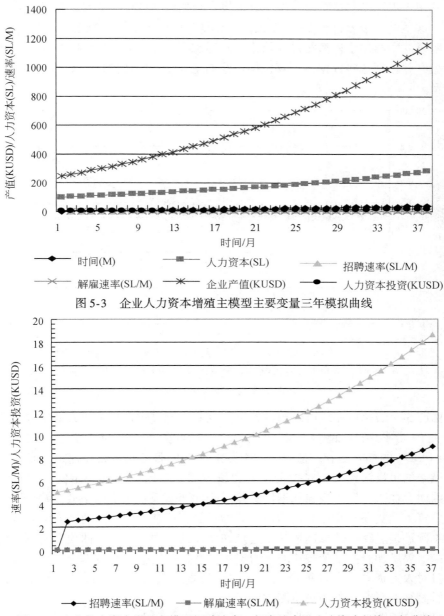

图 5-3　企业人力资本增殖主模型主要变量三年模拟曲线

图 5-4　企业人力资本增殖主模型招聘速率、解雇速率及人力资本投资三年曲线

5.1.2.2　模型十年模拟及主要变量行为特性判定

从图 5-4 可以初步看出，人力资本投资与招聘速率呈现明显加速的指数增长趋势。这里进一步通过模型 10 年模拟曲线得到明确的确认和判定。

附录 3 中给出了模型按前面给定的初始参数计算机模拟得到的 10 年主要变量数据，并根据这些数据由计算机模拟绘制主要变量趋势曲线，如图 5-5 和图 5-6 所示。

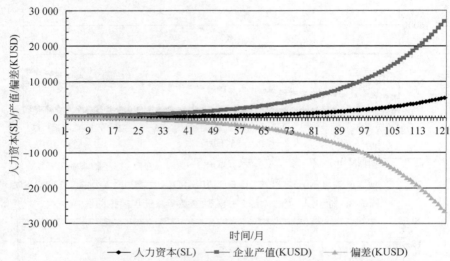

图 5-5　企业人力资本增殖系统动力学模型的人力资本、企业产值或收入和偏差模型曲线（10 年）

由图 5-5 的模拟曲线可以明显看出，企业产值或收入和企业人力资本呈现明显加强的指数增长趋势，企业实际产值或收入 EP 与期望产值或收入（250KUSD）的偏差随着产值或收入指数加速增长而呈现指数加速负增长，因为受到偏差的负反馈作用，对投资于人力资本的企业投资额起一定的指数抑制作用，因而企业人力资本指数加速增长相对企业产值或收入要速率低一些。因为企业人力资本投资还有企业利润指数加速增长的正反馈作用，而使得企业人力资本投资总额还是呈现指数加速增长，这点在下面的人力资本投资曲线上有鲜明的体现。如果要增加企业发展过快对人力资本指数加速增长的有效抑制作用，唯有调高偏差对人力资本投资发挥负反馈作用。偏差对人力资本的调整系数 DISCFC，将在后面给予影响效果的模拟测试。

再来分析图 5-6 的模拟曲线趋势及原因。人力资本投资在企业利润指数加速增长和利润对人力资本投资积累率常数 HCAR 的乘积正反馈作用下，也呈现明显的指数加速增长趋势，进而带动企业人力资本的招聘速率指数加速增长，导致如图 5-6 所示的企业人力资本指数也加速增长，招聘速率指数加速增长还会受到企业人力资本投资当量系数 FCIL 的影响，因为人力资本投资当量系数在模型中取常数，故人力资本增长和招聘速率增长的影响是线性的。

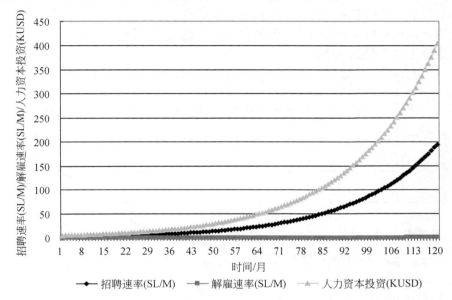

图 5-6　企业人力资本增殖主模型人力资本投资、招聘速率和解雇速率曲线（10 年）

　　人力资本投资当量系数是由人力资本市场客观决定的，其数据可以通过调查统计分析得出，不同的市场、不同的企业和不同种类的人力资本类型的人力资本投资当量系数也不同，这不是本书研究的重点，不做深入分析。在本模型中，人力资本投资当量系数是取一个大致估计的平均常数。人力资本投资当量系数的大小，是一个平均意义的常数，其数值大小不会影响模型中招聘速率和人力资本的指数加速增长模式的行为特性，也是企业不容易控制的客观参数，因此不将人力资本投资当量系数作为测试的重点参数选择。

　　企业解雇速率是企业人力资本水平 EHC 和解聘退休系数 FRRC 的乘积决定的。企业人力资本水平呈现指数加速增长趋势，也许 FRRC 常数太小，解雇速率增长很慢，企业 10 年已经由一个最初 100 名标准当量劳动力的企业规模发展到了 5000 多名标准当量劳动力的大型企业了，解雇速率 10 年才增长到月均解雇 1名标准当量劳动力。可见，企业解雇退休系数偏低，难淘汰不适应企业发展的员工，不利于企业新陈代谢。

当然，从企业稳健发展看，5000 名标准当量劳动力的企业年均解雇 5 名左右员工（除去正常退休员工），也比较符合正常发展的中国企业情况。因为中国企业通常是员工能进不容易出，这也是中国人稳健保守的文化观念因素在起作用。另外，还要考虑不同发展阶段和类型企业解聘退休系数 FRRC 也会不同。如图 5-7 所示，从放大的专门绘制企业人力资本增殖系统动力学主模型模拟的企业解雇速率运行趋势来看，的确也有明显指数加速增长趋势，只是增长的速率相对招聘速率等来说较低一些罢了。

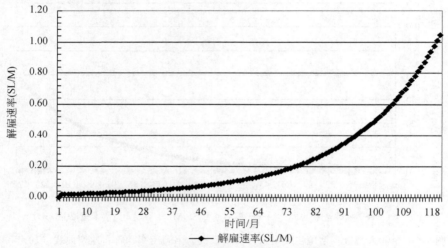

图 5-7　企业人力资本增殖主模型解雇速率模拟曲线

综合上文分析，无论从长期还是短期来看，模型运行的主要变量均呈现指数加速增长（降低）的行为特点，企业初始规模大小等不影响这个运行模式。由此可见，企业人力资本增殖的系统动力学模型的强壮性较好。

接下来不得不思考研究的问题是，企业若长期这样指数加速增长，市场可能提供不了这样的发展空间，也不符合现实的企业长期发展情况。当然，也许在企业成长期，企业产值或收入、人力资本投资和人力资本等主要变量，会具有这样的增长特点。是否存在一些政策参数或者说其他抑制因素可以促进企业由指数加速增长转入稳健均衡增长呢？

下面通过政策参数来测试和寻找相应的政策参数和政策杠杆作用点，通过改变参数模拟运行，来分析寻找问题的答案。通过前文分析，进一步重点测试企业可控的体现企业人力资本政策制度的偏差调整系数 DISCFC、企业利润对人力资本投资积累率 FCIL 和体现企业发展战略的期望产值或收入 GOAL 对模型行为的影响。

5.1.3　主模型的偏差调整系数模拟

从模型初始参数模拟来看，企业人力资本、企业人力资本投资与企业产值或收入等主要变量都呈现明显的指数加速增长趋势，这种增长过程对成长期企业而言也许是种好现象，但若企业总是如此指数加速增长，必然会遇到市场发展空间、配套资源支持以及管理技术水平等方面的限制，企业发展经历一个快速成长阶段之后，也需要转入平稳发展期，这就需要通过各种措施适当限制人员进入企业，通过管理和技术水平提高使企业走向内涵式发展道路。从企业人力资本系统动力学模型初始参数模拟分析可知，企业产值或收入与实际产值或收入偏差系数的调节是系统模型负反馈的重要因素，下面就偏差调整系数对模型行为影响进行模拟和分析。

5.1.3.1　偏差调整系数由 0.005 加大为 0.05 的模拟分析

从图 5-6 可以初步看出，人力资本投资与招聘速率呈现明显加速的指数增长趋势。这里将偏差调整系数由 0.005 扩大为 0.05，进一步通过模型模拟主要变量的 10 年变动曲线。

附录 3 中的表 5-3 给出了模型按前面给定的初始参数，但将偏差调整系数由 0.005 扩大到 0.05 后计算机模拟得到的 10 年主要变量数据，并根据这些数据由计算机模拟绘制主要变量趋势曲线，如图 5-8 ～ 图 5-10 所示。

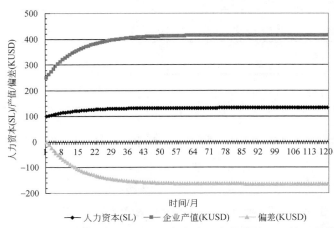

图 5-8　企业人力资本增殖主模型的人力资本、产值或收入和偏差的模拟曲线
（偏差调整系数 0.05）

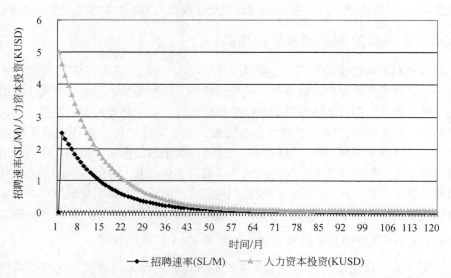

图5-9　企业人力资本增殖主模型人力资本投资和招聘速率模拟曲线（偏差调整系数0.05）

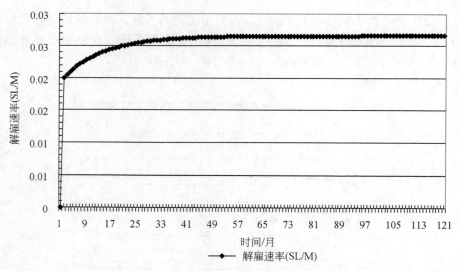

图5-10　企业人力资本增殖主模型解雇速率的模拟曲线（偏差调整系数0.05）

　　根据模型按前面给定的初始参数，但将偏差调整系数从0.005扩大到0.05，意味着将按偏差产值或收入的5%的比例来正向调整企业人力资本投资额时，随着企业吸收雇员的增多，即企业人力资本的增殖，企业产值或收入和利润也不断增长。当超过期望产值或收入时，企业会随着偏差数值的扩大而不断减少企业人力资本投资额，但企业利润的增长的正反馈作用却还是使人力资本投资额不断增长而使企业招聘速率还是以渐慢的速率在增长，而解雇速率也随着企业人力资本增殖即企业雇员的增多，以渐慢的速率增长，大约经过 60 个月，即 5 年左右的时间，企业人力资本、企业产值或收入、产值或收入偏差、招聘速率和解雇速率等数据达到稳定状态，企业从成长期开始进入成熟期，实现稳健经营和均衡发展，企业吸收人员进入和员工自然退休及不适应性解雇大致达到均衡状态，这应该是一般均衡市场中传统行业的企业发展的正常平稳状态。

由模拟可知，参数 0.05 即企业预算出企业产值或收入偏差的 5% 来反向调整企业人力资本投资，保持企业招聘速率与解雇速率大致平衡，企业人力资本水平即雇员和企业产值或收入及利润水平大致稳定，从初始参数下的指数加速增长模式转向了指数渐近式平稳增长模式，0.05 是一个比较理想的偏差调整系数。

5.1.3.2　偏差调整系数从 0.005 扩大到 0.01 的模拟

从前面偏差调整系数的参数测试模拟可以看出，当偏差调整系数取值 0.05，即企业按目标产值或收入与实际产值或收入差额的 5% 来同向调节企业人力资本投资额时，在企业人力资本增殖模型其他初始参数不变的情况下，企业的人力资本水平，即雇员规模和企业产值或收入水平经过大约五年的成长期而转入均衡发展期，企业就开始稳健经营。

然后，现实的情况通常不一定与此相似，也许大多数企业会追求一个更长时间的加速成长期，然后调整发展战略转入到均衡发展期，特别是那些追求卓越和基业长青的企业。从偏差调整系数对企业人力资本和企业产值或收入的变动关系可知，偏差调整系数越大，企业就越快转入均衡发展期。调低偏差调整系数，可以延长企业加速成长期，下面将偏差调整系数改为比初始值 0.005 高但比第一次测试值 0.05 低的 0.01，再进一步测试偏差调整系数对企业人力资本和产值或收入水平以及企业招聘速率和解雇速率等变化趋势的影响，力争找出企业人力资本等由指数加速增长转向指数渐近平稳增长的偏差调整系数和企业进入平衡发展的时间。

根据前面给定的模型初始参数，只将偏差调整系数由 0.005 扩大到 0.01 后计算机模拟得到 10 年主要变量数据，并根据这些数据由计算机模拟绘制主要变量趋势曲线，如图 5-11、图 5-12 和图 5-13 所示。

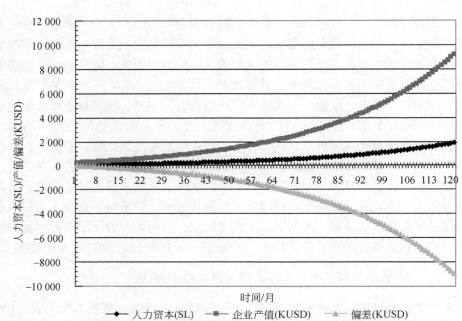

图 5-11　企业人力资本增殖主模型的人力资本、产值或收入和偏差模拟曲线
（偏差调整系数 0.01）

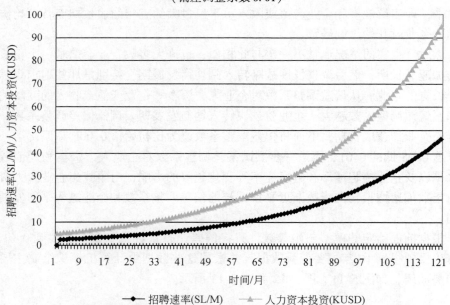

图 5-12　企业人力资本增殖主模型人力资本投资和招聘速率模拟曲线（偏差调整系数 0.01）

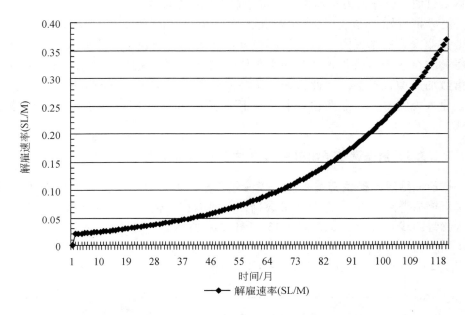

图 5-13　企业人力资本增殖主模型解雇速率的模拟曲线（偏差调整系数 0.01）

　　从这些曲线增长趋势来看，偏差调整系数从 0.005 扩大到 0.01，意味着将按偏差产值或收入的 1% 的比例来正向调整企业人力资本投资额时，随着企业吸收雇员的增多，即企业人力资本的增殖，企业产值或收入和利润也不断增长，当超过期望产值或收入时，企业会随着偏差数值的扩大而不断减少企业人力资本投资额，但企业利润的增长的正反馈作用却还是起主导作用，使人力资本投资额不断增长并使企业招聘速率还是以指数加速的速率增长，而解雇速率也随着企业人力资本增殖，即企业雇员的增多，以较低的指数加速速率增长，但企业的主要变量的增长模式依然均是指数加速增长，企业人力资本、企业产值或收入、产值或收入偏差、招聘速率和解雇速率等数据不断增长不能达到稳定状态，企业一直处于指数加速成长过程。

　　但是，必须要提醒的是，如果企业长期都不能改变这种指数加速增长的状态，企业的长期发展必然会受到市场发展空间制约和管理技术水平限制而难以持续进行，这要求企业管理者在制定和实践发展战略中必须克服一直盲目扩张经营的行为。现实可行、比较理想的做法是企业发展到一定规模后一定要审视市场机会、苦练内功，提高企业管理水平，走向内涵式的可持续发展道路。当然，提高技术管理水平打好基础后，如果又有比较好的市场发展机遇，又可以再调低偏差调整系数加大企业人力资本投资促进企业再次指数加速发展。

由模拟可知，参数 0.01 即企业预算出企业产值或收入偏差的 1% 来同向调整企业人力资本投资，企业招聘速率依然大于解雇速率，企业人力资本水平即雇员和企业产值或收入及利润水平依然是加速增长模式，没有改变企业发展的指数加速增长态势。因此，偏差调整系数还可以增大，下面再进一步模拟测试企业人力资本、企业产值或收入、招聘速率和解雇速率等主要变量的增长模式。

5.1.3.3 偏差调整系数由 0.01 扩大到 0.02 的模拟

按前面给定的模型初始参数，将偏差调整系数由 0.005 扩大到 0.02 后，由计算机模拟得到的 10 年主要变量数据，并根据这些数据由计算机模拟绘制主要变量趋势曲线，如图 5-14、图 5-15 和图 5-16 所示。

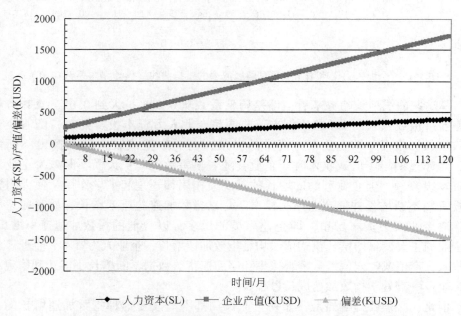

图 5-14 企业人力资本增殖主模型的人力资本、产值或收入和偏差模拟曲线
（偏差调整系数 0.02）

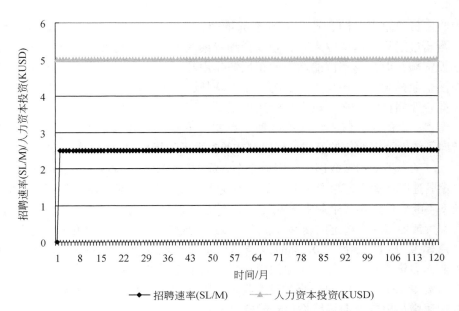

图 5-15　企业人力资本增殖主模型人力资本投资和招聘速率模拟曲线（偏差调整系数 0.02）

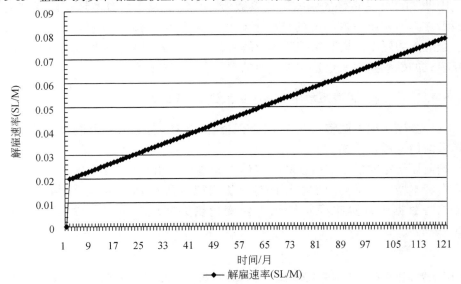

图 5-16　企业人力资本增殖主模型解雇速率的模拟曲线（偏差调整系数 0.02）

　　从这些变量曲线增长趋势来看，偏差调整系数从 0.005 扩大到 0.02，意味着将按偏差产值或收入的 2% 的比例来正向调整企业人力资本投资额时，随着企业吸收雇员的增多，即企业人力资本的增殖，企业产值或收入和利润也不断增长，当超过期望产值或收入时，企业会随着偏差数值的扩大而不断减少企业人力资本投资额，但企业利润的增长的正反馈作用却还是使人力资本投资额不断增长进而使企业招聘速率还是以常数的速率在增长，而解雇速率也随着企业人力资本增殖即企业雇员的增多，以常数的速率增长。

值得注意的是，偏差调整系数使模型主要变量的增长模式发生了质的改变，即转向了线性稳定增长的模式，将模型初始参数下的指数加速增长模式改变为线性增长，以某个不变的常数速率，使企业人力资本、企业产值或收入、产值或收入偏差、招聘速率和解雇速率等主要变量均为线性增长模式，企业在成长期以常数的发展速率不断延伸，实现企业常速发展，企业吸收人员进入和员工自然退休及不适应性解雇大致保持一个稳定的速率差，这应该也是成长期企业的正常发展状态之一。

由模拟可知，参数 0.02 即企业预算出企业产值或收入偏差的 2% 来同向调整企业人力资本投资，保持企业招聘速率与解雇速率大致保持一个常数差[①]，企业人力资本水平即雇员和企业产值或收入及利润水平线性增长，从初始参数下的指数加速增长模式转向了线性增长模式。

因此，0.02 是特殊的偏差调整系数值，它使企业人力资本增殖的系统动力学模型在其他初始参数不变的情况下让企业人力资本水平、企业产值或收入水平、企业人力资本投资和招聘速率及解雇速率从指数加速增长模式转向指数平稳增长模式的敏感参数，也是非常重要的政策参数的杠杆作用点。

5.1.3.4 偏差调整系数由 0.005 扩大到 0.03 的模拟

进一步确认偏差调整系数 0.03 是否会与 0.05 一样性质导致模型主要变量显现指数渐稳式增长模式。

按前面给定的模型初始参数，将偏差调整系数由 0.005 扩大到 0.03 后，企业人力资本增殖系统动力学模型的计算机模拟得到的 15 年主要变量数据[②]，并根据这些数据由计算机模拟绘制主要变量趋势曲线，如图 5-17、图 5-18 和图 5-19所示。

---

① 需要说明的是，解雇速率变化曲线显示为线性增长，招聘速率基本上保持一个不变的常数速率，但是由于解雇速率相对招聘速率来说数值很小，解雇速率的线性增长模式在 10 年时间显示不出对整体模型变量曲线的明显影响，或者说这种影响在实验误差或者说人们的感知中是可以忽略不计的。当然把模型的模拟时间延长到足够久，也许会最终使模型主要变量增长模式略微显示出指数渐稳增长模式。

② 因为 10 年模型模拟的变量指数渐稳增长的行为特性不明显，这次测试将模拟时间延长到 15 年，模型指数渐稳增长模式就比较明显了。

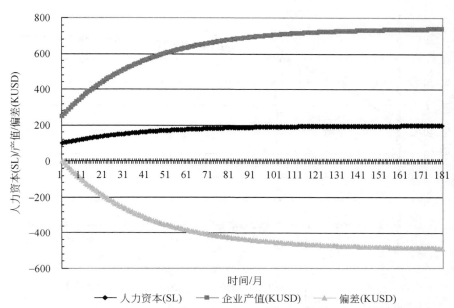

图 5-17　企业人力资本增殖主模型的人力资本、产值或收入和偏差模拟曲线
（偏差调整系数 0.03）

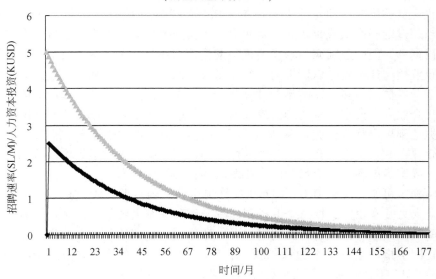

图 5-18　企业人力资本增殖主模型人力资本投资和招聘速率模拟曲线
（偏差调整系数 0.05）

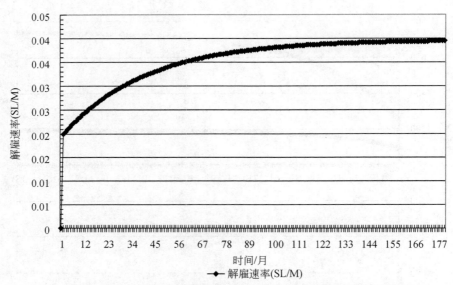

图 5-19　企业人力资本增殖主模型解雇速率的模拟曲线（偏差调整系数 0.05）

从这些变量曲线增长趋势来看，偏差调整系数从 0.005 扩大到 0.03，意味着将按偏差产值或收入的 3% 的比例来正向调整企业人力资本投资额时，随着企业吸收雇员的增多，即企业人力资本的增殖，企业产值或收入和利润也不断增长，当超过期望产值或收入时，企业会随着偏差数值的扩大而不断减少企业人力资本投资额，但企业利润的增长的正反馈作用却还是使人力资本投资额不断增长而使企业招聘速率还是以渐慢的速率在增长，而解雇速率也随着企业人力资本增殖即企业雇员的增多，以渐慢的速率增长，大约经过 180 个月，即 15 年左右的时间，企业人力资本、企业产值或收入、产值或收入偏差、招聘速率和解雇速率等数据达到稳定状态，企业从成长期开始进入成熟期，实现稳健经营和均衡发展，企业吸收人员进入和员工自然退休及不适应性解雇大致达到均衡状态，这应该是一般均衡市场中传统行业的企业发展的正常平稳状态。

由模拟可知，参数 0.03 即企业预算出企业产值或收入偏差的 3% 来同向调整企业人力资本投资，保持企业招聘速率与解雇速率大致平衡，企业人力资本水平即雇员和企业产值或收入及利润水平大致稳定，从初始参数下的指数加速增长模式转向了指数渐近式平稳增长模式，0.03 是一个比较理想的偏差调整系数，大约需要 15 年企业就进入到平稳经营阶段。

5.1.3.5　偏差调整系数模型模拟测试的结论

假定给定其他初始参数不变，仅仅改变企业期望产值或收入与实际产值或收入的偏差调整系数，通过企业人力资本增殖系统动力学模型模拟了偏差调整系数为 0.05、0.01、0.02、0.03 四种情形，并与偏差调整系数初始参数的模型主要变量的运行模式进行对比，从上述分析判断可以得出以下结论：

（1）偏差调整系数的改变，可以有效改变模型变量变动趋势和行为模式。

（2）当偏差调整系数 DISCFC > 0.02 时，模型主要变量企业人力资本 EHC、企业产值或收入 EP、解雇速率 RRATE 呈现指数增长渐稳模式，偏差调整系数越大，这些变量渐稳增长的速度越快，数值趋向稳定目标的时间越短；模型的另一些变量，如企业人力资本投资 IPATHS 以及招聘速率 ERATE，则呈现衰减渐稳模式，偏差调整系数越大，这些变量衰减渐稳的速度越快，数值趋向稳定目标值 0 的时间越短，解雇速率增长也趋近于自然退休率，也接近于 0。

（3）当偏差调整系数 DISCFC < 0.02 时，模型主要变量企业人力资本 EHC、企业产值或收入 EP、企业利润 PROF、企业人力资本投资 IPATHS 以及招聘速率 ERATE 和解雇速率 RRATE，均呈现指数加速增长模式，偏差相应呈现指数加速递减模式，偏差调整系数越大，这些变量加速增长或衰减的速度越快，数值偏离稳定目标也越快越远；模型的另一些变量，如企业产值或收入与期望产值或收入的偏差 DISC，则呈现加速递减模式，偏差调整系数越大，偏差加速递减的速度越快，数值远离目标值也越远。

（4）偏差调整系数 0.02 是模型主要变量由指数加速增长转向指数渐稳增长的特殊参数值，此时模型主要变量呈现线性增长的行为模式，企业人力资本 EHC、企业产值或收入 EP、企业利润 PROF 以及解雇速率 RRATE 呈线性增长模式，企业人力资本投资 IPATHS、招聘速率 ERATE 保持一个固定的常数值使企业人力资本 EHC 和企业产值或收入 EP 呈现线性增长模式，企业产值或收入与期望产值或收入的偏差 DISC 也是线性负增长。

（5）偏差调整系数 0.02 是企业人力资本增殖系统动力模型从指数加速增长模式转向指数渐稳增长模式的拐点参数值。该参数数据可以作为企业从加速成长期转入平稳均衡发展阶段的政策参数的杠杆作用点。

5.1.4　主模型的期望产值或收入参数模拟

5.1.4.1　期望产值或收入由 250KUSD 提升到 2500KUSD 模拟

在保持模型其他初始参数不变，仅仅将期望产值或收入 GOAL 由 250KUSD 上升到 2500KUSD，得到模拟的 10 年数据和主要变量曲线如图 5-20、图 5-21 和

图 5-22 所示。

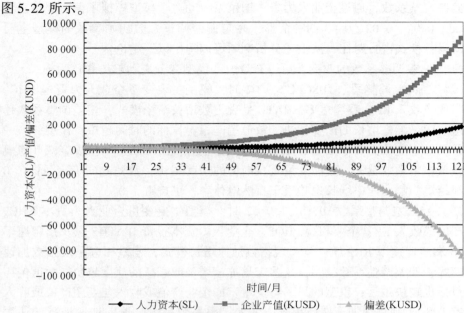

图 5-20　企业人力资本增殖模型人力资本、产值或收入及偏差模拟曲线
（期望产值或收入 2500KUSD）

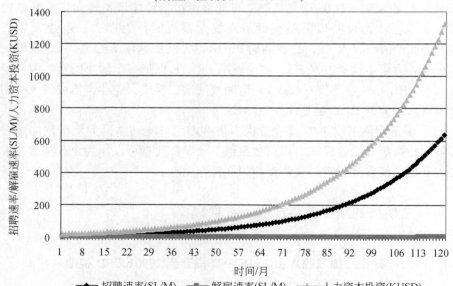

图 5-21　企业人力资本增殖主模型招解聘速率人力资本投资模拟曲线
（期望产值或收入 2500KUSD）

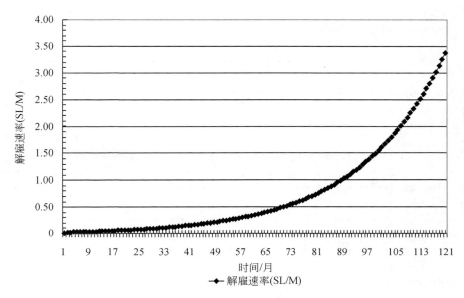

图 5-22　企业人力资本增殖主模型招解聘速率模拟曲线
（期望产值或收入 2500KUSD）

5.1.4.2　期望产量变动的模型模拟测试的结论

从模型模拟的变量数据和变动曲线可以看出，调高期望产量到初始值 10 倍，没有改变主要变量变化趋势，依然是指数加速增长模式，并且指数加速增长的速率更快，企业人力资本规模一年就翻倍。因为调整期望产值或收入不会改变企业人力资本增殖系统动力学模型的结构状态和反馈性质。因此，提升企业期望产值或收入，只会加速企业人力资本指数加速增长的速率，不会改变其指数加速增长的行为模式。

5.1.5　主模型的企业利润的人力资本积累率模拟

5.1.5.1　企业利润对人力资本积累率 HCAR 由 0.1 提升到 0.2 的模型模拟

下面调整企业人力资本增殖模型的利润人力资本积累率 HCAR，来测试主要变量变动趋势和行为模式，得到图 5-23、图 5-24 和图 5-25 给出了企业利润人力资本积累率系数 HCAR =0.2 的主要变量数据和变化曲线。

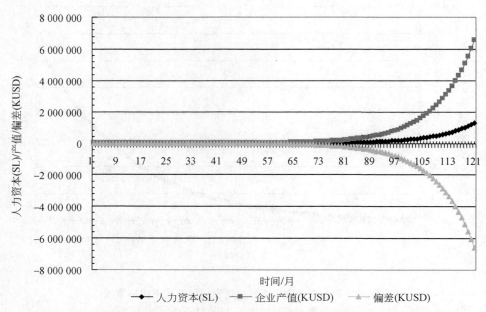

图 5-23　企业人力资本增殖主模型人力资本、产值或收入及偏差模拟曲线（HCAR = 0.2）

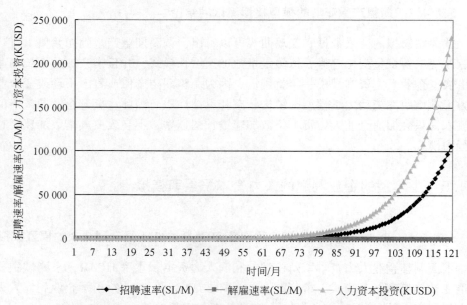

图 5-24　企业人力资本增殖主模型招／解聘速率人力资本投资模拟曲线（HCAR = 0.2）

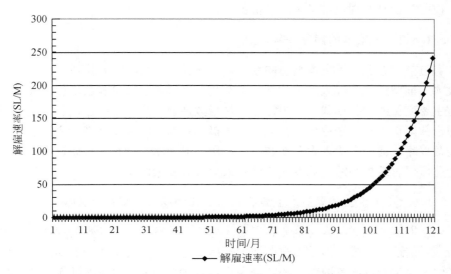

图 5-25　企业人力资本增殖主模型招解聘速率模拟曲线 （HCAR = 0.2）

5.1.5.2　企业利润的人力资本积累率 HCAR 提升的模型模拟结论

从模型模拟的变量数据和变动曲线可以看出，调高企业利润人力资本投资积累率为 0.2，没有改变主要变量变化趋势，依然是指数加速增长模式，并且指数加速增长的速率更快，因为企业利润人力资本投资积累率升降不会改变企业人力资本增殖系统动力学模型的结构状态和反馈性质。因此，提升企业利润人力资本投资积累率，只会加速企业人力资本指数加速增长的速率，不会改变其指数加速增长的行为模式。

5.1.6　主模型模拟结果的讨论

5.1.6.1　主模型的初始参数赋值

通过前文企业人力资本增殖主模型初始参数模拟，可以发现企业人力资本增殖除了偏差调整系数、期望产值或收入和企业利润对人力资本积累率等可控的重要参数外，模型的其他初始赋值大小一般不会改变模型行为方式，主模型行为主要受其结构决定，主模型具有较好的灵敏度和强壮性，可用于企业人力资本增殖的模拟分析研究，从而找到合适的促进企业人力资本有效增殖的相关制度和政策，说明模型具有理论意义和工具价值。

5.1.6.2 主模型的偏差调整系数

通过前文企业人力资本增殖的系统动力学模型参数模拟，可以发现企业产值或收入与期望产值或收入的偏差调整系数是一个敏感的政策参数，可以灵活改变模型主要变量的运行模式和行为特点，从指数加速增长转为线性增长，进而可以转为指数渐稳增长。企业可以在适当的时机调整参数的大小来选择企业发展速度和经营战略，促进企业人力资本在参数作用下灵活增长，企业偏差调整系数是一个企业可以有效控制的企业发展战略和人力资本政策的参数。

5.1.6.3 主模型的期望产值或收入参数和利润人力积累率参数

企业期望产值或收入与企业利润对人力资本投资率两个参数的变动不会改变模型变量的运行模式，但是其数值增大会提高企业人力资本的指数加速增长的速率。但是在运用这些参数时，需要警惕企业人力资本过度加速增长而无限膨胀，一定要与企业技术管理水平和市场发展空间相适应，在企业练好管理技术内功的基础上，通过合理的企业人力资本增殖来支撑其快速成长发展。

综上所述，借助企业人力资本增殖的系统动力学模型，可以寻找到适应企业发展战略的、有效的企业人力资本制度相关参数，通过这些参数的选择与调整可以灵活控制企业人力资本增殖，促进企业在市场提供的发展机会中通过企业技术管理水平的提高而灵活健康地发展。

5.2 企业人力资本增殖主模型的检验与评估

通过与企业高管和专家访谈及问卷调查，分析整理后可知，企业人力资本增殖系统动力主模型，主要包括企业人力资本状态和企业产值或收入两个状态变量。企业人力资本状态会决定企业产值或收入水平，企业产值或收入水平及其决定的企业利润水平会进一步决定企业人力资本投资、企业人力资本增殖速率，最终又会影响企业人力资本状态水平，形成一个企业人力资本、企业产值或收入、企业利润、企业人力资本投资、企业人力资本增殖速率又回到企业人力资本状态水平的正反馈回路。同时，企业人力资本状态水平、企业产值或收入、产值或收入偏差、企业人力资本投资、企业人力资本增殖速率回到企业人力资本状态水平，又会因偏差调整变量作用形成使企业产值或收入趋向于目标产值或收入的负反馈回路，使企业人力资本增殖系统又有寻的特性，表现出渐稳特点。这样两个回路就包含了偏差、利润和人力资本投资三个辅助变量，通过制定与企业发展战略相适应的企业人力资本制度（包括阶段性政策），建立了与偏差及人力资本投资的有效联系，可以通过企业发展战略和人力资本制度这两个企业可控的外生变量来灵活影响和控制企业人力资本增殖系统，使企业人力资本增殖速率与增殖结果与企业发展战略灵敏动态适应。

根据企业人力资本增殖系统动力学模型的基本状态变量、辅助变量和速率变量构成的正负反馈回路作用机制和模型模拟曲线，从政策参数可以灵敏控制系统行为，从研究企业人力资本增殖的制度、动力和路径的政策杠杆作用点存在且有效，从模型的变量选择和系统边界等方面看，企业人力资本增殖主模型基本上满足了研究目标，同时又符合简单可行要求，系统模型的边界测试应该说达到了研究目标要求。

系统模型方程的量纲测试中，通过仔细分析测试，模型方程两边的量纲均一致，可以通过量纲测试。下面就系统模型的敏感度、强壮性、参数和结构测试作出进一步的研究分析。

5.2.1 主模型的灵敏度与强壮性

再进行心智模型测试企业人力资本增殖主模型的灵敏度和强壮性，看看系统模型模拟的行为能否复制客户所提供的数据（时间序列）。系统动力学模型以系统微观结构为基础，结构决定系统行为，因此系统动力学模型模拟更强调行为趋势的吻合，而不是偏重绝对数据的吻合。心智模型测试是最直接的、最基础的测试。

通过前面的模型参数模拟可知，企业利润人力资本积累率的提升会加速模型的企业人力资本和企业产值或收入及利润的指数加速增长行为趋势，数值的大小不会改变模型行为的趋势，这是模型结构中企业人力资本水平、企业生产率、企业产值或收入及利润、企业人力资本投资、企业人力资本净招聘速率，最后回到企业人力资本水平的正反馈结构决定的，通过参数改变进行模拟，也验证了系统模型的这个行为特性。

而使用企业产值或收入偏差调整系数进行参数模拟，在偏差调整系数由小到大测试模拟时，系统模型的企业人力资本、企业产值或收入及利润等主要变量的变动趋势由指数加速增长，变为张性增长，再到指数渐稳增长，模型增长行为的特性发生了改变，这为测试找到了控制系统主模型行为的灵敏参数——偏差调整系数，从而又找到了一个有效控制企业人力资本增殖的政策参数。这种系统模型行为特性的改变可以用系统中包含的企业人力资本、企业生产率、企业产值或收入、企业产值或收入偏差、企业人力资本投资、企业人力资本净流入速率，最后到企业人力资本水平的负反馈结构来给予解释。当然系统模型主要状态变量行为的总体特性取决于主导的反馈结构特点，即在正反馈起主导作用的是模型呈现指数加速增长（或衰减）的行为特性，当负反馈起主导作用时则呈现渐稳增长（或衰减）的寻的行为特性。

可见，系统模型的心智测试中，模型行为表现出比较好的趋势吻合，可以大致复制主要状态变量的时间序列数据，模型心智模型测试合格。前面系统模型模拟也较好地符合了模型结构与行为相适应的要求，基本通过模型结构与行为测试。后文还会就模型改善进行探讨研究。

5.2.2 主模型的参数与结构测试

系统动力学模型参数估计测试，主要是看模型中的参数值是否与关于系统的描述性或数值性信息吻合，同时是否与决策者决策时的参数对应。从前面系统模型参数模拟测试结果来看，模型中的目标变量企业人力资本水平在初始参数条件下，总体上呈现指数加速增长的特性，如果企业利润率为 20%，企业人力资本投资标准当量为月投资 2000 美元雇佣 1 名标准当量劳动力，若企业 1 标准当量劳动力月创造产值或收入 5000 美元，在保持企业利润人力资本增累率为 10% 和偏差调整系数取 0.005 时，经过大约 2 年多的时间企业的人力资本水平和招聘速率增长约 1 倍，二者的增长模式与速率大体一致，表现出同相特点，而企业产值或收入大约 16 个月后增长 1 倍，系统模型主要变量均呈现指数加速增长特性，并且产值或收入指数加速增长速率快于企业人力资本加速增长速率，企业发展呈现持续快速健康特征，也与现实中快速成长阶段企业的发展特性基本吻合。因此，系统模型变量的选择与初始参数的赋值与现实企业成长阶段基本吻合，模型参数估计和测试合格。

系统主模型模拟计算的时间间隔 DT 取值的大小会影响模拟数据的精度和误差，系统动力学从精度保证与计算机模拟占用内存节约两方面权衡考虑，在保证模拟精度大于 95% 的情况下，系统模型模拟计算的时间间隔，取系统模型的最小时间常数 T 的 0.1～0.5 倍是合适的。前面根据系统模型的初始参数模拟，企业人力资本增殖计算的最小时间常数 T 大约为 36 个月，即 3 年，如果模拟计算的时间间隔 DT 采用小于 0.2 倍最小时间常数 T，那么时间间隔 DT 取 6 个月是可以满足计算精度和节约内存的平衡要求的。当然，由于本书主模型不算太大、太复杂，为了提高精度，还是采用时间间隔为1（月）进行模拟计算。

企业人力资本增殖系统动力学模型的极端条件测试。对主要参数取极端数值进行模拟测试，看模型是否还能正常运行和具有意义，以考察模型能否通过极端条件测试。如果偏差调整系数取接近于0的极小值，意味着系统模型中的企业人力资本投资基本不受偏差影响，偏差与企业人力资本投资的因果链断开，企业人力资本投资只受企业利润的正反馈作用，系统模型仍旧可以正常运行，其行为只是简单的指数加速增长模式，系统模型是符合现实系统情况的，类似企业处于加速成长阶段的状态。如果偏差调整系数取极大值1，意味着企业产值或收入与期望产值或收入的偏差会全部用于增加或减少企业人力资本投资，从而非常强烈地影响企业人力资本净流入速率，形成企业人力资本与偏差反向的剧烈振动，企业发展出现大起大落的不稳定状态，现实企业在高速增长或严重萧条时的大量聘用或急速解雇员工就属于这种情况，这也是企业发展过程应该需要尽量避免的情况，需要企业有战略眼光和科学预测能力，并建立具有平滑和延迟功能的系统模型，这在后面的模型结构改进时，将考虑平滑作用通过加上延迟结构来进一步模拟测试和分析研究。关于企业利润的人力资本积累率参数的极端测试，若取企业利润人力资本积累率参数为接近0的极小值，意味着企业不考虑利润多少来决定人力资本投资，完全按照企业战略下的期望产值或收入与实际产值或收入偏差来安排人力资本投资，相当于企业利润到企业人力资本投资的因果关系链断开，只有偏差的负反馈机制作用，企业人力资本水平与企业产值或收入就具有寻的特性而呈现趋向企业战略目标的特性，这在企业平稳经营的成熟阶段表现出的系统行为模式相似。若企业利润的人力资本积累率取极大值1，意味着企业的全部利润都用于人力资本投资，企业将呈现非常快的指数加速增长模式，这与企业发现重大发展的战略机遇而全力以赴加大人力资本投资而大量雇佣员工时，企业发展就属于这种情况。可见，对于系统模型的两个敏感参数极端模拟测试，也符合现实企业发展的某些特殊阶段的实际情况，系统模型能够通过极端条件测试。

5.2.3 主模型的精炼与改进

综合上述系统模型多重测试可知，企业人力资本增殖系统动力学模型基本符合企业发展的实际情况，也基本能够实现研究目标。为了更准确地研究企业人力资本增殖系统，后面将按照企业人力资本的吸收性增殖和成长性增殖，考虑系统动力学模型的平滑和延迟特点，来进一步构建模型并模拟分析，以指导制定准确有效的企业人力资本增殖制度和选择人力资源策略。

上述企业人力资本增殖系统的动力学主模型，主要是从企业发展战略决定的期望产值或收入与实际产值或收入偏差的负反馈，来调整企业人力资本投资进而影响企业人力资本招聘速率，还有企业利润增长导致人力资本投资能力提升的正反馈作用，促使企业人力资本投资增长导致招聘速率增长，通过两个主要回路综合作用来分析企业人力资本增殖。对于模型做了整体的简化处理，设置了不少常数假设和外生变量。例如，解雇速率是假设随企业人力资本规模按一个不变的解雇系数常数来研究处理的；对于人力资本投资，只是假设以一个常数的企业人力资本投资当量系数来简化处理，等等。

然而，在现实的企业经营中，企业人力资本投资是在企业人力资本制度安排下的企业行为，企业人力资本投资对人力资本增殖的影响受制于投资结构和增殖路径的选择，关键在激励人力资本投资各方面主体的内在动力，因此需要设计综合有效的企业人力资本增殖制度来形成有效的人力资本增殖动力，合理安排人力资本投资结构，优化人力资本增殖路径，来保证企业人力资本增殖与企业发展战略的有机耦合和灵敏互动。

从企业人力资本投资结构来看，要形成人力资本的有效增殖，需要将企业人力资本投资合理地分配到人力资本的招聘、人力资本的合理回报、人力资本的剩余分配上，还包括形成企业人力资本增殖的精神动力的企业文化建设投资等方面。因此，需要将这些影响企业人力资本增殖的因素作用进一步设计到企业人力资本增殖的系统动力学模型中，才能更深入、更准确、更科学地研究企业人力资本增殖问题。

本 章 小 结

本章对已经建立的企业人力资本增殖主模型，结合实际情况和企业发展成长规律，给出了企业人力资本通常应该是在成长期呈现指数加速增长、进入平稳经营期时则就渐近增长，才是比较理想的模型行为参考模式的结论，并进行初始参数模拟分析和关键可控参数模拟，最后对模型给予检验与评估，指出了模型的精炼改进方向。

通过对模型赋予初始值和改变某些敏感参数进行了模拟，找到了企业产值或收入偏差调整系数、企业期望产值或收入和企业利润对人力资本积累率三个企业可控的企业人力资本制度和政策参数，用来灵活控制企业人力资本增殖，使之与企业发展战略和市场发展空间适应。

最后，对企业人力资本增殖系统动力学主模型给予了检验和评估，主模型初步通过系统边界测试、脑力模型测试、灵敏度和强壮性测试、参数与结构测试，并结合现实系统，指出了模型精炼与改进的方向，为后面考虑延迟环节的企业人力资本吸收性增殖模型和企业人力资本状态分级的成长性增殖模型构建和模拟分析奠定了基础。

6 企业人力资本吸收性增殖的模型构建与模拟分析

企业人力资本增殖系统动力学主模型的初步创建和参数模拟，为企业人力资本增殖的总体研究找到了政策参数的杠杆作用点。但是企业人力资本制度相关的政策如何分解制定，企业人力资本的吸收性增殖与成长性增殖的影响因素具体构成及影响机制，还有企业人力资本增殖与企业产值或收入形成的时差与延迟作用等，都是企业人力资本增殖研究需要进一步解决的现实问题。明确了影响因素构成、影响机制和延迟作用，进而改进企业人力资本增殖系统动力学模型，并通过参数模拟，来寻找企业人力资本增殖制度的相关政策，才能较好地达到深入研究和找准对策的研究目的（陈谨祥等，2008）。

6.1 企业人力资本吸收性增殖及其影响因素

企业人力资本增殖大致通过两个环节来实现：一是企业通过招聘公告、设计招聘条件和组织招聘选拔等具体招聘活动，将企业发展所需要的各类员工吸引招收进来，实现员工数量的合理增加，从而增加企业员工数量，提高企业人力资本状态水平，有效实现企业人力资本的吸收性增殖；二是通过培训开发、科学激励和干中学等路径方面的制度安排和投资实践，促进企业员工身上凝结的人力资本水平提高、整体员工的人力资本水平提高和结构优化，实现企业人力资本水平不断增殖，并且通过合理配置和科学激励，将企业员工的人力资本潜能充分发挥出来，保证企业人力资本不断成长和充分利用，高效实现企业人力资本的成长性增殖。企业人力资本吸收性增殖是企业人力资本增殖的阶段性和间歇性方式，是企业人力资本增殖的基础环节；企业人力资本成长性增殖是企业人力资本增殖的经常性和持续性方式，是企业人力资本水平提高和结构优化的最常用方式，既是企业人力资本增殖的成长性环节，更是员工个体发展成长和实现自身人力资本增殖的重要有效方式。

这里首先来研究分析企业人力资本的吸收性增殖的含义、特征和影响因素。

6.1.1 企业人力资本吸收性增殖的含义与特征

企业人力资本的吸收性增殖是指企业通过各种招聘渠道，将企业所需要的外部人力资本吸引招收进企业，成长为企业所拥有或可以控制使用的人力资本，导致企业员工数量增加，进而使整个企业人力资本水平提升，实现企业人力资本的增殖方式。

企业人力资本吸收性增殖，是企业产生形成和正常生产经营活动、实现企业盈利和健康发展的起始性基础环节，理应成为研究企业人力资本增殖的逻辑起点。根据企业人力资本吸收性增殖的含义和研究分析，企业人力资本吸收性增殖具有以下特征：

第一，企业人力资本吸收性增殖是因企业人力资本载体数量增加而实现的增殖，即企业员工数量的增加。每个员工都凝结着一定数量和质量的初始人力资本，当该员工进入企业成为企业员工或可控制和利用的人力资本时，企业人力资本水平就会因员工数量增加而相应提升。

第二，企业人力资本吸收性增殖是通过员工进入企业，即主要通过工作迁移来实现的企业人力资本增殖，工作迁移是企业人力资本增殖的最基本路径。值得注意的是，随着信息技术发展和企业经营方式的发展演进，也出现了工作外包、人力资源外包或者协议合作等虚拟组织形式，企业未必完全拥有只通过协议也可以利用外部人力资本，人力资本使用协议保证了企业可以控制利用这些人力资本，与企业自己完全拥有的人力资本在功效上并无二致，故人力资本外包性质的协议吸收，也可以作为企业人力资本吸收增殖的一种补充方式。这种虚拟组织是专业分工发展、企业灵活经营和降低经营成本等综合因素促成的一种新型的具有生命力的企业组织形式，但在目前的社会经济发展阶段，还不是主流形式。

第三，企业人力资本吸收性增殖在企业对外部人力资本具有一定吸引力的条件下才能实现，这种吸引力发生作用需要两个基本条件：一是企业需要人力资本的信息，能够为相关的外部人力资本主体及时知晓；二是企业所需要的人力资本条件和相应待遇等，能够较好地满足潜在的人力资本进入者需求。因此，要形成现实的企业人力资本吸收性增殖的强大吸引力，需要建立一个有效的企业招聘信息系统、优厚待遇和综合激励体系。

第四，企业人力资本吸收性增殖，还有一个吸收进入企业人力资本能够吸引保留的内在要求。有效吸引和保留企业所需要的人力资本不流失：一是保证事先承诺的招聘待遇兑现；二是要保证进入企业的人力资本有成长空间和发展机会，保证企业人力资本潜能充分开发和高效利用，这需要科学设计激励制度给予人力资本主体满意的合理回报来实现。当然，保持对企业人力资本的吸引力与后面分析研究的企业人力资本成长性增殖的因素，会有一些交叉融合，为研究方便，也把吸引力因素放在企业人力资本吸收性增殖部分来分析。

第五，企业人力资本吸收性增殖，不仅仅要注重企业人力资本载体数量，即员工数量的增加，也要注重与企业人力资本质量水平相适应，这需要通过根据企业发展战略和岗位要求来科学设置员工招聘条件来保证，也会为企业人力资本成长性增殖提供一个好的基础水平和成长种子。

6.1.2　企业人力资本吸收性增殖的影响因素

企业人力资本吸收性增殖的影响因素大致可以分为三个方面：招聘信息系统的效率、招聘吸引力的大小和招聘运作体系的效率（吴国存，1999）。

6.1.2.1　招聘信息系统

信息是决策和行动的依据，也是决策和行动的逻辑起点。信息系统的效率往往是决策和行动效率的基础前提。可以这样说，决策依据的信息错误或者信息缺失，必然会引起决策盲目或决策失误。因此，创建和改进信息系统，是科学管理和决策的基础环节。高效的信息系统需要满足以下条件：发送的信息科学准确，发送信息的时机恰当，发送信息的媒介有效，信息接受者针对有效，信息到达的准确及时，信息的吸引力强，信息反馈渠道畅通，信息处理准确高效等。

企业招聘信息应该按照上述条件来创建和完善。企业招聘信息是通过相关媒介向潜在求职者传递的有关企业情况、招聘岗位、招聘条件、待遇福利、发展空间、联系方式和招聘程序等招聘相关情况的信息。建立企业招聘信息系统，设计和发布招聘信息，一定要注意强调招聘信息的针对性和可达性、及时性和准确性、可行性和吸引力、响应性和互动性，保证及时准确地向企业需要的潜在求职者传达准确可靠和富有吸引力的招聘信息，并利于潜在求职者及时响应和企业招聘机构有效互动，促进企业所需要的人力资本在信息准确畅通及时充分的前提下，潜在求职者与企业招聘部门通过科学准确的发信息和筛选机制下采取正确的决策和行动，迅速高效地完成招聘工作，实现企业人力资本的吸收性增殖。

　　企业招聘信息系统主要包括招聘信息内容、信息发布机制、信息响应机制、信息处理机构等要素模块和联系机制，如图 6-1 所示。

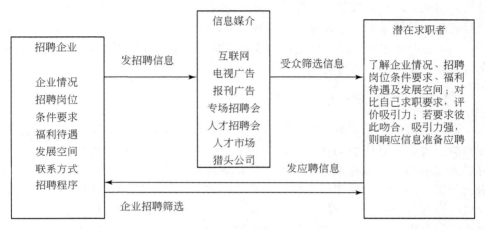

图 6-1　企业招聘信息系统

　　如图 6-1 企业招聘信息系统所示，信息系统要素模块包括主体系统和媒介系统，功能模块包括发信息和筛选信息。招聘企业通过信息媒介向社会受众发布招聘信息，受众对招聘信息筛选后产生一批该企业的潜在求职者；潜在求职者对招聘信息认真研究并对比自身意愿要求后若觉得彼此吻合，企业招聘信息对自己吸引力强，则会响应信息准备应聘，进而潜在求职者向招聘企业发应聘信息，招聘企业收到应聘信息后会对潜在求职者进行招聘筛选，确定把企业所需要的潜在求职者招聘为企业的员工，吸收外部人力资本进入企业，实现企业人力资本的吸收性增殖。

　　企业招聘信息系统有效运行，关键是企业招聘信息和求职者应聘信息彼此的吸引力，信息媒介的信息传递效率，以及信息主体发信息和筛选的准确性和效率性三个方面。信息吸引力、信息的发送和筛选在下面再进一步分析论述，这里先分析一下信息媒介的选择与组合策略。

　　不同的信息媒介适合发送不同类型的人力资本招聘信息，关于普通人力资本的员工招聘信息适应于互联网、电视广告、报刊广告以及人才招聘会和一般人才市场来发布，这些信息媒介信息受众多，传播面广，但针对性不强，容易出现信息湮灭而效率低下，当然在劳动力供大于求招聘企业主动的情况下，也会吸引许多潜在求职者来应聘，平均招聘费用相对较低。对于专业性创新性强的专业型人力资本和管理型人力资本，特别是高级专业技术人才和高级管理人才类型的人力资本招聘，企业可以通过专场招聘会，运用各级专门招聘技术来发布招聘信息和组织招聘筛选；对于企业特别重要的高级管理技术人才类的人力资本招聘，委托猎头公司来寻求和筛选是一种针对性强和有效性高的办法，当然，现代猎头公司已经不仅仅是简单的信息媒介了，而是招聘高级专业管理技术人才的整体服务公司，其服务收费也相当高，但是相对成功招聘的高级人才的创造价值来说，高付费也是经济划算的理性行为。

6.1.2.2 招聘吸引力

招聘吸引力是企业提供的招聘待遇和岗位要求对满足企业需要的潜在求职者的吸引力。招聘吸引力体现在两个层面：一是招聘待遇相对岗位条件要求来说具有吸引力，也就是该招聘待遇能够体现对符合岗位条件的潜在员工创造价值的公正合理分配，保证潜在的岗位员工投资人力资本的投资优厚回报和创造价值的合理分配；二是招聘待遇相对同行竞争企业具有相对优势，表现出相对竞争对手具有较强的吸引力，保持企业在人力吸引力上的行业领先地位。第一个层面的招聘吸引力体现着实质公正和管理能力，第二个层面的招聘吸引力体现着企业的发展战略和企业实力，是行业领先还是行业跟随或者说是在此行业收缩而转行，这个层面的招聘吸引力是保持企业领先发展的人力资本支撑的重要因素。

招聘吸引力的影响因子分析。招聘吸引力因子包括：薪酬回报、剩余分配、发展机会、成长空间、工作条件和企业文化等。一般说来，能够给人力资本投资合理回报、体现人力资本创造价值的公正分配、保证才能有施展舞台、提供人力资本宽阔的成长空间、提供便利优美舒适的工作条件和具有民主合作尊重关爱和谐等特点的真正以人为本的企业文化的企业，具有较强的招聘吸引力。增加企业招聘吸引力是以企业实力、经济效益和重用人才的发展战略为前提和基础的。较强的企业招聘吸引力可以吸引到大量的拥有企业发展需要的人力资本的潜在求职者来应聘，从而能够让企业迅速招聘到支撑发展战略的企业人力资本，顺利高效地实现企业人力资本的吸收性增殖，并通过科学管理保证招聘信息中的岗位待遇兑现，也可以形成对企业在岗人力资本的强大吸引力而不易流失。

6.1.2.3 招聘运作体系

企业招聘运用体系效率体现在三个方面：一是能够科学合理地制定企业招聘岗位条件要求和相关待遇；二是能够有效地发送企业招聘信息，进而促进符合企业要求的潜在求职者向企业发应聘信息；三是能够科学有效迅速地筛选出企业需要的潜在求职者成为企业员工，顺利实现企业人力资本的吸收性增殖。前两个方面已经分析说明，这里重点分析招聘筛选。

招聘筛选就是针对前来应聘的潜在应聘者，运用各种筛选技术促使他们尽量准确全面地发出自己的人力资本相关信息，招聘机构对这些信息进行科学分析判断和甄别筛选，科学准确地选择出符合企业发展需要的企业人力资本进入成为企业员工，最终实现企业人力资本的吸引性增殖。

上述主要的企业人力资本吸收性增殖的影响因子的大小，取决于企业招聘技术的熟练运用，但更关键的是取决于企业的发展战略和人力资本投资的科学性和合理性，包括企业人力资本投资的水平和结构，下面运用系统动力学指导建立模型来模拟分析。

6.2　企业人力资本吸收性增殖的模型构建

企业人力资本的吸收性增殖，是为满足企业新建、扩展业务或补充员工流失等企业发展战略，通过人力资本投资实施某种员工雇佣政策的结果。从企业发展战略制定确认企业人力资本需要，即新员工需求规划，到企业人力资本雇佣预算，再到招聘实施，最后实现企业人力资本吸收性增殖的整个过程，有一个招聘周期，如果不能事先科学预测规划和提前实施，就会造成人力资本需求与使用脱节，或者说企业人力资本水平的较大波动，不利于企业的平稳经营和健康发展。再加之新招聘的人力资本，即新员工，成长为较好的适应企业的成长性增殖后人力资本，也需要一个成长周期。如果建立一个企业人力资本后备库，就可以较好地解决这个周期波动和时间滞后问题。

研究企业人力资本的吸收性增殖，考虑到招聘周期和雇佣延迟，以及企业招聘是为满足企业发展战略指导的生产需要，可以建立一个系统动力学模型，来模拟其运行特性，通过分析找到有效控制企业人力资本吸收性增殖的政策参数和企业人力资本制度，使得企业人力资本吸收性增殖与经营战略相互协调，即在企业生产能力充分利用情况下，企业人力资本增殖与生产经营波动较小，运行平衡。企业人力资本吸收性增殖研究涉及的主要系统要素如下：

Ehc——企业人力资本（标准当量劳动力，SL）；

ehcr——企业人力资本上岗增殖速率（增殖标准当量劳动力/月，SL／m）；

rrate——解雇率（增殖标准当量劳动力/月，SL／m）；

frrc——解雇退休系数（无量纲）；

ehcat——企业人力资本聘任到上岗平均调整时间（月，m）；

Ahc——企业吸收性增殖的人力资本（标准当量劳动力，SL）；

ahcr——企业人力资本吸收增殖速率（增殖标准当量劳动力/月，SL/m）；

ahcat——企业发布招聘信息到招聘确认的人力资本吸收性增殖平均调整时间（月，m）；

Poapp——potential applicant，潜在求职者人数（标准当量劳动力，SL）；

iinfo——招聘信息系统的月人力资本投资（千美元，kUSD）；

fiinfo——招聘信息系统投资系数，即单位投资额的信息可达人数百分比（无量纲）；

iabso——企业招聘吸引力的月人力资本投资（千美元，kUSD）；

fiabso——企业招聘吸引力的投资系数，即单位投资额吸引潜在求职比例（无量纲）；

ifilt——企业招聘筛选的月人力资本投资（千美元，kUSD）；

fifilt——企业招聘筛选的人力资本投资，即单位投资额筛选求职者比例（无量纲）；

ipaths——企业人力资本月总投资（千美元，kUSD）；

fcil——人力资本投资当量系数，即每月投资千美元可增殖的人力资本标准当量数（标准当量劳动力/千美元，SL/kUSD）；

prof——企业月利润（千美元，kUSD）；

hcar——企业利润的人力资本积累率百分比（无量纲）；

disc——企业产值或收入与期望产值或收入的偏差（千美元，kUSD）；

goal——期望产值或收入（千美元，kUSD）；

discfc——企业偏差调整系数（无量纲）；

Ep——企业产值或收入（千美元，kUSD）；

epr——企业产值或收入利润率（无量纲）；

prate——企业月增加产值或收入能力（千美元/月，kUSD/m）；

hcvr——企业标准当量劳动力月产值或收入率（千美元/标准当量劳动力，kusd/sl）。

下面进一步分析建立企业人力资本吸收性增殖的因果与相互关系图和系统模型流图以及主要方程程序清单。

6.2.1 企业人力资本吸收性增殖的因果与相互关系图

在对企业人力资本吸收性增殖的现实系统调研和充分理解的基础上，确定各要素之间的内在联系，建立系统的因果与相互关系图，如图 6-2 所示。

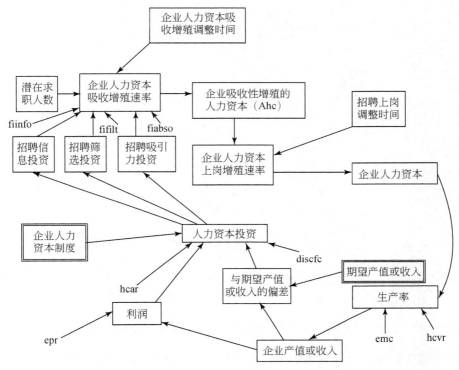

图 6-2　企业人力资本增殖系统因果与相互关系图

使用 Vensim 软件绘制的企业人力资本增殖的因果与关系图如图 6-3 所示，这个因果与相互关系图包括两个重要回路：

一是经过外圈利润的正反馈回路，利润增加，推动人力资本投资增加分配于招聘信息投资、招聘筛选投资和招聘吸引力投资，引起企业人力资本吸收增殖速率提高，进而引进企业吸收性增殖的人力资本增加，再推进企业人力资本上岗增殖速率增加，导致企业在岗工作的人力资本增殖，提高了企业劳动生产率，进而提高了企业产值或收入，又进一步提高了企业利润，表现出指数加速增长的良性循环。

另一个是经过内圈偏差的负反馈回路，若偏差为正，则企业实际产值或收入还没有达到发展战略要求的期望产值或收入，企业会增加人力资本投资，提高企业人力资本吸收性增殖速率，提高企业在岗人力资本水平，进而提高企业产值或收入和利润水平，使实际产值或收入接近企业期望产值或收入，偏差缩

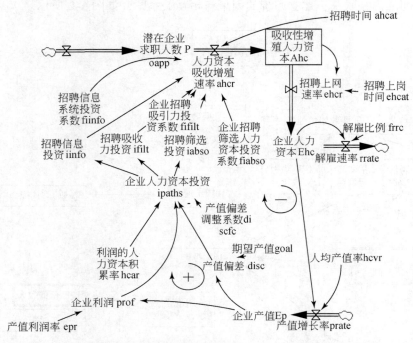

图 6-3　使用 Vensim 软件绘制的企业人力资本吸收性增殖的因果与关系图

小，再如此循环运行，直到达到企业发展战略要求的目标产值或收入。如果企业因为市场萎缩或战略收缩而导致企业实际产值或收入高于期望产值或收入，则会在偏差负反馈调节作用下缩减人力资本投资，减少企业人力资本吸收性增殖到负的水平，通过企业裁员和员工提前退休等方式，使企业人力资本水平下降，实现企业发展战略转移。负反馈回路总能使企业人力资本吸收性增殖与企业期望产值或收入动态适应，表现出企业人力资本增殖系统与企业发展战略目标系统自适应状态，体现出趋向目标的寻的特性，趋向目标的速度与偏差调整系数正相关。

　　分析研究发现，企业人力资本投资分配于招聘信息系统、招聘筛选工作和增加招聘吸引力，都是企业人力资本吸收性增殖的促进因素，只是结构需要根据实际情况和结合经验来灵活安排而已，为了研究方便，将以总人力资本投资结合人力资本投资当量系数和企业吸收性人力资本投资，来确定设计人力资本的吸收性增殖速率；另外，根据企业产值或收入偏差来调整企业人力资本吸收性增殖速率时，结合企业人力资本产值或收入生产率来直接反向调整人力资本的吸引性增殖速率，会更加直接有效。这样我们将企业人力资本吸收性增殖的因果关系图进行修正，如图 6-4 所示。

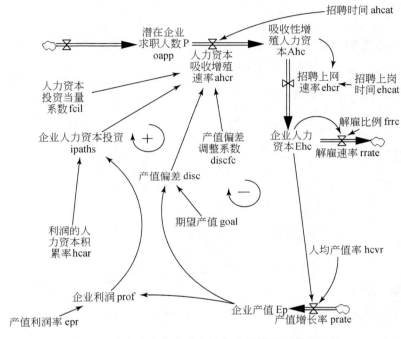

图 6-4　企业人力资本吸收性增殖的简明因果关系图

6.2.2　企业人力资本吸收性增殖的模型流图

　　企业人力资本吸收性增殖的系统模型流图是在因果关系图的基础上，进一步区别变量的性质而得到的。根据变量的含义及其在系统中的作用可知，潜在求职者人数（poapp）、企业聘任的吸收增殖人力资本（ahc）和企业在岗的人力资本（ehc）是状态变量，与企业人力资本水平相对应的企业生产系统的企业产值或收入（ep）是另外的状态变量。企业人力资本吸收增殖速率（ahcr）和解雇速率（rrate）是企业人力资本的雇佣策略，是企业重要的决策变量。还有与企业发展战略相适应的企业生产率（prate），虽然不是企业主要的决策变量，但它使得企业产值或收入和利润增加的变量，都作为速率变量。综上分析，可以得到企业人力资本吸引性增殖的模型流图，如图 6-5 所示。

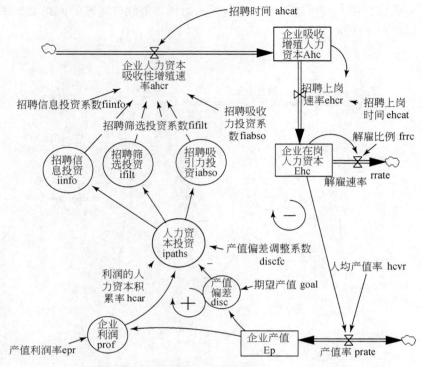

图 6-5　企业人力资本吸收性增殖模型流图 （Vensim 软件绘制）

6.2.2.1　调查系统的外生变量

如图 6-4 企业人力资本吸收性增殖的模型流图所示，系统的外生变量有三个：一个是企业的潜在求职者 （poapp）；一个是企业发布招聘信息到确认招聘的企业人力资本吸收性增殖的调整时间 （ehcat）；一个是企业招聘确认到人力资本报到上岗调整时间 （ehcat）。这三个变量基本上由劳动力市场情况和求职者自身实际情况决定，可以通过统计数据求得均值。

在这里假设企业招聘信息可达的合格的潜在求职者数量远大于企业招聘计划量。当然，企业可以通过应聘者的简历材料等初选方式，控制拟招聘的求职者水平和规模，这里假设初选的求职者数量为企业招聘计划的 10 倍左右，一方面保证企业能从较多求职者中筛选出比较优秀的符合企业发展需要的人力资本，另一方面可以较好地控制招聘成本费用，也比较符合企业招聘的实际情况。在具备发达信息技术和手段的条件下，招聘信息可达的潜在求职者数量一般不会成为问题，特别是在劳动力市场供大于求的情况下，在模型中不作为重点考虑。模型设计这一环节主要用于分析研究招聘的时间滞后引起的延迟，假设企业从发布招聘信息至招聘到企业吸收性增殖的人力资本的时间滞后为 6 个月，即 ahcat = 6；企业吸收性增殖人力资本的聘任到上岗正式工作的调整时间为 6 个月，即 ehcat = 6。

　　将企业人力资本投资合并考虑，并且令产值或收入偏差结合标准当量人力资本产值或收入生产率直接反向调节企业人力资本吸收增殖速率，这样更符合现实系统情况，我们可以建立企业人力资本吸收性增殖的简易模型流图（图 6-6），同样是包含一个利润调节的正反馈回路和偏差调节的负反馈回路，本章后面我们将根据这个模型流图来编写程序清单和模拟分析。

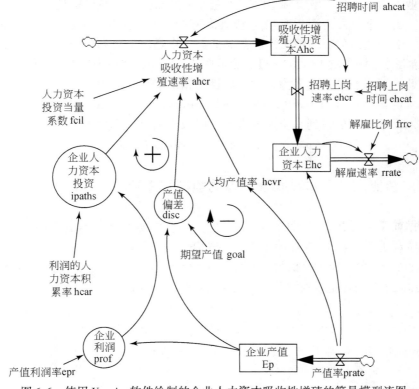

图 6-6　使用 Vensim 软件绘制的企业人力资本吸收性增殖的简易模型流图

6.2.2.2　确定政策参数和政策规则

　　企业人力资本吸收性增殖系统模型中的基本组织策略是，企业人力资本吸收性增殖的雇佣策略，即

$$\text{ahcr} = f \text{ (ipaths, fcil, disc, hcvr, ahcat)} \qquad (6\text{-}1)$$

企业人力资本吸收增殖速率的函数反映了三个方面的影响：一是人力资本投资正反馈作用的推动；二是产值或收入偏差负反馈调节的作用；三是企业人力资本吸收性增殖的调整时间的反向调节作用。

另外，还有两个系数分别作用于前两个方面，人力资本投资标准当量系数主要是由劳动力市场状况、交通信息条件等方面的社会条件决定的，可以通过统计资料调查研究来确定，这里取估计的一般水平，即约 2000 美元人力资本投资雇佣一个标准当量劳动力，fcil = 0.5（SL/kUSD）；标准当量劳动力的人力资本产值或收入生产率是企业技术管理水平决定的，这里也取一般平均水平，即 hcvr = 5（kUSD/SL）。

企业人力资本吸收增殖调整时间为企业从发布招聘信息到聘任到所需要的人力资本，实现企业人力资本吸收增殖所需要的时间，这里取 6 个月，即 ahcat = 6（月），其对生产的影响要求管理者要根据社会经济形势和市场发展前景的科学判断来消除，而招聘或解雇的强度由企业吸收性增殖人力资本的调整时间来决定。

因此，可以设计企业人力资本吸收性增殖的雇佣策略为

$$\text{ahcr} = \text{ (ipaths} \times \text{fcil} + \text{disc/hcvr) /ahcat} \qquad (6\text{-}2)$$

代入常数参数值得到其企业人力资本吸收性增殖速率式为

$$\text{ahcr} = \text{ (0.5} \times \text{ipaths} + \text{disc/5) /6} \qquad (6\text{-}3)$$

6.2.3 企业人力资本吸收性增殖的模型程序清单

根据前文的分析，针对图 6-6 的企业人力资本吸收性增殖的简易模型流图，建立系统动力学方程 DYNAMO 程序清单如下：

```
ENTERPRISE HUMAN CAPITAL ABSORPTIVE MULTIPLICATION SD-MODEL
L Ahc.K = Ahc.J + DT* (ahcr.JK - ehcr.JK)
N Ahc = 10
R ahcr.KL = (ipaths.K* fcil + disc/hcvr) /ahcat
R ehcr.KL = Ahc.K/ehcat
A ipaths.K = prof.K* hcar
A disc.K = goal - Ep.K
A prof.K = Ep.K* epr
C fcil = 0.5
C hcvr = 5
C ahcat = 6
```

```
C ehcat = 6
C hcar = 0.1
C goal = 500
C epr = 0.2
L Ehc. K = Ehc. J + DT* （ehcr. JK - rrate. JK）
N Ehc = 100
R rrate. KL = Ehc. K* frrc
C frrc = 0.0002
L Ep. k = Ep. J + DT* prate. JK
N Ep = goal
R prate. KL = Ehc. K* hcvr
SPEC DT = 1/LENGT = 120//PRTPER = 1/PLTPER = 1
PRINT Ehc, Ahc/ehcr, ahcr, rrate/Ep, disc, ipaths
PLOT Ehc, Ahc/ehcr, ahcr, rrate/Ep, disc, ipath
RUN base simulation
```

除了特别说明的方程之外，其他方程设计编写规则同主模型程序清单。企业人力资本吸收性增殖模型的 Vensim 程序清单见附录 4。

6. 2. 4　企业人力资本吸收性增殖的模型评价

企业人力资本吸收性增殖模型在主模型的基础上，调整了偏差调整对人力资本影响的雇佣政策，即将偏差调整与人力资本雇佣数量直接建立负反馈联系，并考虑了招聘信息发布到招聘确定的时差和招聘确认到正式上岗的调整时间影响，还调整了模拟的时间间隔。经过建模分析和改进完善，通过系统边界测试、脑力模型测试、敏感度和强壮性检验以及结构和参数测试，系统包括的变量基本能够满足研究需要，后面将通过模型模拟进行进一步检验。

对政策的评价往往是多目标综合评价，在此我们选择企业人力资本水平和企业产值或收入运行的协调性与平稳性两个指标对政策进行评价和优选。

6.3　企业人力资本吸收性增殖的模型模拟分析

在建立企业人力资本吸收性增殖模型后，进一步对模型用初始参数和企业可控的政策参数进行模拟分析，观察模型行为特性，看是否符合评价目标，并通过

147

参数测试找出系统稳健运行和有利于实现企业灵活控制企业人力资本吸收性增殖的政策参数及其合理数值范围。

6.3.1 模型的初始参数模拟

根据模型程序清单给出的初始参数，进行计算机模拟得到相关的模型模拟数据和主要变量动力学变动趋势曲线如图6-7所示。

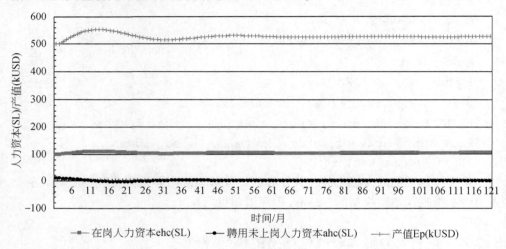

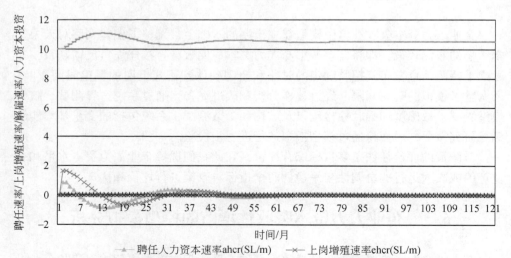

图6-7 企业人力资本吸收性增殖模型模拟曲线（初始参数组合）

从模型模拟曲线来看，企业在岗人力资本水平、企业产值或收入和聘任未上岗人力资本水平经过 24 个月，即约 2 年就达到基本不增减的平稳运行状态，企业产值或收入稳定在期望产值或收入附近运行，在岗人力资本稳定在比初始值 100 标准当量劳动力略高的 105 标准当量劳动力的企业人力资本水平，聘任未上岗的人力资本也在接近 0 的水平平稳运行，可见系统处于非常好的快速寻稳的状态，应该说与企业人力资本水平和产值或收入水平稳定运行的目标非常吻合，企业利润也可以保持月 100 千美元的水平，人均月创利润接近 1 千美元的水平，企业效益水平也算是不错的。为什么企业建立模型结构的偏差与企业人力资本吸引增殖直接联系、企业利润按固定比例投资扩大雇佣员工、同时考虑员工招聘到正式上岗的时间延迟的人力资本雇佣政策，能够促进企业人力资本吸收性增殖与生产经营的这么好的平稳运行呢？这可以从企业偏差对人力资本吸收性增殖的强有力的直接负反馈导致的趋向目标的寻的性质，以及充分考虑招聘到上岗的延迟作用两方面得到解释，两方面共同作用可以使企业运行很快达到稳定的期望目标，并保持平稳的长期运行。

下面较大幅度改变企业可控参数，如利润对人力资本积累率（hcar）和体现企业发展战略的期望产值或收入（goal），来分别模拟看看模型主要状态变量是否还具有良好的寻的性质。

6.3.2 模型的期望产值或收入参数改变模拟

先看产值或收入增加到初始值 10 倍的模型模拟运行的情况。根据模拟数据绘制模拟曲线如图 6-8 所示，主要变量运行的曲线，经过大约 5 年时间，企业的人力资本、产值或收入水平和雇佣、上岗及解聘等速率就平稳运行了。企业产值或收入稳定在期望产值或收入 5000 千美元附近运行，企业人力资本稳定在 1000 标准当量劳动力水平（值得注意的是，1000 标准当量劳动力刚刚等于期望产值或收入 5000 除以单位标准当量劳动力生产率 5 得到）；而企业聘用未上岗员工标准当量数、企业招聘和解雇速率也基本在 5 年后在 0 水平平稳运行。

通过模拟我们可以得到结论，企业人力资本吸收性增殖模型是一个具有明显寻的性质的负反馈起主导作用的结构系统，企业人力资本水平的稳定状态在期望产值或收入除以标准当量劳动力生产率得到企业人力资本规模水平，企业产值或收入的稳定状态在期望产值或收入水平，企业人力资本吸收性增殖净速率在企业稳定运行后最终趋向于 0，企业运行达到平稳状态所需要的时间与企业产值或收入跟期望产值或收入的偏差大小正相关。

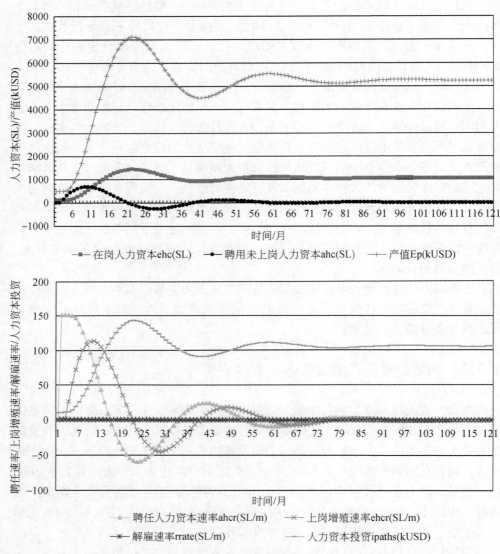

图 6-8　企业人力资本吸收性增殖模型模拟曲线 （goal = 5000）

6.3.3　企业利润的人力资本积累率改变的模型模拟

再看企业利润对人力资本积累率由 0.1 增加到 0.6 为初始值 6 倍时的模型模

拟运行的情况。根据模拟数据绘制的模拟曲线如图 6-9 所示，主要变量运行的曲

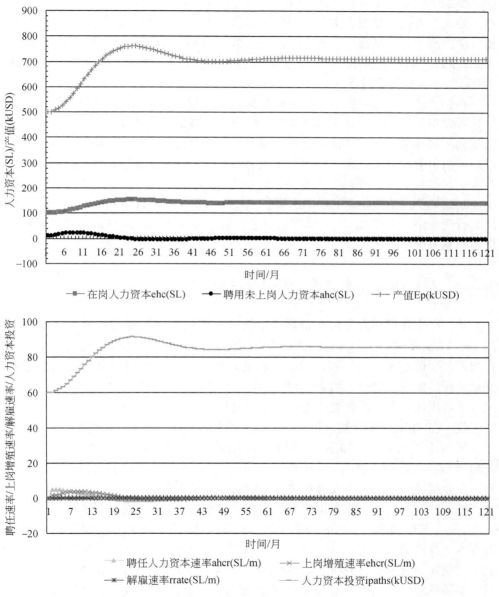

图 6-9　企业人力资本吸收性增殖模型模拟曲线　（hcar = 0.6）

线，经过大约 5 年时间，企业的人力资本、产值或收入水平和雇佣、上岗及解聘等速率就平稳运行了。企业产值或收入稳定在期望产值或收入 713 千美元附近运行，企业人力资本稳定在 143 标准当量劳动力水平（值得注意的是，143 标准当量劳动力刚刚等于平稳运行的产值或收入水平 713 除以单位标准当量劳动力生产率 5 得到）；而企业聘用未上岗员工标准当量数、企业招聘和解雇速率也基本在 5 年后在 0 水平平稳运行。

将企业利润的人力资本积累率参数提高为 6 倍取 0.6，进行模型模拟，我们同样可以得到结论：企业人力资本吸收性增殖模型是一个具有明显寻的性质的负反馈起主导作用的结构系统，企业人力资本水平的稳定状态在期望产值或收入除以标准当量劳动力生产率得到的企业人力资本 143 的规模水平，企业产值或收入的稳定状态在期望产值或收入水平 500 以上 40% 处的 713 基本保持不变而永远不能到达期望产值或收入 500 的水平；企业人力资本吸收性增殖净速率在企业稳定运行后最终趋向于 0，企业运行达到平稳状态所需要的时间与企业利润的人力资本积累率大小正相关。

6.3.4 参数组合改变的模型模拟及政策启发

我们将企业利润人力资本积累率增长为 6 倍同时将期望产值或收入增长为 10 倍，即 hcar = 0.6 且 goal = 5000，再进行一次模型模拟看看其运行特点是否符合我们前面的结论。根据模拟数据绘制的模拟曲线如图 6-10 所示，模型的主要变量运行的曲线，经过大约 84 个月，即 7 年时间，企业的人力资本、产值或收入水平和雇佣、上岗及解聘等速率就平稳运行了。企业产值或收入稳定在期望产值或收入在 7130 千美元附近运行，企业人力资本稳定在 1430 标准当量劳动力水平（值得注意的是，1430 标准当量劳动力刚刚由平稳运行的产值或收入水平 7130 除以单位标准当量劳动力生产率 5 得到）；而企业聘用未上岗员工标准当量数、企业招聘和解雇速率也基本在 7 年后在 0 水平平稳运行。

将企业利润的人力资本积累率参数提高为 6 倍取 0.6，同时企业期望产值或收入 goal = 5000 提高为 10 倍，进行模型模拟，我们同样可以得到结论：企业人力资本吸收性增殖模型是一个具有明显寻的性质的负反馈起主导作用的结构系统，企业人力资本水平的稳定状态在期望产值或收入 7130 除以标准当量劳动力生产率得到的企业人力资本 1430 的规模水平，企业产值或收入的稳定状态在期望产值或收入水平 5000 以上 40% 处的 7130 基本保持不变而永远不能到达期望产值或收入 5000 的水平；企业人力资本吸收性增殖净速率在企业稳定运行后最终

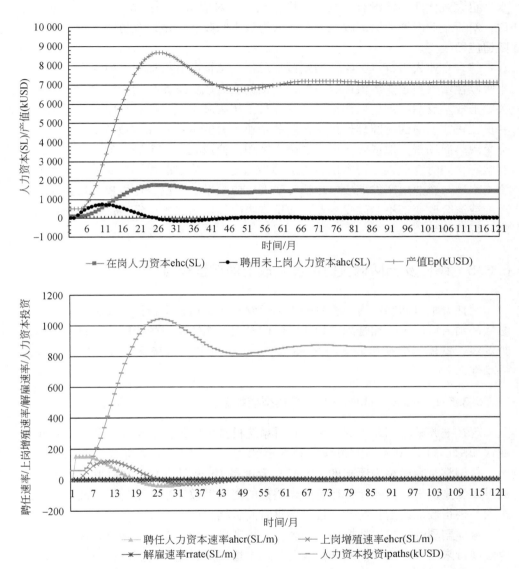

图 6-10　企业人力资本吸收性增殖模型模拟曲线（hcar = 0.6 且 goal = 5000）

趋向于 0，企业运行达到平稳状态所需的时间与企业利润的人力资本积累率大小和偏差大小正相关。同时，我们发现在其他参数不变的情况下，企业期望产值或收入提高到 10 倍，则企业发展达到稳定后，企业产值或收入、企业人力资本水平也大致比此参数没有改变前的稳定状态的对应值分别提高到 10 倍。也就是说，对于企业发展战略的改变，企业人力资本吸收性增殖系统也能灵敏地动态跟随适应而改变。

综合企业人力资本吸收性增殖模型总体模拟情况分析知道，建立企业人力资本吸收性增殖与企业产值或收入偏差直接关联形成负反馈机制，同时与企业利润关联形成正反馈机制的雇佣策略，并在员工招聘和组织生产过程中充分考虑招聘和员工正式上岗的时间延迟作用机制的企业人力资本吸收性增殖模型，企业经营会呈现趋向期望产值或收入或者说高于期望产值或收入一个稳定值水平的平稳经营状态，同时企业人力资本也会基本同步趋向一个稳定的水平，保持着企业人力资本水平与企业生产发展较好地稳定动态适应关系。无论企业可控参数如何单独改变或组合改变都不会改变企业人力资本吸收性增殖和生产经营这样一种寻向稳定目标的特性。

6.3.5　聘任及上岗调整时间参数改变的模型模拟

聘任调整时间和上岗调整时间大小通常与系统运行平稳性正相关，调整时间参数的加入可以比较切合现实地研究时间延迟对系统运行的影响。通过前面的模拟观察，发现当取初始调整时间 ahcat = ehcat = 6 时，系统运行表现出比较好的平稳性。

6.3.5.1　ahcat = ehcat = 1 系统模型模拟分析

现在把调整时间缩短到 1 年来看看系统模拟的效果，根据模拟数据绘制模拟曲线如图 6-11（10 年时间模拟）和图 6-12（1 年时间模拟）所示。

在调整时间缩短为原来的 1/6 时，无论是 10 年还是 1 年的模拟，从图形曲线可以明显发现，主要变量运行呈现明显的同步发散巨幅波动特性，波动幅度的扩大呈现指数加速增长特性，且与调整时间负相关。

这样剧烈的宽幅发散振荡，是企业管理者最不能忍受的，会给管理工作和企业发展带来巨大难度，造成资源浪费和成本增加。因此，我们最关心的问题就是找到能够让系统平稳运行的较适当的调整时间，然后通过采取综合管理措施来保证这个调整时间能够实现。下面我们将调整时间改变为 3 个月来模拟观察，这比较符合现实情况，也可以适当避免调整时间太久给管理预测和准确规划带来较大难题。

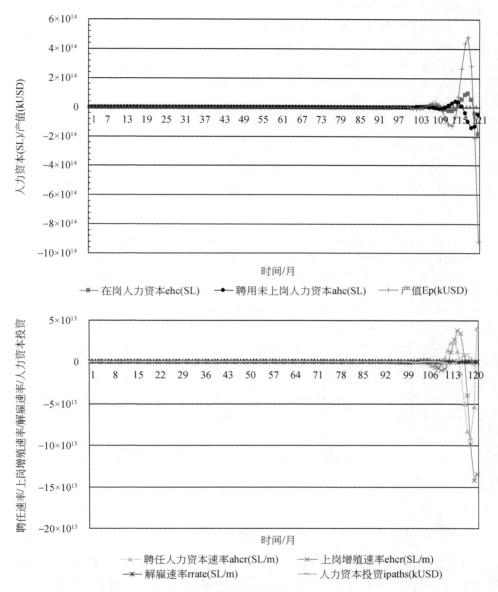

图 6-11　企业人力资本吸收性增殖模型模拟（ahcat = ehcat = 1，time = 120）

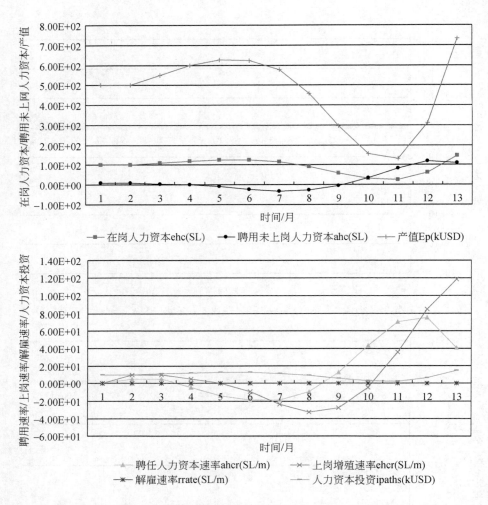

图 6-12　企业人力资本吸收性增殖模型模拟　(ahcat = ehcat =1，time =12)

6.3.5.2　ahcat = ehcat =3 系统模型模拟分析

使用参数 ahcat = ehcat =3 的模拟数据绘制的模拟曲线如图 6-13 所示，系统模型运行呈现好得多的围绕期望产值或收入和相应的企业人力资本水平的中心线窄幅收敛振荡的性质，可以科学估计随着调整时间再延长，收敛的速度会更快，振动的幅度会更小。我们可以依据这个调整方向和现实情况及经营稳定性和成本要求来选择合理聘任调整时间和上岗调整时间。

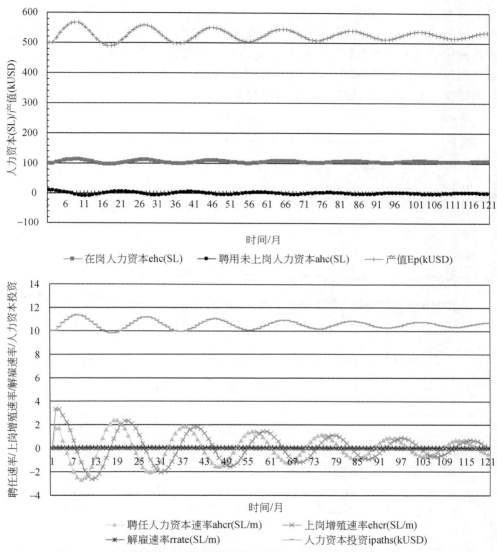

图 6-13　企业人力资本吸收性增殖模型模拟（ ahcat = ehcat = 3 ， time = 120 ）

　　综合调整时间参数的模拟情况，可以得出招聘调整时间与上岗调整时间都与系统震荡幅度负相关的结论，实践中可以灵活选择控制这个参数来控制企业人力资本吸收性增殖系统和企业生产经营系统的稳定性与和谐性。

　　再进行参数调整模拟，寻求系统模型等幅振荡的调整时间参数值。调整时间从 1 改变为 3，系统模型从剧烈发散振荡变成了温和收敛振荡，这里不妨取调整时间 ahcat = ehcat = 2.5 进行模拟观察。模拟数据绘制的模拟曲线如图 6-14 所示，模型曲线呈现温和发散振荡，我们再把调整时间参数更改为 ahcat = ehcat = 2.8 进行模拟观察，如图 6-15 所示，模型运行是非常温和收敛的近似等幅振荡的收敛型振荡，也是较理想的现实系统可以接受的模式。

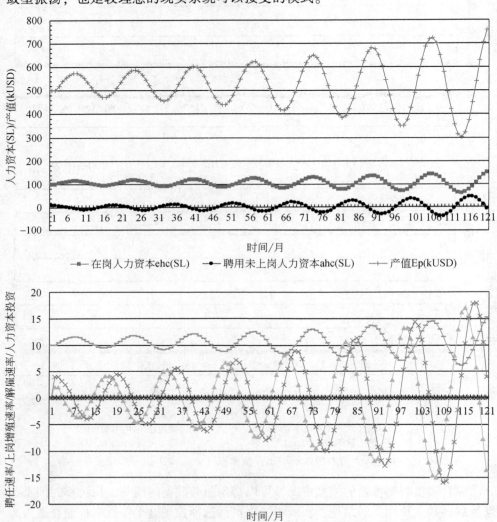

图 6-14　企业人力资本吸收性增殖模型模拟（ahcat = ehcat = 2.5，time = 120）

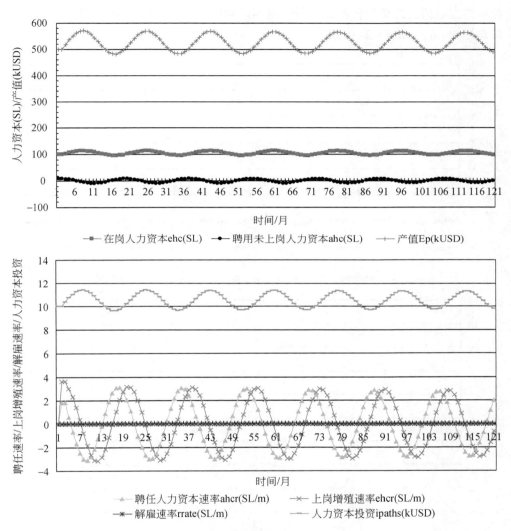

图 6-15　企业人力资本吸收性增殖模型模拟（ahcat = ehcat = 2.8，time = 120）

6.3.5.3　ahcat = ehcat = 2.75 系统模型等幅振荡参数

不妨再以参数 ahcat = ehcat = 2.75 进行一次模拟观察，根据模拟数据绘制出模拟曲线如图 6-16 所示，模型曲线呈现更温和的近似等幅振荡的收敛型振荡，从实验误差和可操作性角度看，可以把参数 ahcat = ehcat = 2.75 作为模型曲线等幅振荡的数值，准确的模型曲线等幅振荡的聘任及上岗滞后的调整时间参数值应该是比 ahcat = ehcat = 2.75 再小一点。

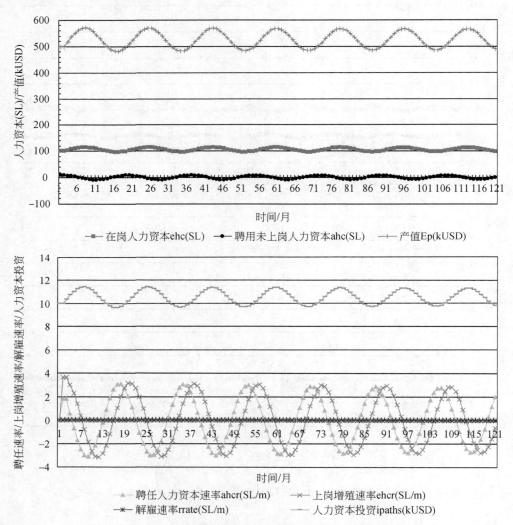

图 6-16　企业人力资本吸收性增殖模型模拟变量等幅振荡曲线

（ahcat = ehcat = 2.75，time = 120）

本 章 小 结

本章进一步明确了企业人力资本吸收性增殖的含义、特征及影响因素，建立了企业人力资本吸收性增殖的模型并进行了模拟，取得了较好的模型运行效果，为制定企业人力资本吸收增殖的政策提供了模型分析和理论指导。

首先，明确区分了企业人力资本增殖的两种基本方式，即通过高效发布招聘信息、制定富有吸引力的招聘条件和待遇并通过科学的招聘筛选等方式吸引企业外部的适应企业发展需要的人力资本载体通过工作迁移进入企业，成为企业可以拥有或控制使用的人力资本，实现企业人力资本的吸收性增殖，为企业人力资本成长性增殖奠定基础和提供种子。

其次，考虑到招聘时滞和上岗迟延，建立适应企业发展战略的产值或收入偏差及企业实现利润与人力资本吸收性增殖直接关联企业人力资本吸收性增殖的系统动力学模型。人力资本吸收性增殖模型与前面的主模型相比，增加了延迟结构和包含了更明确的利润正反馈和偏差负反馈的回路，力争保证模型运行更加平稳，并编写了模型程序清单，找出了模型的根本政策参数，即企业人力资本吸收性增殖的雇佣政策参数，给出了模型政策的评价原则标准。

最后，针对模型的初始参数和企业可控的政策参数，期望产值或收入、企业利润对人力资本积累率和招聘与上岗调整时间等，对模型进行了参数单独改变和组合改变的模型运行和分析研究，发现企业人力资本吸收性增殖模型在初始参数组合条件下具有很好的稳定运行特性，即寻的特性，企业人力资本水平和企业产值或收入水平，会经过一个与企业利润对人力资本积累率和企业期望产值或收入均正相关的减幅震荡后达到稳定运行状态，企业人力资本水平与企业产值或收入水平基本同频达到均衡稳定。与此同时，企业雇佣速率、解雇速率和企业人力资本上岗增殖速率也会减幅震荡而收敛于稳态目标值实现均衡稳定运行。而调整时间与系统模型运行的震荡负相关，实践中可以灵活选择控制这个参数来控制企业人力资本吸收性增殖系统和企业生产经营系统的稳定性与和谐性。模拟发现，$ahcat = ehcat = 2.75$ 是系统模型等幅振荡的调整时间参数。

从模型模拟运行的特性可以知道，要有效实现企业人力资本吸收性增殖，可以通过改变发展战略决定的期望产值或收入和企业利润对人力资本积累率水平，来实现企业人力资本吸收性增殖的同向变化，经过一段时间的减幅震荡后企业人力资本水平和企业产值或收入水平又会在新的水平保持均衡稳定运行。

161

7 企业人力资本成长性增殖的模型构建与模拟分析

企业通过设计富有效率的人力资本招聘信息系统，并制定综合激励吸引力强的人力资本吸收性增殖制度和政策，可以通过工作迁移路径将企业所需要的外部优质人力资本吸收进入企业，实现企业人力资本的吸收性增殖。接下来的问题是，企业吸收的外部人力资本，毕竟对企业的具体情境缺乏实质的理解与体验，对企业具体要求的管理、技术和经验缺乏真正的锻炼和磨合，而且随着企业适应环境变化和开拓创新的需要，对人力资本的要求也会不断变化和提高，企业人力资本的吸收性增殖，一时通常难以很好地满足企业发展和创新要求。况且，随着知识创新和技术进步的加速推进，企业竞争的核心转向了优质人力资本和管理技术创新的竞争，创建有效的企业人力资本成长性增殖系统、建立学习型组织，成为许多企业发展的重要目标和追求。因此，企业必须制定一系列相关的人力资本成长性增殖制度和政策，促进企业吸收进来的人力资本尽快成长为有效支撑企业发展和创新的人力资本。接下来，本章就对企业人力资本成长性增殖影响因素的具体构成及影响机制，通过构建企业人力资本增殖的系统动力学模型进行模拟分析研究。

7.1 企业人力资本成长性增殖及其影响因素

通过企业人力资本吸收性增殖，企业有了人力资本的发展基础和成长种子，但这只是企业存在和发展的基础。要使企业更好地适应市场要求和环境变化，需要使企业吸收性增殖的外部人力资本，即新员工尽快成长为适应企业发展要求和文化特点的熟练工，进而成长为更优质、高水平的中级工和高级工，并且通过管理激励和综合开发，创建学习型组织，促进员工技术级别和创造能力不断提高，实现成长性增殖。

7.1.1 企业人力资本成长性增殖的含义与特征

7.1.1.1 企业人力资本成长性增殖的含义

企业人力资本成长性增殖，是指企业吸收性增殖的人力资本在企业生产创造、培训开发和学习教育等实践活动中不断地成长，提高人力资本的质量和水平，促进人力资本结构优化，使员工凝聚的人力资本与企业生产创造的具体要求保持更好地契合，促进企业人力资本不断成长壮大。

企业人力资本成长性增殖，类似于企业吸收性增殖的人力资本种子，在企业实践的肥沃土壤中，在科学的管理激励和培育开发下，通过各种人力资本投资等类似于阳光雨水和养分滋润，开始发芽成长，枝繁叶茂，开花结果，从种子变成小苗，由小苗长成大树，不断成长繁衍，提高自身的人力资本质量水平和优化结构，进而不断提高人力资本的创造能力，推动企业发展成长，促使企业永保强劲的核心竞争力。企业人力资本成长性增殖的含义与吸收性增殖的关系可以用图7-1来形象地表示。

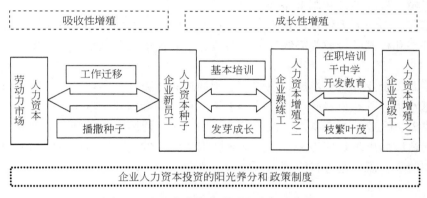

图 7-1　企业人力资本增殖方式与过程模型

如图 7-1 所示，企业人力资本增殖的主要方式包括吸收性增殖和成长性增殖两种。企业人力资本的吸收性增殖为企业人力资本的成长性增殖播撒了金色的种子，这需要在企业投入的招聘条件待遇和管理激励等阳光养分和政策制度的作用下，经过招聘实践活动通过工作迁移路径来实现。企业人力资本成长性增殖，需要企业吸收新员工，播撒人力资本的金色种子，在企业人力资本投资的阳光养分和政策制度作用下，通过适应性试用的基本培训等路径，实现发芽成长，变得生机勃勃，成为企业熟练工，这是企业新员工初步适应企业工作而发展成长的第一阶段，因为从劳动力市场招聘的新员工总需要一个过程适应企业工作环境和制度规划，掌握工作程序和技术规则，才能成为熟练工。

企业熟练工熟悉企业环境条件、工作要求和制度规划后，还有技术不断成熟和提高的过程，需要继续在企业阳光养分和制度政策作用下，通过干中学、在职培训和开发教育等路径，不断学习和发展提高，提高技术水平和创造能力，日益成为企业高级工，达到枝繁叶茂，变得厚重扎实，成长为企业发展和开拓创新的人力资本根本支撑，这是人力资本在企业工作生涯中不断成长的非常重要的经常性过程，也是值得研究的重要问题。

7.1.1.2 企业人力资本成长性增殖的特征

从上面的分析，可以总结出几个企业人力资本成长性增殖的基本特征：

第一，企业人力资本成长性增殖必须有人力资本种子，即人力资本人格载体的企业员工。

第二，企业人力资本成长增殖需要类似于"阳光养分"的人力资本投资和相关的制度政策条件，这是人力资本管理和激励的重要内容，也是实现人力资本成长增殖的资源条件和制度条件。

第三，企业人力资本增殖也需要经过几个阶段，本书将之区分为发芽成长变成熟练工和枝繁叶茂成为高级工两大阶段，为后面借助系统动力学建模研究奠定基础。

第四，企业人力资本成长性增殖必须通过具体路径来实现，包括发芽成长阶段的基本培训等和枝繁叶茂阶段的干中学、在职培训和开发教育等具体路径。

第五，企业人力资本成长性增殖过程中，也可能因客观条件和主观条件限制或不能适应而出现长期停滞、中途枯竭或淘汰流失的情况，所以在图 7-1 中使用了双向箭头，需要通过科学管理来减少或避免。

7.1.2 企业人力资本成长性增殖的影响因素

通过对企业人力资本成长性增殖的含义和过程进行分析研究，基于系统动力学研究视角，可以归纳出企业人力资本成长性增殖的基本影响因素，包括以下几点。

（1）对企业人力资本成长性增殖的级次划分。企业人力资本成长性增殖划分为不同的级次，会影响人力资本成长晋升的级阶，多级划分和成长过程的延迟也会影响人力资本增殖系统运行的平稳性。通常不同级次的人力资本划分，往往与不同级别人力资本的工资薪酬等待遇和晋升通道直接相关，企业也会为人力资本的成长增殖提供强大的直接的物质激励和成长空间激励。根据一般企业的实际情况，本书将企业人力资本划分为新员工、熟练工、中级工和高级工四个级次。

（2）企业发展战略对人力资本各级员工成长性增殖的规划。企业会根据不同级别人力资本的生产率差别、人力资本待遇等综合投资回报比和企业发展战略与现实人力资本支持差距的要求等方面的因素规划安排各级别人力资本的增长比例，为企业人力资本成长性增殖提供相应刺激性政策参数。各级人力资本增长比例就是企业人力资本增殖的一个可控的政策参数。

（3）企业各级人力资本的生产效率系数。企业各级人力资本由于各自的人力资本含量和质量不同，创造效率也不一样，如果把适应了企业基本要求掌握了企业基本生产技术的人力资本的生产效率作为基准，利用企业生产效率的历史数据资料可以出求各级别的人力资本的生产效率系数，式为

某级人力资本的生产效率系数 = 某级人力资本平均生产效率/熟练工平均生产效率

企业人力资本综合生产效率系数 = 企业人力资本平均生产效率/熟练工生产效率

(7-1)

企业发展战略中，往往会有平均生产效率和生产效率系数的要求，当企业实际生产效率系数与期望生产效率系数存在偏差时，企业就会调整人力资本的雇佣策略和成长策略。当实际生产效率系数小于期望生产效率系数时，会加大对生产效率系数大于 1 的高级工和中级工的雇佣强度和激励强度，减少生产效率系数小于 1 的新员工的雇佣和激励，这可以通过分配不同的偏差权数作用于雇佣政策来实现。

这样，企业期望平均效率系数就是企业人力资本成长性增殖的可控的重要政策参数。企业生产效率系数偏差就是一个非常重要的辅助变量，可以通过创建包括企业生产率、企业产值或收入、企业平均生产效率系数和平均生产效率系数偏差的协流，并构建协流与人力资本增殖主链的反馈回路来更科学地研究企业人力资本成长性增殖问题。

（4）企业各级人力资本的离职速率。企业发展不佳和管理激励不公等因素作用，加上各级人力资本自身的适应性和成长力差异，会导致各级人力资本的一部分不适性离职和外部吸引性离职，从而使各级员工中的这部分人力资本离开企业不再成长而消失。各级人力资本离职速率计算式为

某级人力资本离职速率 = 某级人力资本 × 某级人力资本离职比例　(7-2)

可见，各级人力资本离职比例，就是人力资本成长性增殖的一个重要政策参数。离职速率是企业各级人力资本成长的负面因素，但离职速率的反馈作用又会使企业改进人力资本管理策略，加大相应级别人力资本的雇佣强度来纠正消除其负面影响。

（5）企业各级人力资本的成长速率。企业各级员工的成长，是指通过企业人力资本管理和开发促进企业人力资本成长性增殖，顺利地由低级别人力资本晋升到高级别人力资本。为了研究简便，我们把各级人力资本的成长过程作为一阶

延迟假设来处理，这样各级人力资本的成长速率计算式为

　　　某级人力资本成长速率 = 某级人力资本/某级人力资本成长时间　　（7-3）

　　这样，各级人力资本的成长时间和晋升条件及待遇等就成了重要的人力资本成长性增殖的政策参数。

　　下面，根据企业人力资本成长性增殖的影响因素分析，进一步构建企业人力资本成长性增殖模型，对企业人力资本成长性增殖进行模拟和分析，以寻找促进企业人力资本成长性增殖和提高企业人力资本生产效率并保证系统平稳运行的政策参数和取值，为企业人力资本成长增殖的策略选择和制度设计奠定理论基础和提供方法指导。

7.2　企业人力资本成长性增殖的模型构建

7.2.1　企业人力资本成长性增殖系统的主要变量界定与方程分析

　　用多级晋升链来考察工人的成长延迟对生产效率的影响是非常有效的①。晋升链为表示新手的学习曲线提供了一种简单且有效的方法。新员工需要现有企业特定的工作经验积累才能真正成为熟练工，适应了企业并掌握了基本生产技术和经验的熟练工在企业中进行人力资本成长性增殖，可能晋升为中级工进而到高级工，也可能不适应或为外部吸引而离职。不同级别员工的人力资本生产效率不同，因此不同级别的员工结构状态不同，也决定了企业不同的生产效率水平，这也会反馈影响企业人力资本的成长性增殖。

　　现在将成长性增殖模型相关变量假设如下（括号中为英文释义和单位）：

ehc——企业人力资本（enterprise human capital，人）；

Nehc——新员工（new enterprise human capital，人）；

Pehc——熟练工（primary enterprise human capital，人）；

Mehc——中级工（medium enterprise human capital，人）；

Hehc——高级工（high-level enterprise human capital，人）；

nehcp——新员工比例（Nehc proportion）；

pehcp——熟练工比例（Pehc proportion）；

---

　　① Oliva（1996）将晋升链用于研究英国一家重要银行的服务水平，Abdel-Hamid 等（1991）将晋升链应用于软件产品开发过程，Packer（1964）将晋升链应用于研究一家高科技企业的成长模型，都取得了不错的研究效果。

mehcp——中级工比例（Mehc proportion）；

hehcp——高级工比例（Hehc proportion）；

cnehc——新员工生产效率系数（Nehc coefficient，cnehc<1，无量纲）；

cpehc——熟练工生产效率系数（Pehc coefficient，cpehc=1，无量纲）；

cmehc——中级工生产效率系数（Mehc coefficient，cmehc>1，无量纲）；

chehc——高级工生产效率系数（Hehc coefficient，chehc>1，无量纲）；

qrnehc——新员工离职速率（quit rate of Nehc，人/月）；

qrpehc——熟练工离职速率（quit rate of Pehc，人/月）；

qrmehc——中级工离职速率（quit rate of Mehc，人/月）；

qrhehc——高级工离职速率（quit rate of Hehc，人/月）；

qfnehc——新员工离职比例（quit fraction of Nehc，1/月）；

qfpehc——熟练工离职比例（quit fraction of Pehc，1/月）；

qfmehc——中级工离职比例（quit fraction of Mehc，1/月）；

qfhehc——高级工离职比例（quit fraction of Hehc，1/月）；

arnehc——新员工雇佣速率（absorb rate of Nehc，人/月）；

arpehc——熟练工雇佣速率（absorb rate of Pehc，人/月）；

armehc——中级工雇佣速率（absorb rate of Mehc，人/月）；

arhehc——高级工雇佣速率（absorb rate of Hehc，人/月）；

urnehc——新员工成长速率（upgrade rate of Nehc，人/月）；

urpehc——熟练工成长速率（upgrade rate of Pehc，人/月）；

urmehc——中级工成长速率（upgrade rate of Mehc，人/月）；

utnehc——新员工成长时间（upgrade time of Nehc，月）；

utpehc——熟练工成长时间（upgrade time of Pehc，月）；

utmehc——中级工成长时间（upgrade time of Mehc，月）；

ifnehc——新员工增长比例（increase fraction of Nehc，1/月）；

ifpehc——熟练工增长比例（increase fraction of Pehc，1/月）；

ifmehc——中级工增长比例（increase fraction of Mehc，1/月）；

ifpehc——高级工增长比例（increase fraction of Hehc，1/月）；

tpoe——总产值或收入率（total potential output efficient，千美元/月）；

epehc——熟练工生产效率［efficient of pehc，千美元/（人·月）］；

aeehc——平均生产效率［average efficient of ehc，千美元/（人·月）］；

acehc——平均生产效率系数（average coefficient of ehc，无量纲）；

dacehc——期望平均生产效率系数（demand average coefficient of ehc，无量

167

纲）；

discec——生产效率系数偏差（disc efficient coefficient，无量纲）；

whehc——高级工偏差调整权数（disc adjust coefficient for Hehc，无量纲）；

wmehc——中级工偏差调整权数（disc adjust coefficient for Mehc，无量纲）；

wnehc——新员工偏差调整权数（disc adjust coefficient for Nehc，无量纲）。

新员工（new enterprise human capital，Nehc）是企业新雇佣还没有掌握企业生产经营技术的员工，需要经过基本培训和试用指导才能成为掌握企业生产经营基本经验技能的熟练工，本研究把具有初级专业技术职称的员工称为熟练工（primary enterprise human capital，Pehc）。与此相对应，还有中级专业技术职称员工，即中级工（medium enterprise human capital，Mehc），高级专业技术职称员工，即高级工（high-level enterprise human capital，Hehc）。

称新员工的生产效率与熟练工（具备企业初级专业技术职称和能力）的生产效率之比为新员工生产效率比例系数，用 Cnehc 表示。一般说来，新员工的生产效率低于具有专业经验技术的熟练工，因此新员工生产效率比例系数小于 1，即 Cnehc < 1。中级工的生产效率与熟练工的生产效率之比为中级工生产效率比例系数，用 Cmehc 表示；高级工的生产效率与熟练工的生产效率之比为高级工生产效率比例系数，用 Chehc 表示。这些员工的生产率系数大小关系通常是：Cnehc < Cpehc = 1 < Cmehc < Chehc，它们的具体取值可以由企业对员工的分级及生产率统计资料得到。

这样所有员工总产值或收入生产率（total potential output effcient，tpoe）和最大产值或收入的计算式为

总产值或收入率 = 熟练工生产效率 ×（新员工生产效率系数 × 新员工人数 + 熟练工人数 + 中级工生产效率系数 × 中级工人数 + 高级工生产效率系数 × 高级工人数）

$$tpoe = epehc \times (cnehc \times Nehc + Pehc + cmehc \times Mehc + chehc \times Hehc) \quad (7-4)$$

平均生产效率 aeehc 的计算式为

平均生产效率 = 总产值或收入率 / 工人总数

$$aeehc = tpoe/ehc \quad (7-5)$$

平均生产效率系数 = 平均生产效率 / 熟练工生产效率

$$acehc = aeehc/epehc \quad (7-6)$$

实际上平均生产效率系数的增长相当于企业人力资本增殖，即具有比熟练工更高的平均生产率，平均生产效率系数越大，说明人力资本增殖效果越好，这是人力资本成长性增殖根本区别于人力资本吸收性增殖的特点，是人力资本质量的

根本提高，是企业人均人力资本水平的提高，不同于人力资本吸收性增殖的简单的企业员工数量增长。企业人力资本成长性增殖是企业发展质量提升的根本体现，更是以优质人力资本为基础的企业竞争力之根本所在。因此，通过企业平均生产效率系数与期望生产效率系数的偏差，可以找到企业人力资本成长性增殖的关键辅助变量和政策参数，这也是企业所期望和可以控制的企业人力资本管理制度的主要政策目标。

把模型中的延迟过程都看成一阶的，假设企业处于发展成长阶段，各级员工数分别以某个特定的指数增加，即各级员工增长速率比例是一个企业发展战略下的一个可控政策参数组合，那么相关变量的中文和英文方程构建如下：

$$新员工离职速率 = 新员工人数 \times 新员工离职比例$$

$$qrnehc = Nehc \times qfnehc \tag{7-7}$$

$$熟练工离职速率 = 熟练工人数 \times 熟练工离职比例$$

$$qrpehc = Pehc \times qfpehc \tag{7-8}$$

$$中级工离职速率 = 中级工人数 \times 中级工离职比例$$

$$qrmehc = Mehc \times qfmehc \tag{7-9}$$

$$高级工离职速率 = 高级工人数 \times 高级工离职比例$$

$$qrhehc = Hehc \times qfhehc \tag{7-10}$$

$$新员工成长速率 = 新员工人数 / 新员工成长时间$$

$$urnehc = Nehc / utnehc \tag{7-11}$$

$$熟练工成长速率 = 熟练工人数 / 熟练工成长时间$$

$$urpehc = Pehc / utpehc \tag{7-12}$$

$$中级工成长速率 = 中级工人数 / 中级工成长时间$$

$$urmehc = Mehc / utmehc \tag{7-13}$$

新员工雇佣速率 =（新员工离职率 + 新员工成长速率 + 新员工增长速率比例 × 新员工人数）× 新员工偏差调整权数 × 生产效率系数偏差

$$arnehc =（qrnehc + urnehc + ifnehc \times Nehc）\times wnehc \times discec \tag{7-14}$$

熟练工雇佣速率 = 熟练工离职率 + 熟练工成长速率 + 熟练工增长速率比例 × 熟练工人数 – 新员工成长速率

$$arpehc = qrpehc + urpehc + ifpehc \times Pehc - urnehc \tag{7-15}$$

中级工雇佣速率 =（中级工离职率 + 中级工成长速率 + 中级工增长速率比例 × 中级工人数 – 熟练工成长速率）× 生产效率系数偏差 × 中级工偏差调整权数

$$armehc = （qrmehc + urmehc + ifmehc × Mehc − urpehc） × discec × wmehc$$
$$(7\text{-}16)$$

高级工雇佣速率 =（高级工离职率 + 高级工增长速率比例 × 高级工人数 − 中级工成长速率）× 生产效率系数偏差 × 高级工偏差调整权数

$$arhehc = （qrhehc + ifhehc × Hehc − urmehc） × discec × whehc \quad (7\text{-}17)$$

需要注意的是，新员工离职速率和高级工离职速率通常会比其他级别高一些，除了共同的工作环境和工作待遇等因素导致的可能不满意而离职之外，还会因为新员工刚刚进入企业还有一个初期适应的困难而可能更多地离职，高级工还有退休年龄已到的自然退休因素会提高离职速率。

7.2.2 企业人力资本成长性增殖的因果与相互关系图

7.2.2.1 因果与相互关系图

根据变量定义和关系分析，结合企业人力资本成长性增殖的影响因素分析，现在来绘制企业人力资本成长性增殖的因果与相互关系图。以企业人力资本增殖的各级状态构建主链，以企业产值或收入作为协流，建立企业产值或收入偏差辅助变量，并创建企业人力资本水平与企业产值或收入之间的因果反馈回路，企业人力资本增殖的具体因果与相互关系如图 7-2 所示。

7.2.2.2 几个主要回路及其极性

企业人力资本成长性增殖的因果与相互关系图中，存在 38 个回路，现对其几个主要回路及其极性分析如下：

回路 1：人力资本成长性增殖主链与协流之间由企业生产效率系数偏差作为辅助变量而引起的负反馈回路。

企业生产效率系数偏差 discec→高级工（或中级工或新员工）雇佣速率 arhehc →高级工（或中级工或新员工）人力资本 Hehc →企业总产值或收入率 tpoe→企业平均产值或收入效率 acehc→企业平均生产效率系数偏差 discec。

这类回路为负反馈回路，描述的是企业效率系数偏差对各级员工人力资本的雇佣率、进而对各级员工人力资本水平，又反过来对企业平均产值或收入率以及平均产值或收入率系数进而对企业平均产值或收入率系数偏差的影响，即企业平均产值或收入率系数偏差与企业各级员工雇佣速率和状态水平之间存在负反馈的平衡稳定的协调机制。值得注意的是，偏差大，引起高级工和中级工雇佣速率加

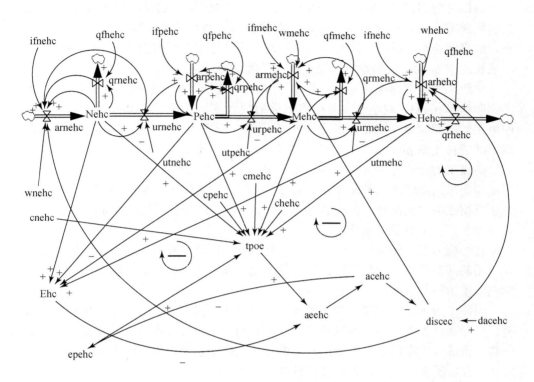

图 7-2　企业人力资本成长性增殖的因果与相互关系图

快和人力资本水平提高，从而提高平均产值或收入效率水平和降低偏差的负反馈机制，而偏差大引起新员工雇佣速率相对降低进而新员工人力资本水平降低，相对提高了企业平均产值或收入生产效率而减少产值或收入效率系数偏差的负反馈机制。因为高中级工人力资本的产值或收入效率系数大于 1 而新员工的产值或收入效率系数小于 1，熟练工产值或收入效率系数等于 1，产值或收入率系数偏差一般对其雇佣不影响。

　　回路 2：人力资本成长性增殖主链上的每级员工成长速率与本级状态水平之间的正反馈回路。

　　企业新员工的招聘速率 arnehc→新员工 Nehc →新员工的成长速率 urnehc 或新员工离职速率 qrnehc 或企业发展战略要求的新员工增长速率（Nehc × ifnehc）→新员工雇佣速率 arhehc。这是正反馈极性的回路，各因素之间同向变化形成指数加速增长或衰减的良性循环或恶性衰减。

熟练工的雇佣速率 arpehc→熟练工 Pehc→熟练工的成长速率 urpehc 或熟练工离职速率 qrpehc 或企业发展战略要求的熟练工增长速率（Pehc × ifpehc）→熟练工的雇佣速率 arpehc。这是正反馈回路。而熟练工的雇佣速率 arpehc→新员工的成长速率 urnehc 之间呈负反馈关系，是负反馈回路。

中级工的雇佣速率 armehc→中级工 Mehc→中级工的成长速率 urmehc 或中级工离职速率 qrmehc 或企业发展战略要求的中级工增长速率（Mehc × ifmehc）→中级工的雇佣速率 armehc。这是正反馈回路。而中级工的雇佣速率 armehc→熟练工的成长速率 urpehc 之间呈负反馈关系，是负反馈回路。

高级工的雇佣速率 arhehc→高级工 Hehc→高级工离职速率 qrhehc 或企业发展战略要求的高级工增长速率（Hehc × ifhehc）→高级工的雇佣速率 arhehc。这是正反馈回路。而高级工的雇佣速率 arhehc→中级工的成长速率 urmehc 之间呈负反馈关系，是负反馈回路。

整个模型系统的回路，包含正负两种极性的回路，针对不同状态变量，起主导作用的回路不同，变量运行的行为特点也不同，这可以从后面建立的系统动力学模型模拟得到证实。

回路 1 为正反馈回路，描述的是企业总产值或收入对企业企业效率系数偏差、再对新员工人力资本的雇佣率、进而对新员工人力资本水平，又反过来对企业总产值或收入率以及总产值或收入的影响，即企业总产值或收入与企业高级工之间存在负反馈的平衡稳定的协调机制。

7.2.3　企业人力资本成长性增殖的模型流图

区分企业人力资本增殖系统中各变量性质，根据因果关系图，着眼于企业人力资本成长性增殖的研究目标，运用系统动力学建模的老化链和协流的技术工具，考虑企业人力资本增殖的晋升级别实际，建立了企业各级人力资本成长性增殖和晋升演进的老化链，再考虑到企业人力资本成长性增殖引起的企业生产率的提升之间的因果反馈关系，构建了企业总产值或收入生产率、平均产值或收入生产效率和平均产值或收入效率系数再到企业生产效率系数偏差的协流，并引入企业各级员工的生产效率比例系数构造企业生产效率系数偏差这个重要的辅助变量，把人力资本成长性增殖主链与协流反馈回路建立起来。综合前面的分析，企业人力资本成长性增殖的模型流图创建如图 7-3 所示。

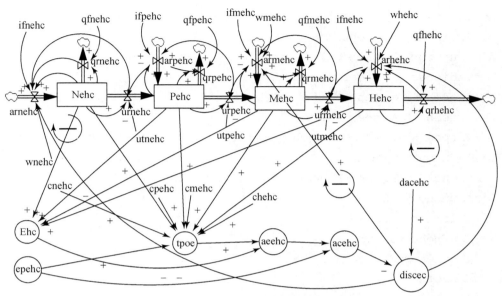

图 7-3　企业人力资本成长性增殖的模型流图

实际上企业生产效率系数的增长就相当于企业人力资本的成长性增殖，即成长晋级后的员工因为拥有更多、更优、更高效的人力资本，其生产效率就会不断提高，其生产效率系数也会增长，整个企业的生产效率系数也会增长。当然由于成长发展成长过程达到稳定发展状态时，各级员工会保持一个相对稳定的比例，从而企业的平均的生产效率系数也可能趋向稳定而不再变化，通过模型模拟也许会发现变量的这种行为特性。

7.2.4　企业人力资本成长性增殖的模型程序清单

根据前面企业人力资本成长性增殖的变量界定和关系分析，可以编写模型的系统动力学程序清单，为了便于阅读和理解，本书正文编写企业人力资本成长性增殖模型的 DYNAMO 程序如下（模型模拟使用 Vensim 软件编写的系统动力学方程程序清单参见附录 6）：

```
ENTERPRISE HUMAN CAPITAL UPGRADE MULTIPLICATION SD - MODEL
L Nehc.K = Nehc.J + DT* （arnehc.JK - qrnehc.JK - urnehc.JK）
N Nehc = 30
R arnehc.KL = discac.K* wnehc* （ifnehc* Nehc.K + qrnehc.KL +
```

urnehc. KL)

R qrnehc. KL = Nehc. K* qfnehc

R urnehc. KL = Nehc. K/utnehc

A discac. K = dacehc - acehc. K

A acehc. K = aeehc. K/epehc

A aeehc. K = tpoe. K/ehc. K

A tpoe. K = epehc* （chehc* Hehc. K + cmehc* Mehc. K + cpehc* Pe-
hc. K + cnehc* Nehc. K）

A ehc. K = Nehc. K + Pehc. K + Mehc. K + Hehc. K

C wnehc = 0. 2

C ifnehc = 0. 008

C qfnehc = 0. 005

C utnehc = 24

C dacehc = 2. 2

C epehc = 5

C chehc = 2. 5

C cmehc = 2

C cpehc = 1

C cnehc = 0. 3

L Pehc. K = Pehc. J + DT* （arpehc. JK + urnehc. JK - qrpehc. JK - ur-
pehc. JK）

N Nehc = 40

R arpehc. KL = ifpehc* Pehc. K + qrpehc. KL + urpehc. KL - urnehc. KL

R qrpehc. KL = Pehc. K* qfpehc

R urpehc. KL = Pehc. K/utpehc

C ifpehc = 0. 005

C qfpehc = 0. 002

C utpehc = 60

L Mehc. K = Mehc. J + DT* （armehc. JK + urpehc. JK - qrmehc. JK - ur-
mehc. JK）

N Mehc = 20

R armehc. KL = discac. K* wmehc* （ifmehc* Mehc. K + qrmehc. KL +
urmehc. KL - urpehc. KL）

R qrmehc. KL = Mehc. K* qfmehc

R urmehc. KL = Mehc. K/utmehc

C wmehc = 0.5

C ifmehc = 0.008

C qfmehc = 0.002

C utmehc = 96

L Hehc. K = Hehc. J + DT* （arhehc. JK + urmehc. JK - qrhehc. JK)

N Hehc = 10

R arhehc. KL = discac. K* whehc* （ifhehc* Hehc. K + qrhehc. KL - urmehc. KL)

R qrhehc. KL = Hehc. K* qfhehc

C wmehc = 0.3

C ifhehc = 0.005

C qfmehc = 0.005

R prate. KL = （Ehc. K* hcvr

SPEC DT = 1/LENGT = 1200//PRTPER = 1/PLTPER = 1

PRINT ehc, Nehc, Pehc, Mehc, Hehc/tpoe/aeehc, acehc, discac/

X arnehc, arpehc, armehc, arhehc, urnehc, urpehc, urmehc, qrnehc, qrpehc, qrmehc, qrhehc

PLOT ehc, Nehc, Pehc, Mehc, Hehc/tpoe/aeehc, acehc, discac/

X arnehc, arpehc, armehc, arhehc, urnehc, urpehc, urmehc, qrnehc, qrpehc, qrmehc, qrhehc

RUN base simulation

对于企业人力资本成长性增殖模型的系统动力学程序清单中的方程设计，在变量设计和关系分析中已经做过详细分析。程序清单中的参数初始值是根据成长期的中小型企业的一般经营情况给出的，通常系统模型结构建立确定后，初始参数一般不会改变模型运行的行为总体特征。后面将通过模型模拟来调整参数取值和组合，寻求企业人力资本成长性增殖的恰当政策参数和行为特点。

7.2.5 企业人力资本成长性增殖的模型评价

企业人力资本成长性增殖模型，是通过系统分析和综合调研加上合理判断创建的，模型设计思路较好地体现了研究目标。模型的有效性在于验证模型的系统状态与实际系统在结构与实际行为上，是否能够较好地吻合，这里的吻合追求的是变量运行行为特性的吻合，而不是具体数据的完全一致，也就是说系统动力学模型研究重在研究主要变量的发展趋势和行为特性，为长期的科学的战略管理提供较好的战略政策和参数控制。

1）直观检验

模型的直观检验主要是通过对实际研究对象的具体资料进行进一步分析，检验模型是否与系统内部机制一致，变量之间的因果关系是否合理，每个变量是否有正确的含义，因果反馈回路的设计及模型方程表述是否合理，量纲是否一致等。

本模型在创建过程中参阅了大量文献资料，并征求了多位专家的意见，力求使模型结构与实际系统结构尽量一致。经过对模型结构的进一步检验分析，本研究认为系统模型的主要结构、水平变量、速率变量、常数等均可描述现实系统的主要特征，可比较真实地反映企业人力资本成长性增殖系统的过程和运行状态。

2）运行检验

模型在创建过程中，一般不断与实际系统比较进行修改完善，尽可能简化变量组成和明晰其因果关系，科学归纳了企业人力资本增殖的主要影响因素和企业可控的政策变量参数，并借助 Vensim 软件自检和运行观察，对运行曲线的行为特性进行分析判断，基本符合现实系统的运行特性，可以认为模型通过了运行检验。

3）历史检验

将模型模拟的数据情况和运行曲线与通常现实系统对比，发现比较接近实际企业人力资本成长增殖的情况。模型的参数结构检验、灵敏度与强壮性检验都基本能达到模型模拟要求和研究目标需要。

7.3　企业人力资本成长性增殖的模型模拟

在创建了企业人力资本成长性增殖模型的基础上，我们对初始参数值和选择企业可控又是影响系统运行的主要的人力资本吸收和成长的政策变量参数进行模拟，主要包括影响各级员工状态水平的增长比例系数、离职比例系数、员工成长时间、产值或收入率偏差调整权数和期望偏差等。研究给定参数组合下的企业各级员工的增长规律、员工结构变化规律及其相关并形成负反馈回路的企业产值或收入率系数变化规律，并通过模拟给出参数组合选择与企业员工以及企业产值或收入率系数之间的变化规律关系，以便指导企业选择人力资本策略和制定管理制度政策，达到这些研究目标：促进企业人力资本平稳地成长增殖，保证企业生产效率保持在一个较高水平而使生产经营活动稳健，同时能在企业发展战略改变时通过改变政策参数值使系统为企业战略的有效实施提供灵活有效的人力资本支撑。

按照程序清单和给定的初始参数组合，运行模型程序得到一些主要变量运行曲线和相关影响变量的对比组合曲线。下面就结合主要的状态变量和重要目标变量的模型模拟曲线进行相应的判断和分析。

7.3.1 企业人力资本成长性增殖模型模拟的新员工分析

7.3.1.1 初始参数下的新员工曲线及其相关变量曲线

如图 7-4 所示，按给定的初始参数，模型模拟的新员工曲线 Nehc 可以看出，企业经过大约 120 个月，企业新员工数量指数衰减为 0，并保持基本没有新员工的企业员工组合状态。其原因在于新员工的雇佣速率、成长速率和离职速率等引起新员工状态变化的速率变量也都基本同步趋向 0 并保持无限渐近于 0 的新员工水平和不断接近 0 的企业人员结构状态。

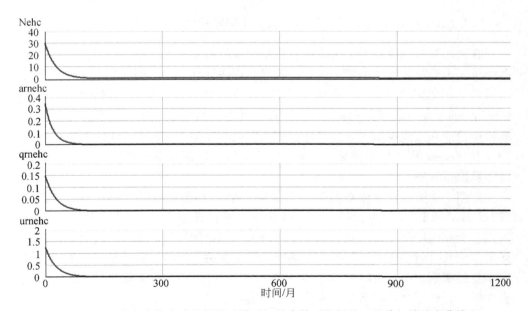

图 7-4 企业人力资本成长性增殖模型初始参数下的新员工及其相关速率曲线

虽然在一个企业中，由于新员工产值或收入效率系数小于1，新员工数量越少，比例越低，整个企业的产值或收入率水平会越高，企业的员工结构在生产效率上相对高，人力资本水平和质量相对更高。但是，新员工毕竟是企业人力资本的成长性增殖的重要种子和基础条件，成长空间大，前途广。新员工相对年轻，富有活力和创造性，思想观念更加开放进取，也少了一些经验主义的束缚。因此，在企业处于平稳发展阶段时，保持一定比例的新员工，如新员工占企业总员工的20%，是企业保持活力和创造性的基本要求，也是企业人力资本结构优化和整体创造力增强的必然要求。况且，虽然新员工产值或收入效率较低，但通常新员工的工资水平也相对较低，也许对企业来说新员工投资的成本收益率比其他级别员工的更高，根据企业效益最大化原则，此时保持较高比例的新员工结构，是提高企业效益水平的理性行为，企业会根据企业整体效益最大化原则来优化自身的企业员工结构，从而提出一个员工结构的理想目标来作为人力资本管理和雇佣策略的政策目标。当然，不同行业或不同类型的企业，对新员工比例的要求也会不同，一般说来，创新要求高的行业要求的新员工比例也会高一些。总而言之，为了保持企业的创造性和活力，任何企业在稳定经营发展时期，都需要保持新员工的某种合适的比例结构，通常不能使新员工比例等于0。

7.3.1.2　延长新员工成长时间的新员工模拟曲线

在初始参数的企业人力资本成长性增殖模型的基础上，修改模型而设计一个各级员工占总员工比例的辅助变量并补充其程序计算方程，如图7-5所示，含员工结构比例变量（新员工、熟练工、中级工和高级工占总员工比例分别设为nehcp、pehcp、mehcp和hehcp）的企业人力资本成长性增殖模型，来更好地观察和模拟企业人力资本结构。后面还会使用修改的模型来模拟企业员工结构变化趋势（其Vensim程序清单参见附录6：含员工结构比例变量的企业人力资本成长性增殖模型程序清单）。

如图7-6所示，企业新员工比例也是一个指数衰减的运行曲线，大约经过120个月，即10年企业新员工比例就从30%衰减渐近于0。从前面的模型分析可知，企业的新员工比例变化取决于熟练工离职比例与新员工成长时间，并且与新员工成长时间正相关，与熟练工离职比例负相关，但相对影响很小，而与新员工本身的离职比例qfnehc无关。因为新员工均属于同一个状态群，离职的新手会立即补充而不会影响新员工变化速率。实际上新员工离职率越高，公司人力资源部门的负担和成本就会越高，更符合实际的处理方法是要么把新员工细分成数个群，要么设定招聘新员工需要一定时间，考虑新员工的进入时间延迟，这样新员工离职比例就会影响到稳态的结果了。考虑新员工招聘和上岗时间延迟的情况已经在企业人力资本吸收性增殖中做过分析研究，此处不再述。

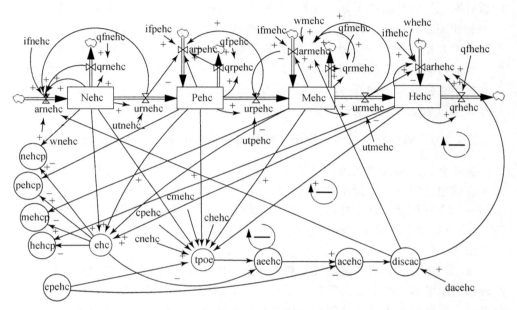

图 7-5　含员工结构比例变量的企业人力资本成长性增殖模型

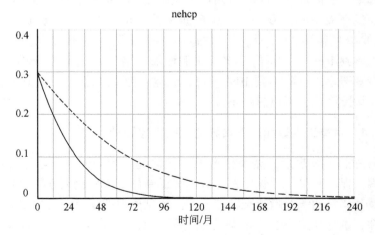

图 7-6　模型模拟的企业新员工比例曲线 nehcp

注：衰减更快更急的下面实线为 nehcp（utnehc = 24）；衰减较慢的上面虚线为 nehcp（utnehc = 96）

新员工成长时间是一个企业更容易控制的政策变量，现在延长新员工成长时间参数多次进行模拟，最后发现无论新员工成长时间如何延长，新员工比例经过较长时期运行后总会趋于 0。如图 7-6 所示，当新员工成长时间 utnehc = 96 个月时（初始值是 utnehc = 24），新员工比例经过 240 个月后为 0.003 848 82，也是不断趋向 0 的稳定水平。新员工比例需要经过 190 个月后才下降到 0.01 以下，这么长的时间跨度，在现实系统中的企业经营管理中一般不会去考虑，再说新员工人数毕竟会受到其他许多因素影响而增减，企业新员工比例在 1% 以下运行，就可以说对企业经营发展影响甚微了，这里不再进行研究讨论。

7.3.1.3　提高新员工增长比例并降低离职比例的新员工模拟分析

企业新员工及其比例改变的方法，从直观感觉来看，除了新员工成长时间外，应该包括新员工增长比例和离职比例两个参数。因为这两个参数的影响作用机制一致方向相反，这里将新员工增长比例增高 1 倍且离职比例降低一半，即取值 ifnehc = 0.016 且 qfnehc = 0.0025，再进行新员工及其比例模拟分析，模型曲线如图 7-7 所示。

从图 7-7 可以看出，虚曲线是新员工及其比例的改变参数后的模拟曲线，实曲线是初始参数曲线。提高新员工增长比例 1 倍且减少新员工离职比例一半，也丝毫没有改变新员工及新员工比例指数衰减趋于 0 的运行模式，即寻的特性，其影响只是非常微弱的降低了一点点新员工及新员工比例的指数衰减的速率，即虚曲线比实曲线衰减得略微慢一点。从数据来看，改变参数后，新员工由最初的 30 人衰减到 10 约需要 32 个月，而初始参数条件下则约需要 29 个月，这种衰减速率的差别不到 10%，即新员工增长比例增加 1 倍且离职比例降低一半，而新员工指数衰减速率才下降不到 10%，可以说这个参数对新员工及其比例变量的影响甚微，敏感度低，可以忽略不计。

7.3.1.4　新员工人数和比例曲线的模型模拟结论

（1）经过长期发展后，企业新员工比例总是会趋向于 0 的水平，延长新员工成长时间、提高新员工增长比例系数和降低新员工离职比例系数，可以降低新员工人数及其比例曲线的指数衰减的速率。模型模拟的新员工变化趋向于 0 的运行行为特性，也与现实系统中成熟企业一般不太愿意雇佣新员工的情况基本相符，当然企业刚刚新建处于快速成长期的情况除外。

（2）改变企业新员工比例的方法只能借助外生政策变量才比较直接有效，如果延长新员工成长时间、提高增长比例和降低离职比例，短期能够改变新员工

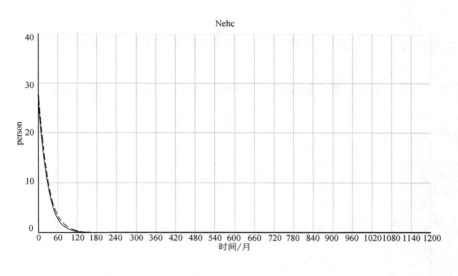

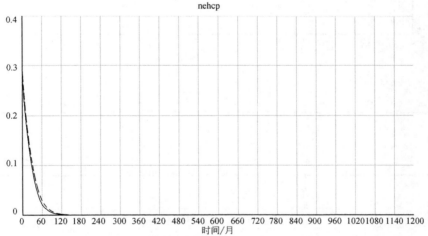

图 7-7　模型模拟的新员工及其比例曲线（ifnehc = 0.016 且 qfnehc = 0.0025）

注：每个图中，居上的虚线是新员工及其比例的改变参数后模拟曲线，居下的实线是初始参数的曲线

比例和状态水平，但长期还是会使指数衰减到 0 的水平，如果根据企业发展需要直接建立符合要求水平的新员工雇佣率 arnehc 目标来控制会更直接、更有效。

（3）新员工水平趋于 0 的运行特性，也证实了模型具有比较好的新员工晋升的成长性增殖效果。

7.3.2　企业人力资本成长性增殖模型模拟的熟练工分析

7.3.2.1　初始参数下模型模拟的熟练工与影响其运行的速率变量曲线

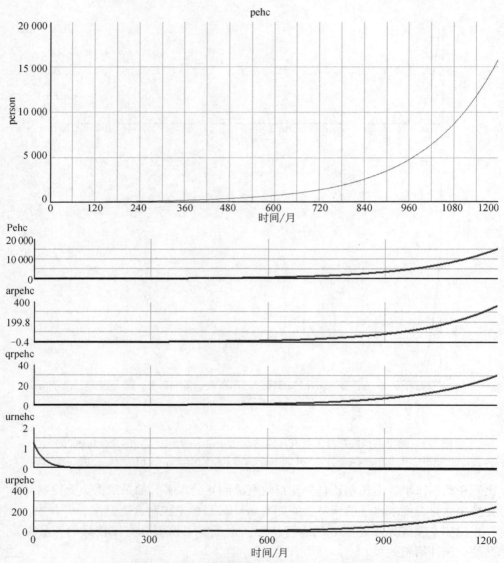

图 7-8　企业人力资本成长性增殖模型模拟的熟练工及相关曲线（初始参数）

如图 7-8 所示，初始参数下企业人力资本成长性增殖模型模拟的熟练工曲线呈现指数加速上升的行为特性，这是因为熟练工雇佣速率 arpehc、熟练工离职速率 qrpehc 和熟练工成长速率 urpehc 均呈指数加速增长特性，以及新员工成长速率 urnehc 呈现指数衰减于 0 的行为特性共同决定的。

7.3.2.2　初始参数下的模型模拟的熟练工比例曲线及其相关变量曲线

再看如图 7-9 所示的熟练工比例及其相关变量曲线特性，模型模拟的熟练工比例曲线先抛物线型上升，到 37 个月，即大约 3 年后达到最高比例 0.464 596，然后呈指数渐减运行，到 600 个月，即约 15 年后渐近于稳定比例值 0.330 772，呈现鲜明的指数衰减渐近于稳定比例 0.33 的寻的行为特性。这是由企业熟练工和总员工数呈现相同步调的指数加速增长的特性所决定的，因为 pehcp = pehc/ehc。

7.3.2.3　utnehc = 12，ifpehc = 0.01，qfpehc = 0.001，utpehc = 120 的熟练工比例曲线

进一步改变影响熟练工比例的参数，增加促进熟练工增加的新员工成长速率和熟练工雇佣速率参数各 1 倍，通过减少新员工成长时间一半和增加熟练工增长比例系数 1 倍，同时减少促进熟练工减少的熟练工离职速率和熟练工成长速率各一半，通过减少熟练工离职比例系数一半和延长熟练工成长时间性 1 倍，即取参数值 utnehc = 12，ifpehc = 0.01，qfpehc = 0.001，utpehc = 120，来模拟熟练工比例曲线，如图 7-10 所示。

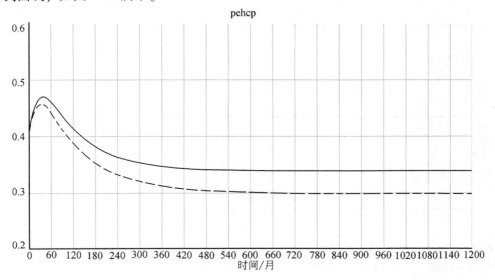

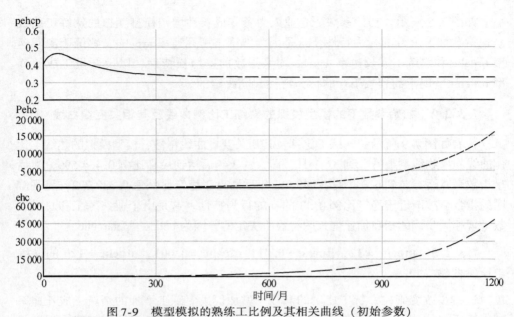

图 7-9　模型模拟的熟练工比例及其相关曲线（初始参数）
注：在各图中，初始参数模型模拟曲线为上方实线，改变参数模型模拟曲线为下方虚线

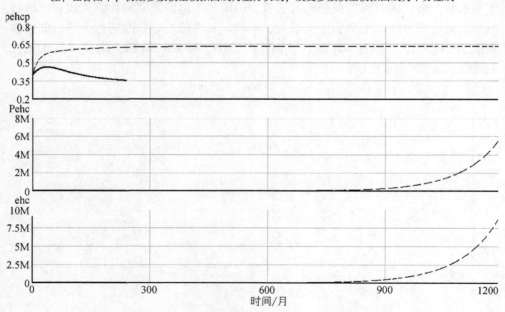

图 7-10　utnehc = 12，ifpehc = 0.01，qfpehc = 0.001，utpehc = 120 模拟熟练工比例及相关曲线
注：在各图中，初始参数模型模拟曲线为各图中上方实线，改变参数模型模拟曲线为各图中下方虚线

果然如分析预测，熟练工比例曲线仍然呈现鲜明的指数渐近运行特点，只是由于熟练雇佣速率、新员工进入速率本身就大于初始值，而熟练工离职速率与熟练工成长速率起初就同时放慢，所以熟练工比例一开始就以较快的速率指数渐近稳态目标值增长，最终经过约 450 个月，即约 38 年时间达到渐近的稳定目标比例 0.6342，改变参数后熟练工稳态比例应该是 0.634 965。

7.3.2.4 熟练工与熟练工比例模拟结论

（1）熟练工呈现鲜明的指数加数增长特性。

（2）熟练工比例也呈现明显的指数渐近行为特点。

（3）熟练工比例稳定值取决于参数新员工成长时间 utnehc、熟练工增长比例系数 ifpehc、熟练工离职比例 qfpehc、熟练工成长时间 utpehc 的组合情况，新员工成长时间越短、熟练工增长比例系数越大、熟练离职比例越低和熟练工成长时间越长，熟练工比例稳态时越高。

因此，可以选择这些参数的组合来控制企业发展处于稳态时的熟练工比例，以适应发展战略需要，但需要注意，熟练工比例趋势近稳态目标值需要约 40 年左右的时间，这个时滞效应在制定战略时一定要考虑进去。

7.3.3 企业人力资本成长性增殖模型模拟的中级工分析

7.3.3.1 初始参数下的模型模拟的中级工曲线及其变量曲线

如图 7-11 所示，初始参数下企业人力资本成长性增殖模型模拟的中级工曲线呈现指数加速上升的行为特性，这是因为中级工雇佣速率 armehc、中级工离职速率 qrmehc 和中级工成长速率 urmehc 以及熟练工成长速率 urpehc 均呈指数加速增长特性的行为特性共同决定的。

7.3.3.2 初始参数下的模型模拟的中级工比例曲线及其相关变量曲线

如图 7-12 所示，中级工比例 mehcp 曲线特性模型模拟的中级工比例曲线（虚曲线，实曲线是改变参数后的对比曲线）先抛物线形上升，到 109 个月，即大约 9 年后达到最高比例 0.371 685，然后呈指数渐减运行，到 600 个月，即约 15 年后渐近于稳定比例值 0.302 074，呈现鲜明的指数衰减渐近于稳定比例 0.30 的寻的行为特性。这是企业中级工和总员工数呈现相同步调的指数加速增长的特性所决定的，因为 mehcp = Pehc/ehc，在更长时间相关变量 Pehc 与 ehc 的模拟曲线组合中得到更清晰的证明，如图 7-12 所示。

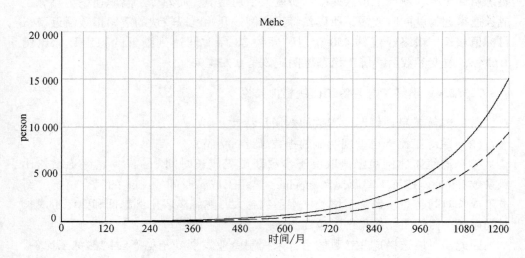

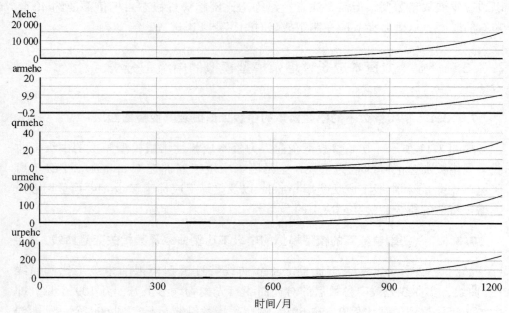

图 7-11　模型模拟的中级工曲线与影响其运行的速率变量曲线（初始参数）

注：在各图中，初始参数模型模拟曲线为上方实线，改变参数模型模拟曲线为下方虚线

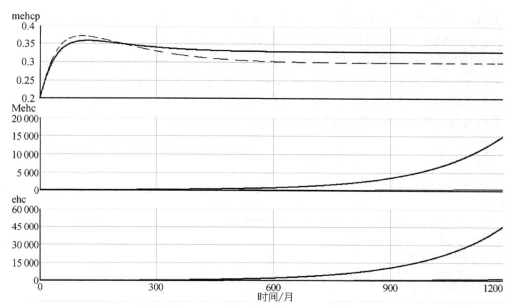

图 7-12　企业人力资本成长性增殖模型模拟 100 年的 Mehc 与 ehc 及 mehcp 曲线

注：在各图中，初始参数模型模拟曲线为各图中上方实线，改变参数模型模拟曲线为各图中下方虚线

7.3.3.3　utpehc = 30，ifmehc = 0.016，qfmehc = 0.001，utmehc = 192 中级工比例曲线

进一步改变影响中级工比例的参数，增加促进中级工增加的熟练工成长速率和中级工雇佣速率参数各 1 倍，减少熟练工成长时间一半和增加中级工增长比例系数 1 倍，同时减少促进中级工减少的中级工离职速率和中级工成长速率各一半，可减少中级工离职比例系数一半和延长中级工成长时间性 1 倍，即取参数值 utpehc = 30，ifmehc = 0.016，qfpehc = 0.001，utpehc = 192，来模拟中级工比例及相关变量曲线，如图 7-13 所示。

如图 7-13 中级工比例虚曲线所示（其中较低水平运行的是没有改变参数值前作对照的中级工比例曲线），果然如分析预测，中级工比例曲线仍然呈现鲜明的指数渐近运行特点，只是由于中级工雇佣速率、熟练工进入速率本身就小于初始值，而中级工离职速率与中级工成长速率起初就同时放慢，这样中级工比例一开始就以较快的速率类似抛物线先上升到第 144 个月，即 12 年时达到最大值 0.605 314，然后再以指数形式渐近目标的下降运行，中级工比例曲线渐近稳态目标值下降，最终经过约 920 个月，即约 75 年时间达到渐近的稳定目标比例 0.506 866，改变参数后熟练工稳态比例应该是接近 0.506，即中级工大约占

187

50.6%。这应该是一个比较符合现实企业情况的员工结构，即中级工占一半左右。上述促进中级工增长速率提升的参数有效地提高了中级工比例，是可以作为调节员工比例结构的有效政策变量，但仍旧需要高度注重达到稳定比例目标的时滞效应，这个时差大约为 50 年，才可以达到稳定结构的状态，当然这样的政策参数只能作为长期战略使用，对于阶段性或临时情况改变员工结构，可以灵活地使用其他直接增减员工的雇佣政策。

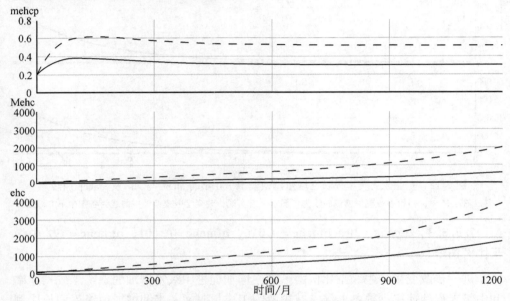

图 7-13　模型模拟的中级工比例及影响其的变量曲线（改变参数后）

注：1. utpehc = 30，ifmehc = 0.016，qfpehc = 0.001，utpehc = 192，其他初始参数不变；2. 在各图中，
处于上面的虚线是改变参数后的曲线，处于下面的实线是初始参数的对照曲线

7.3.3.4　wmehc = 0.8，whehc = 0 模型模拟的中级工比例和高级工比例曲线

对中级工和高级工来说，还有一个产值或收入效率系数偏差调整权数的影响，现加大中级工并减少高级工的偏差调整权数，来模拟中级工比例和高级工比例曲线改变情况，如图 7-14 所示。

由图 7-14 改变参数后的中级工比例曲线和高级工比例曲线来看，相对没有改变参数的对照曲线，中级工比例降低了，高级工比例上升了，这是因为高级工的产值或收入效率系数较高，降低高级工的偏差调节权数后，就需要更多的高级工比例来参与生产消除偏差。同理中级工偏差调节权数上升了，就可以更少的中级工消除偏差了，这也符合现实企业员工结构和作用的实际情况。

再来看变量运行性质。改变偏差调整权数，虽然改变了中级工比例和高级工比例，但是并没有改变其曲线运行模式特点和性质，都是指数渐近运行的性质，表现出明显的负反馈结构的寻的特性。

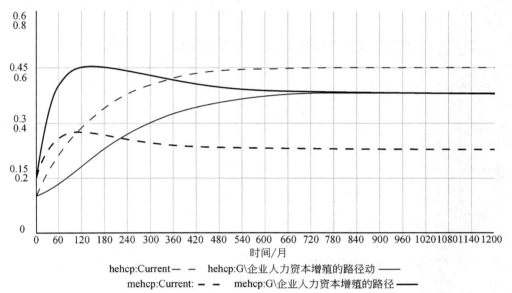

图 7-14　模型模拟的中级工比例和高级工比例曲线（wmehc = 0.8，whehc = 0）
注：虚线为 hehcp 改变参数曲线，细实线为初始参数下的对照线（从右上边向下看依次是最上曲线和第2 条曲线）；2. －－－为 mehcp 改变参数曲线，粗实线为初始参数下的对照线（从右上边向下看依次是第3 条曲线和第 4 条曲线）

7.3.3.5　中级工与中级工比例模拟结论

（1）中级工呈现鲜明的指数加数增长特性。

（2）中级工比例也呈现明显的指数渐近运行的行为特点，即具有明显的寻的特性。

（3）中级工比例稳定值取决于参数熟练工成长时间 utpehc、中级工增长比例系数 ifmehc、中级工离职比例 qfmehc、中级工成长时间 utmehc，以及中级工偏差调节权数的组合情况，熟练工成长时间越短、中级工增长比例系数越大、中级离职比例越低和中级工成长时间越长，中级工偏差调节权数越低，中级工比例稳态时越高。因此，可以选择这些参数的组合来控制企业发展处于稳态时的中级工比例，以适应发展战略需要。当然需要注意，仅仅根据系统模型自发运行的话，中级工比例趋势近稳态目标值需要约 30～40 年左右的时间，这个时滞效应在制定战略时一定要考虑进去。

7.3.4　企业人力资本成长性增殖模型模拟的高级工分析

7.3.4.1　初始参数下的模型模拟的高级工曲线及其相关变量曲线

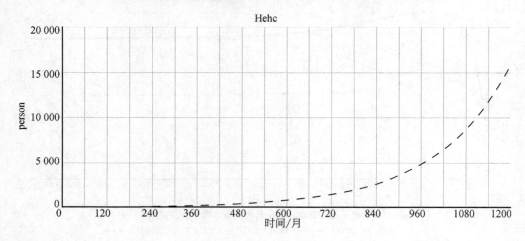

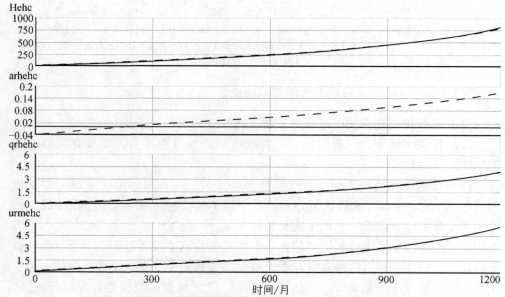

图 7-15　企业人力资本增殖模型模拟的高级工及影响其的变量曲线（初始参数）

从图 7-15 模型模拟的高级工曲线（虚线）可以看出，高级工呈现指数加速增长的行为特点，这是由于影响其积累水平的相关速率也呈同步的指数加速增长的特征。

7.3.4.2 初始参数下的模型模拟的高级工比例曲线及其相关变量曲线

再看如图 7-16 所示的高级工比例 hehcp 曲线特性，模型模拟的高级工比例曲线（即虚线，实线是改变参数后的对比曲线）呈指数增长渐近稳态目标值运行，到 600 个月，即约 15 年后渐近于稳定比例值 0.450 624，呈现鲜明的指数上升渐近于稳定比例 0.457 的寻的行为特性。这是一个由于企业高级工和总员工数呈现相同步调的指数加速增长的特性所决定的，因为 hehcp = Hehc/ehc。

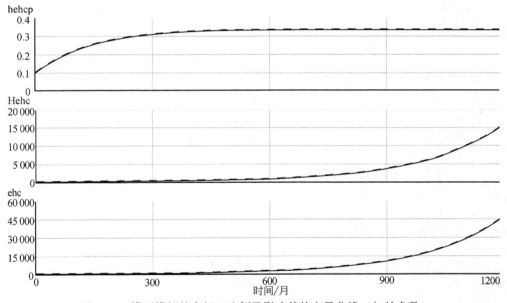

图 7-16 模型模拟的高级工比例及影响其的变量曲线（初始参数）

7.3.4.3 utmehc = 48，ifhehc = 0.01，qfhehc = 0.0025 高级工比例曲线

进一步改变影响高级工比例的参数，增加促进高级工增加的中级工成长速率和高级工雇佣速率参数各 1 倍，减少中级工成长时间一半和增加高级工增长比例系数 1 倍，同时减少促进高级工减少的高级工离职速率一半，可减少高级工离职比例系数一半，即取参数值 utmehc = 48，ifhehc = 0.01，qfhehc = 0.0025，来模拟高级工比例及相关变量曲线，如图 7-17 所示。

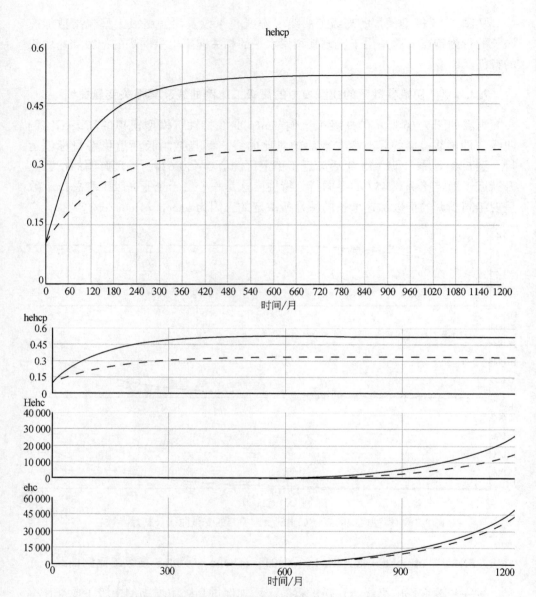

图 7-17　模型模拟的高级工比例及相关变量曲线 （utmehc = 48，ifhehc = 0.01，

qfhehc = 0.0025）

注：1. utmehc = 48，ifhehc = 0.01，qfhehc = 0.0025，其他初始参数不变；2. 在各图中从右边看，

处于上面的实线是改变参数后的模拟曲线，处于下面的虚线或粗虚线是初始参数的对照曲线

如图 7-17 高级工比例曲线所示（从右边看处于上面的实线，其中较低水平运行的是没有改变参数值前做对照的高级工比例曲线），果然如分析预测，高级工比例曲线仍然呈现鲜明的指数渐近运行特点，这是因为决定高级工比例 hehcp 水平的两个相关变量高级工 Hehc 与总员工 ehc 都是同步的指数加速增长模式，这样高级工比例一开始就以较快的速率增长，大约上升到第 660 个月，即 55 年时为 0.650 628，已经非常接近稳定状态水平的最大值 0.66，此后高级工比例基本上以渐减的几乎微不足道的速率增长，在现实系统可以不再考虑了。

参数的改变丝毫没有改变高级工比例指数渐近增长的运行模式，只是提高了高级工比例接近稳态时的目标值。当 3 个组合参数均按加倍或对应减半改变时，从 0.457 上升到 0.66，结构高级工占总员工的比例大约提高了 10.3 个百分点，说明参数作为战略性的政策变量具有比较灵敏有效的调控作用，只是同样需要考虑调整到达稳态的时间滞后约为 50 年，对于阶段性或偶然性的时间要求比较紧急的员工结构调整，则需要运用更直接的其他雇佣政策组合。

关于产值或收入率系数偏差调节权数 whehc 对高级工 Hehc 和高级工比例 hehcp 的影响作用机制，在中级工模拟时已经做过分析，与其相同，这里不再重复。

7.3.4.4 高级工与高级工比例模型模拟结论

（1）高级工同样呈现鲜明的指数加数增长特性。

（2）高级工比例也呈现明显的指数渐近运行的行为特点，即具有明显的寻的特性，这是因为系统中存在偏差调节机制的负反馈作用。

（3）高级工比例稳定值取决于参数中级工成长时间 utpehc、高级工增长比例系数 ifmehc、高级工离职比例 qfmehc，以及高级工偏差调节权数的组合情况，中级工成长时间越短、高级工增长比例系数越大、高级离职比例越低和高级工偏差调节权数越低，高级工比例稳态时越高。

因此，可以选择这些参数的组合来控制企业发展处于稳态时的高级工比例，以适应发展战略需要。当然需要特别指明，仅仅根据系统模型自发运行的话，高级工比例趋势近稳态目标值需要约 30～40 年左右的时间，这个时滞效应在制定战略时一定要考虑进去。

7.3.5 企业人力资本成长性增殖模型模拟的员工总量及其结构分析

7.3.5.1 员工总量曲线及其相关变量曲线模拟分析

如图 7-18 所示，企业员工总量，即人力资本总量 ehc 曲线呈明显的指数加速增长特性。这是因为企业保持一定增长率的雇佣政策，以及在企业产值或收入率系数偏差对新员工、中级工及高级工的调节机制的反馈作用下，一方面使各级员工通过吸收性增殖均有所增长，其中新员工呈现增速渐近于稳态值 0 的指数增长，熟练

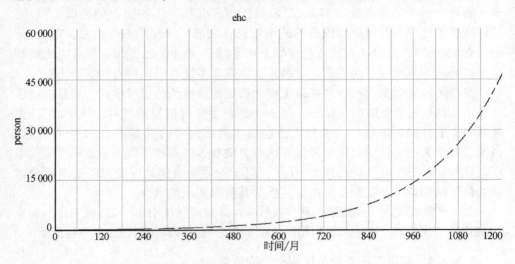

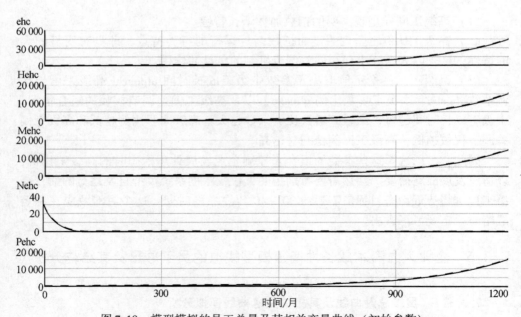

图 7-18　模型模拟的员工总量及其相关变量曲线（初始参数）

注：在各图中从右边看，处于上面的虚线为初始参数模拟曲线，处于下面的实线为改变参数模拟曲线

工、中级工和高级工均呈现指数加速增长；另一方面，由于各级员工的成长性增殖，在成长时间参数作用下不断地晋升为更高级的员工，使企业人力资本质量不断提升和结构优化，进而促使企业产值或收入率水平指数加速增长，平均产值或收入率水平也不断提升，渐近于稳态的目标值，其中新员工在成长性增殖和一定的离职率作用下最终会趋向于 0 的稳态目标值运行，而熟练工、中级工和高级工在雇佣速率、离职速率和成长速率的综合作用下呈现指数加速增长的行为特性，这些特性在前面各级员工的模型模拟中已经作过专门分析，这里不再重复。

7.3.5.2　各级员工增长比例系数加倍且离职比例系数减半时的员工总量曲线

一般说来，各级员工的增长比例系数和离职比例系数会决定总员工指数加速增长的快慢，通常各级员工增长比例系数越高、各级员工离职比例系数越低，总员工指数加速增长也越快。通过增加各级员工的增长比例系数 1 倍，减少各级员工离职比例一半，进行总员工数量的模型模拟曲线如图 7-19 所示。

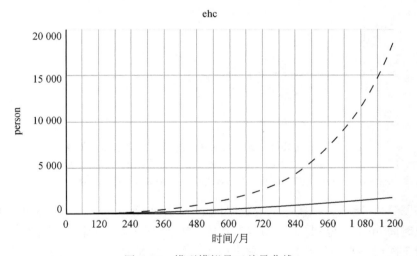

ehc

图 7-19　模型模拟员工总量曲线

注：右边看上面的虚线，提高各级增长比例系数 1 倍且降低离职比例系数一半

从图 7-19 可以看出，参数组合的改变并没有改变总员工增长模式的行为特性，仍然是明显的指数加速增长模式，但是改变参数后处于上方的虚线的总员工曲线比未改变参数前的下方的实线的总员工曲线明显增长更快，模型模拟证实了假设判断。员工增长比例系数和离职比例系数，可以作为有效的调整员工结构和员工数量的政策参数，这实际是现实中的雇佣强度和淘汰强度的学术语言参数，

研究证明了这些雇佣政策和淘汰政策对企业员工结构和数量调整、促进人力资本结构优化和质量提高具有灵敏性和有效性。

7.3.5.3　各级员工成长时间减半的总员工曲线模拟

各级员工总成长时间减半，加速企业内部各级员工的晋升速率1倍，会对总员工数量有何影响呢，这可以通过模拟总员工曲线来进一步观察。

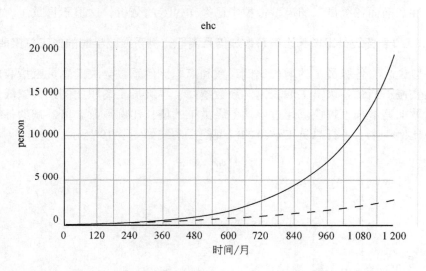

图 7-20　各级员工成长时间减半的模型模拟总员工曲线

注：1. 从右边看，上面的实线 ehc 的模拟参数取值：utnehc = 12，utpehc = 30，utmehc = 48；
　　 2. 从右边看，下面的虚线 ehc 的模拟参数取值：utnehc = 24，utpehc = 60，utmehc = 96

如图 7-20 所示，将新员工成长时间 utnehc、熟练工成长时间 utpehc 和中级工成长时间 utmehc 分别减半，取 12 个月、30 个月和 48 个月，得到图中的实线的总员工曲线，与初始参数下的虚线相比，员工成长时间减半后的总员工指数加速增长的速率明显加快了。根据模型结构，可以这样来解释，各级员工成长时间减半，意味着本级员工会以快 1 倍的速率向更高一级晋升，从而促进本级员工更快地被吸收进来，这样各级吸收进入的员工就会以更快的速率进行指数加速增长，由于从新员工、到熟练工、到中级工，再到高级工直到高级退休自然离开企业，员工在企业的停留时间通常会有 30～40 年，各级员工的加速成长和加速晋升，会使总员工也加速增长，但由于员工在企业中的工作时间总是有限的，最后会形成稳定的高中熟新员工比例结构，虽然总员工数在指数加速增长，但员工结构比例可以达到均衡，进而企业平均生产效率和生产效率系数都可以达到均衡稳定的水平，虽然企业总产值或收入率在不断地指数加速增长。其实这里的总生产率指数加速增长从根本上来说是企业各级员工指数加速增长所致。

7.3.5.4 各级员工比例曲线汇总模拟分析

在企业员工总数，即人力资本总量不断指数加速增长的过程中，企业员工的结构会如何变化呢，是否会最终形成一个各级员工的稳定的结构比例而使企业人力资本处于结构优化状态和高效产值或收入率水平呢，下面我们来分析企业员工结构变化和稳定状态问题，如图 7-21 所示。

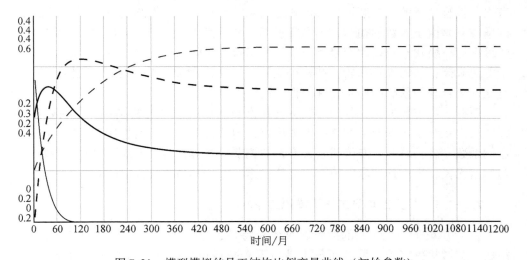

图 7-21　模型模拟的员工结构比例变量曲线（初始参数）

注：1. hehcp——虚线（右边从上而下的第 1 条曲线）；2. mehcp——－－－（右边从上而下的第 2 条曲线）；
3. pehcp——▬（右边从上而下的第 3 条曲线）；4. nehcp——右边从上而下的第 4 条曲线

从图 7-21 可以看出，模型模拟的员工结构在经过一定时期后会达到一个结构比例的稳定状态，这是因为各级员工比例都是按指数渐近稳态目标值运行行为的必然结果。如图 7-21 所示从右边看由下由上分析：最下面的第 4 条曲线表示新员工比例 nehcp 呈现典型的指数衰减于 0 的指数渐减运行模式；较下面的第 3 条曲线表示熟练工比例曲线 pehcp 则呈现先增长类似于抛物线增长到最大比例值后，就以指数渐减模式向着一个稳定的目标比例运行；较上面的第 2 条曲线表示中级工比例曲线 mehcp 的运行模式与熟练工类似；而图中最上面的第 1 条曲线表示高级工比例曲线 hehcp，则呈现明显的指数渐近于一个稳定的目标比例运行的特性。总而言之，企业各级员工比例曲线都是指数渐近稳定目标值的运行模式，表现出各级员工变量的鲜明的寻的行为特性，这是因为它们都至少存在一个负反馈回路结构所决定的，这与前面主要回路分析的系统模型结构相符合。

需要指出的是，各级员工比例曲线有些先增长而渐近目标比例运行，如熟练工比例和中级工比例，而新员工比例则是以典型的指数衰减趋向于 0 的模式运行，高级工比例则是以典型的指数渐增趋向于目标值运行，最终都是以趋向目标值的指数渐近目标的方式运行，这种运行模式是由它们都存在负反馈回路结构所决定的。当然，对于最初是先增长后衰减渐近，还是先下降后增长渐近，或者说直接就是增长渐近或衰减渐近，取决于状态变量和相关参数的初始值水平。总而言之，模型变量的指数渐近运行模式是由系统存在的负反馈结构决定的，而最初的增减只是由于参数的初始值不同所引起，初始值无论如何不会根本上改变变量的最终运行模式，只是改变趋近稳态目标运行的时间而已，这也进一步验证了一个普遍规律：结构决定功能，结构决定行为模型。所以，从长远战略层面考虑，建立一个合理的系统结构是管理的根本问题。

还有一点需要说明，各级工比例的稳态目标值是由系统的结构参数决定的，即由决定系统中速率变量的有关参数决定，包括各级员工的增长比例系数、离职比例系数、成长时间、产值或收入率偏差调节权数等，与状态水平等其他参数的初始值无关，当然其他参数值大小会改变运行趋近到稳态目标值的时间。

7.3.5.5　总员工与员工比例模拟结论

（1）总员工呈现鲜明的指数加数增长特性，这是由除新员工外的各级员工指数加速增长决定的，虽然新员工是指数衰减运行，但其很快趋近于 0 的目标值，其影响已经不复存在。各级员工的初始状态水平值不影响各级员工总体运行模式，也不会影响总员工的指数加速增长运行模式特性。

（2）总员工指数加速增长的快慢由各级员工指数增长的快慢决定，各级员工的增长率比例系数和离职率比例系数会决定总员工指数加速增长的快慢，通常各级员工增长比例系数越高、各级员工离职比例系数越低，总员工指数加速增长也越快；而各级员工的成长时间与总员工指数加速增长快慢无关，因为各种员工成长时间只改变员工在企业内部各级员工的转移速率，不会影响各级员工在企业内外之间迁移。

（3）各级员工比例也呈现明显的指数渐近运行的行为特点，即具有明显的寻的特性，这是因为系统中它们均存在至少一个负反馈结构的调节机制。

（4）各级工比例的稳态目标值是由系统的结构参数决定的，即由决定系统中速率变量的有关参数决定，包括各级员工的增长比例系数、离职比例系数、成长时间、产值或收入率偏差调节权数等，与状态水平等其他参数的初始值无关，当然其他参数值的大小会改变运行趋近到稳态目标值的时间。

（5）各级员工比例稳定值取决于参数如各级员工成长时间 utpehc、增长比例系数 ifmehc、离职比例 qfmehc，以及偏差调节权数的组合情况。因此，可以选择这些参数的组合来控制企业发展处于稳态时的各级员工的比例结构，以适应发展战略的需要。

同样需要特别指明，如果仅仅根据系统模型自发运行的话，各级员工比例趋势近稳态目标值需要 30～40 年左右的时间，这个时滞效应在制定战略时一定要考虑进去。

7.3.6　企业人力资本成长性增殖模型模拟的平均产值或收入率系数偏差分析

7.3.6.1　初始参数下的平均产值或收入率系数偏差及其相关变量曲线

模型中的企业平均产值或收入率系数偏差是建立企业人力资本成长性增殖主链与企业产值或收入效率协流之间联系和反馈机制的基本辅助变量，现在非常有必要进一步分析企业人力资本成长性增殖与企业产值或收入率系数偏差之间的影响因素和控制参数，以更好地选择创建控制企业人力资本增殖与生产效率提升的政策及参数。图 7-22 给出了初始参数下模型模拟的企业平均产值或收入率系数偏差及其相关变量的运行曲线。

如图 7-22 所示，模型模拟的企业平均产值或收入率系数偏差曲线呈现指数渐近趋向于一个稳态的目标值的运行模式，具有鲜明的寻的行为特性，这是在偏差所处的回路中至少存在着一个负反馈回路决定的，只要负反馈回路持续发挥负反馈机制作用，回路上的变量就会呈现指数渐增长（或衰减），进而渐近于稳态的目标值的运行特性，而无论其初始状态值如何，或者说由于干扰或超调作用，这些非结构性的因素顶多只是引起局部的暂时的震荡或偏离。因为平均产值或收入率系数偏差等于期望产值或收入率系数减去企业实际产值或收入率比例系数，即 discac = dacehc − acehc 。而企业期望产值或收入率模型中假定一个大于中级工产值或收入率比例系数而小于高级工产值或收入率比例系数，并且大于期初实际的企业平均产值或收入率比例系数 1.14 的一个常数 2.2，即企业平均产值或收入率是熟练工的产值或收入率的 2.2 倍。所以在偏差调整的负反馈作用下，企业实际的平均产值或收入率系数会向着期望产值或收入率系数渐近，一开始就表现为指数渐近的增长模式，但是不一定最后都能达到目标期望值，产值或收入率系数偏差在系统运行趋近稳态时也不一定为0，而是保持一个稳定值持续发挥反馈调整作用。所以企业实际的平均产值或收入率系数也是表现出指数渐近于稳态目标值的运行模型，也具有寻的行为特性，其机制与期望偏差是一样的。

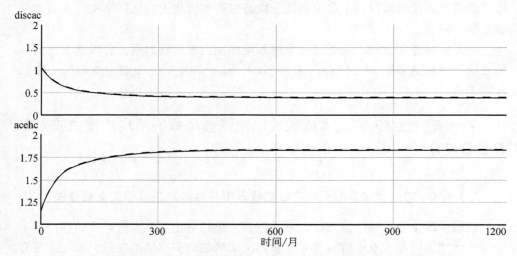

图 7-22　模型模拟的企业平均产值或收入率系数偏差及其相关变量曲线（初始参数）

企业产值或收入率系数偏差既然与期望产值或收入系数有关，期望产值或收入率系数是一个体现企业发展战略的政策目标参数，不妨调整期望产值或收入率系数来看看其是否会对企业平均产值或收入率系数起作用。

7.3.6.2　改变期望产值或收入率系数的模型模拟的平均产值或收入率系数

下面将期望产值或收入率系数提高到最大值 2.5（因为这已经是企业高级工的产值或收入率比例系数了）来改变期望产值或收入率系数偏差，通过模型模拟企业平均产值或收入率系数曲线，如图 7-23 所示，来看看企业平均产值或收入率系数偏差和平均产值或收入率系数的运行特性。

如图 7-23 所示，提高期望产值或收入率系数后，产值或收入率系数偏差相应提高了期望产值或收入率系数提高的量 0.3，而曲线运行模式和行为特性没有任何改变，产值或收入率系数偏差和平均产值或收入率系数分别仍然保持着衰减渐近和增长渐近稳态目标值的运行特性。不妨再通过降低期望产值或收入率系数，取期望产值或收入率系数为 1.5，来进一步模拟曲线进行检验，如图 7-24 所示。

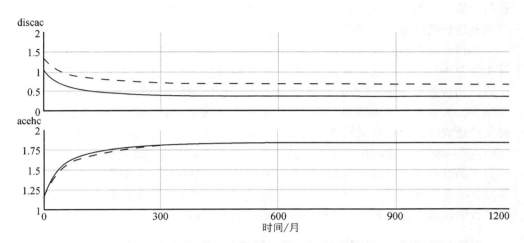

图 7-23　模型模拟的企业平均产值或收入率系数曲线（改变参数 dacehc = 2.5）

注：1. 上图中，上面的虚线为改变参数后的企业平均产值模拟曲线（dacehc = 2.5），下面的实线为初始参数的企业平均产值模拟曲线；2. 下图中，下面的粗虚线为改变参数后的收入率系数模拟曲线（dacehc = 2.5），上面的实线为初始参数的收入率系数模拟曲线

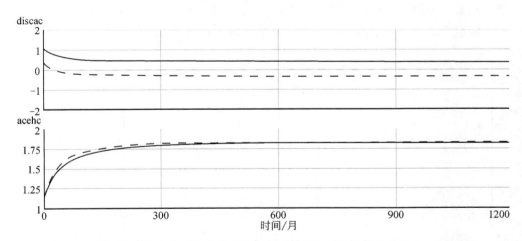

图 7-24　模型模拟的企业平均产值或收入率系数曲线（改变后的参数 dacehc = 1.5）

注：1. 上图中，上面的虚线为改变参数后的企业平均产值模拟曲线（dacehc = 1.5），下面的实线为初始参数的企业平均产值模拟曲线；2. 下图中，上面的虚线为改变参数后的收入率系数模拟曲线（dacehc = 1.5），下面的实线为初始参数的收入率系数模拟曲线

如图 7-24 所示，降低期望产值或收入率系数后，产值或收入率系数偏差相应降低了期望产值或收入率系数降低的量 0.7，而曲线运行模式和行为特性没有

任何改变，产值或收入率系数偏差和平均产值或收入率系数分别仍然保持着衰减渐近和增长渐近稳态目标值的运行特性。

如何解释产值或收入率系数曲线这样的运行模型特性呢？产值或收入率系数等于企业平均产值或收入率除以熟练工的产值或收入率，熟练工产值或收入是一个假设的常数5，而企业平均产值或收入率取决于各级员工的产值或收入率和员工结构，进一步可以理解为取决于各级员工产值或收入率系数与员工结构，各级员工产值或收入率系数又同样是一个事先假设的常数，这样能改变企业平均产值或收入率系数的因素就是企业员工结构了。那么，偏差的负反馈调节作用能否改变员工的结构呢？好像通过偏差调整权数应该对员工雇佣进而对员工结构改变起作用，但是为什么没有改变企业平均产值或收入率系数呢？下面进一步改变偏差调节权数参数来模拟是否对产值或收入率系数有影响。

7.3.6.3 改变偏差调整权数的模型模拟企业产值或收入率系数

不妨再改变产值或收入率系数偏差对各级员工的调节权数，提高高级工和新员工的偏差调节权数5倍，降低中级工的偏差调节权数为1/5，即取高级工、中级工和新员工的产值或收入率系数偏差调整权数分别为1.5、0.1和1.0，来进一步模拟产值或收入率系数曲线进行检验，如图7-25所示。

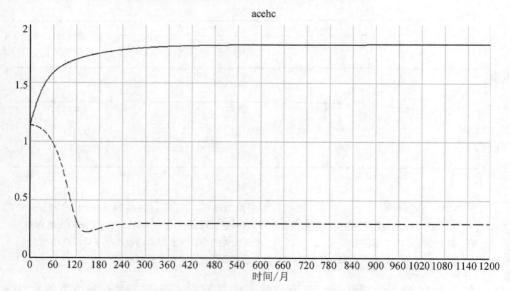

图 7-25 模型模拟的产值或收入率系数曲线（whehc = 1.5，wmehc = 0.1 且 nehc = 1.0）

注：上面的实线为企业产值模拟曲线；下面的虚线是收入率系数曲线

　　从模型在改变偏差调整权数组合模拟出来的产值或收入率系数来看，产值或收入率系数明显下降了，但依然保持着指数渐近目标运行的寻的特性，并且目标值是新员工的产值或收入率系数 0.3，一是产值或收入率系数明显太低了，二是为什么运行到稳态时的产值或收入率系数刚刚等于新员工的产值或收入率系数呢？需要进一步分析研究给予解释。产值或收入率系数变化需要从员工结构找原因，再进一步在此参数组合下来模拟各级员工比例情况，如图 7-26 所示，看能否解释产值或收入率系数变化的问题。

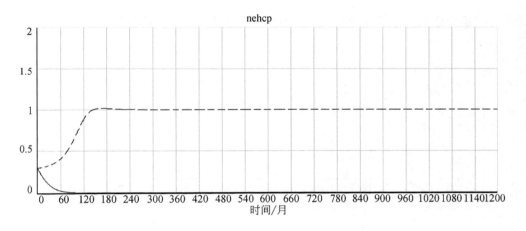

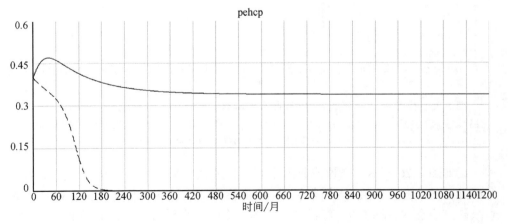

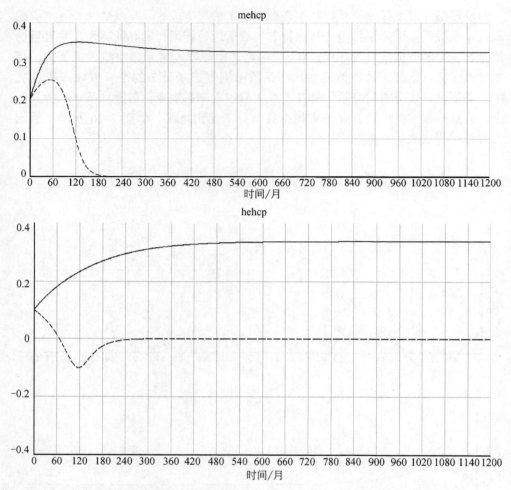

图 7-26　模型模拟的各级员工比例曲线 （whehc = 1.5，wmehc = 0.1 且 nehc = 1.0）
注：自上而下各图中的曲线分别是新员工、熟练工、中级工和高级工的比例曲线和收入率系数曲线，
每图中实线为员工比例曲线和虚线为收入率系数曲线

正如图 7-26 所示，产值或收入率系数偏差调整后，新员工比例迅速指数上升渐近于稳态的目标值 1，即新员工比例达到 100%，而其他各级员工则是指数衰减趋向稳态的目标值 0，经过员工比例结构达到均衡的稳态，全部由新员工构成，这就很好地解释了企业发展到稳态后的产值或收入率系数刚刚等于新员工的产值或收入率系数的问题，因为模型设定新员工的产值或收入率偏差系数为 0.3。

产值或收入率系数偏差调整权数虽然能够解决导致的产值或收入率系数改变和员工结构相应改变的问题，但是还是存在一些不正常的现象和问题，一是不同等级的员工比例出现了负值或大于1的不符合现实情况的离奇运行特点，二是员工比例出现了超调的问题。是不是产值或收入率系数偏差的调整权数组合出现了问题呢？分析发展，新的偏差调整权数组合的总和等于2.6，不符合偏差调整权数之和应该等于1的常理，所以出现了超调现象，按偏差调整权数之和等于1的原则改变偏差调整权数组合，再来模拟分析偏差调整权数与员工结构及产值或收入率系数的关系和运行特性。

7.3.6.4 偏差权数与员工结构及产值或收入率系数的关系分析

是不是偏差调整权数设计存在问题，高级工权数和新员工权数设置太大、而中级工和熟练工的调整权数太小呢？为了弄清偏差调整权数对员工是否和有怎么样的影响，不妨再根据现实系统的一般情况按权数之和等于1的常理来选择偏差权数组合来再次模拟。现在取值 whehc = 0.4，wmehc = 0.2 且 wnehc = 0.4，模拟的产值或收入率系数和各级员工比例曲线如图7-27和图7-28所示。

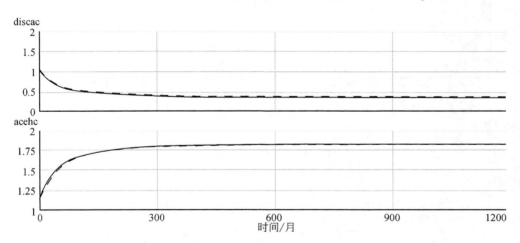

图7-27　模型模拟的产值或收入率系数及其偏差曲线（whehc = 0.4，wmehc = 0.2 且 nehc = 0.4）

注：实线为初始参数的变量曲线，虚线为改变参数的变量曲线

从图7-27的产值或收入率系数偏差和产值或收入率系数的模型模拟曲线可以看出，它们变为了正常的指数渐近运行模式，并且稳态的目标值与改变参数时基本一致，这是参数组合变化太小还是巧合呢，后面再进一步模拟检验。先看看此参数组合改变条件下的员工结构变化是否支持产值或收入率系数及其偏差的运

行特性。模型在改变的偏差调整权数的参数组合下，模拟各级员工比例曲线，如图 7-27 所示。

从图 7-28 的各级员工比例曲线（虚线，下方线）来看，参数组合改变除了初期运行略微偏离初始参数下的对照曲线（实线，上方线）外，最终各级员工比例曲线运行到稳态后的目标值与最初情况基本一致，说明偏差调整权数参数组合对员工比例结构没有根本性的影响，更不会改变员工比例曲线的运行模式。下面再选择一组偏差调整权数组合 whehc = 0.1，wmehc = 0.7 且 nehc = 0.2，进行模拟验证这个关系规律。如图 7-29 所示，模拟的曲线效果与预计非常相符，预计正确。

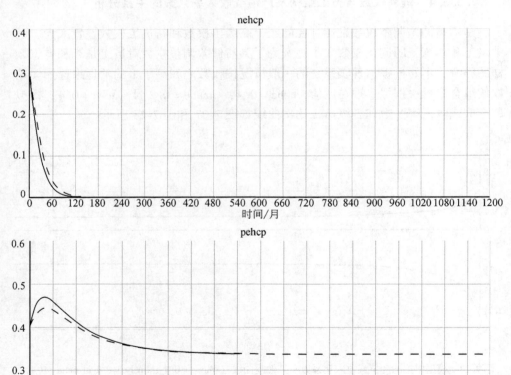

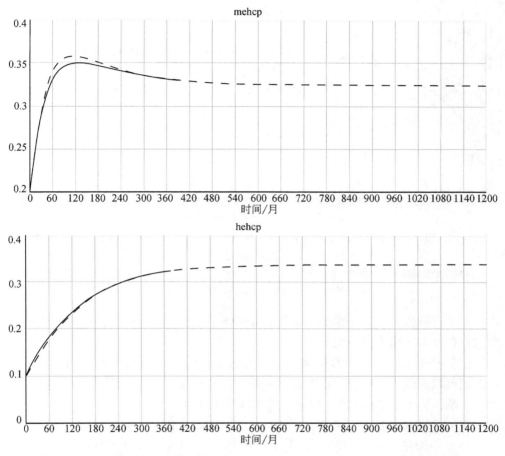

图 7-28　模型模拟的各级员工比例曲线（whehc = 0.4，wmehc = 0.2 且 nehc = 0.4）

注：在各图中从左边看，nehcp 和 mehcp 中的下面实线、pehcp 和 hehcp 图中的上面实线为
初始参数的变量模拟曲线，nehcp 和 mehcp 中的上面虚线、pehcp 和 hehcp 图中的
下面虚线为改变参数的变量模拟曲线

7.3.6.5　产值或收入率系数偏差及其权数的模型模拟结论

（1）企业产值或收入率系数及其偏差呈现明显的指数渐近运行模式，是渐增还是渐减或者先增后减或先减后增，取决于变量本身的初始值和期望偏差初始值，但这些初始参数取值不会改变变量运行的指数渐近运行模式的行为特性。

（2）期望产值或收入率系数改变不会影响企业稳态运行后的平均产值或收

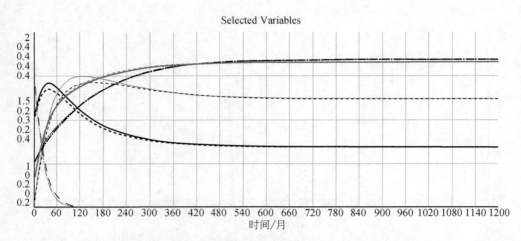

图 7-29　模型模拟的产值或收入率系数和各级员工比例曲线（whehc = 0.1，wmehc = 0.7

且 nehc = 0.2）

注：图形曲线是程序软件根据参数自动绘制，不同曲线是用颜色来区分无法改变为粗细虚实来区分，

因是黑白印刷通过括号中说明的相对位置来区分

入率系数目标值，也不会影响稳态的企业各级员工结构的目标值，因偏差的影响会被雇佣速率等速率变量消化。

（3）产值或收入率系数的偏差调整权数选择组合应该按权数之和应等于1偏差调整权数组合，对企业稳态运行时的产值或收入率系数和员工比例结构基本没有影响，除了在寻向目标达到稳态之前略有影响外。

（4）企业稳态运行时的平均产值或收入率系数取决于企业员工比例结构。

（5）企业稳态运行时的各级员工比例结构主要由各级员工增长比例系数、离职比例系数和成长时间等企业可控的政策参数组合决定，这些政策参数正是企业制定人力资本策略和制度的重要参数，是政策的杠杆作用点，当然这需要配合具体的人力资本产权制度、综合激励制度等，通过制定雇佣、晋升和解雇政策，才能真正有效地促进企业人力资本吸收性增殖和成长性增殖实现。

本 章 小 结

本章进一步在系统动力学的指导下研究了企业人力资本的成长性增殖，分析了影响因素，建立了成长性增殖模型并进行了模型模拟分析。

第一，明确了企业人力资本成长性增殖的含义和特征，强调企业人力资本吸引性增殖为成长性增殖奠定了基础和提供了种子，种子需要在企业环境的阳光养分和政策制度下，通过培训、干中学和教育保健等增殖路径和人力资本投资以及管理激励等，才能发芽成长进而枝繁叶茂，有效实现成长性增殖。

第二，基于企业人力资本成长性增殖的研究核心目标，运用系统动力学的老化链和协流技术工具，建立了由新员工、熟练工、中级工和高级工四级状态变量的企业人力资本增殖主链和与企业产值或收入率系数形成反馈回路的协流组成的企业人力资本成长性增殖的因果关系图、模型流图和系统动力学模型程序清单，并对模型根据一般企业情况给予了初始参数赋值，进行了检验评价。

第三，运用 Vensim 软件对企业人力资本成长性增殖模型的主要状态变量和企业平均产值或收入率系数等进行了模拟分析，通过初始参数和参数改变的模型模拟，找到了企业各级员工状态水平的运行模式特性，即从长期趋势来看，企业新员工呈指数衰减运行模式，熟练工、中级工和高级工呈指数加速增长模式，各级员工比例最终会达到均衡的稳态，稳态时的员工比例结构由各级员工的增长比例、离职比例和成长时间等参数决定，进而也决定了稳态时的企业产值或收入率系数。

8 企业人力资本增殖的策略选择与制度设计

研究企业人力资本增殖，必须从战略上明确和分析增殖的种类、过程和机制等基本问题，从全局和战略上把握人力资本增殖的运行模式和主导方向，又要根据理论模型指导，结合企业实际和市场机会，本着最大化增殖企业人力资本和抓住机遇加快发展的目标，建立企业人力资本与企业发展战略灵活适应和良性互动的策略和制度，既着眼于长远战略又密切把握市场机会，目标是促进企业健康发展和人力资本高效增殖的和谐互动和灵活支撑。本章根据企业人力资本增殖理论模型和模拟启示来分析研究企业人力资本增殖的策略选择与制度设计，将理论研究和模拟启示落实到企业人力资本增殖管理实践中。

8.1 企业人力资本增殖的策略选择

无论是企业人力资本增殖的主模型，还是吸收性增殖模型和成长性增殖模型的设计构建和模拟分析，都始终要坚持企业人力资本增殖与企业又好又快发展的良性互动，设计有效的二者互动机制，这是我们进行企业人力资本增殖的策略选择必须注意的根本前提和重要基础。否则，就会造成企业人力资本增殖与企业生产发展脱节，可能导致企业人力资本无效增殖、过度增殖或者增殖不足等问题，这也是在现实企业系统中经常存在的人力资本增殖问题，如过度教育、无效培训和成长乏力。建立有效的企业人力资本增殖与企业又好又快发展的良性互动机制，必须强调以下几点。

（1）企业人力资本增殖方向和强度应该始终立足于企业情境。企业人力资本增殖的首要目标是提供有效支持企业发展战略的人力资本基础，这就需要在进行企业人力资本增殖策略选择时，明确在当下企业发展战略下，企业生产发展和业务开拓究竟需要什么类型、什么规模、什么质量、什么水平的人力资本支撑，不仅仅是眼下，还要考虑长远，因为企业人力资本增殖是一个较长时期积累和发展的过程，从增殖到应用有一个较大的时滞效应。

因此，企业人力资本增殖方向和强度的策略选择，应该在企业发展战略指导下，仔细分析研究企业的管理情景、技术情景和人际情景的具体要求，一方面通过选拔吸收外部的合适的人力资本通过工作迁移进入企业，播撒人力资本增殖的金种子，实现吸收性增殖；另一方面，更要注重依据人力资本应用岗位和企业战略的要求，设计激励性开发性的人力资本制度政策，通过科学合理的人力资本投资，使人力资本种子沿着培训、干中学、教育保健等增殖路径发芽成长并枝繁叶茂，有效实现成长性增殖。

当然，在设计人力资本增殖的策略时，不仅仅要规定各级员工的成长晋升时间，更重要的是要提供人力资本的成长空间、增殖条件、施展舞台和充分激励，创建人力资本吸收性增殖和成长性增殖的长效机制，这样才能真正有效地实现企业人力资本的有效互动增殖。

（2）企业人力资本增殖联动机制应着眼于企业战略目标。企业发展战略是指导企业全面长远发展的纲领性政策文件，是企业一切工作的统领和方向，企业人力资本增殖是企业发展人的方面，自然要依战略而行。企业发展战略的最根本的方面是企业生产经营目标的要求，这是企业战略目标的最重要内容。

前面企业人力资本增殖模型的模拟分析也清晰地告诉我们，人力资本增殖应该与企业产值或收入偏差建立灵敏关联机制，实际上就是与企业战略目标灵敏关联，再加上企业人力资本策略下的偏差调整系数的有机配合，在增殖模型的作用机制下，可以说企业战略是企业人力资本增殖的非常有效的控制机制，应该高度重视这个联动机制作用的充分发挥以实现人力资本有效增殖。

（3）企业人力资本增殖利润驱动应注意两种资本积累均衡。企业人力资本增殖模型模拟分析，揭示了企业利润驱动是企业人力资本指数加速增长的非常有效的作用机制，在具体人力资本增殖策略选择时，还有一个企业利润对人力资本积累的合理分配结构的问题：一是处理好利润积累在人力资本与物质资本积累上的平衡与协调，这需要根据企业发展的资本技术构成、资本有机构成和资本公正回报要求在总体上安排好人力资本投资与物质资本投资的比例，实现两种资本的协调互动；二是人力资本投资也有一个结构合理分配的要求，即将人力资本投资在招聘信息系统建设、招聘实践活动、吸引力因子构建、人力资本回报激励，以及培训开发、教育保健和干中学等增殖路径上的合理分配问题，这需要具体情况具体安排，也要立足于企业发展战略基础。

（4）企业人力资本增殖策略制定应始终注意增殖延迟作用。企业人力资本增殖政策制度是要保证企业人力资本增殖有效支撑企业发展战略，而企业发展战略往往需要着眼于企业未来发展需要，在历史统计资料、科学预测和合理判断的基础上制定，可以说战略制定的依据已经与实际情况可能存在差距了，即战略制定存在超前时差；同时企业人力资本增殖需要一个较长的过程，招聘到上岗正式有效应用又存在一个较大的滞后时差。

这样企业战略制定与人力资本增殖就存在一个较长时间的延迟机制，这期间可能还有许多偶发因素干扰，这会大大增加人力资本动态管理和有效增殖的难度，因此需要在企业人力资本政策制定和管理实践中具有战略敏感性和操控艺术性，才能比较好地驾驭企业人力资本增殖的实践活动，否则容易造成人力资本增殖与应用的脱节或错位，进而导致企业生产大幅波动。所以，企业选择人力资本政策制度时应该始终注意应用与增殖的延迟机制作用，做到科学预测、灵活管理和主动应对。

（5）企业人力资本增殖应把握好吸收性增殖与成长性增殖的均衡。从增殖过程来看，企业人力资本增殖包括吸收性增殖和成长性增殖两种主要方式，吸收性增殖为成长性增殖提供了有效的金种子，成长性增殖则在企业人力资本应用和管理实践中，促使金种子发芽成长进而枝繁叶茂，实际上是人力资本质量提升结构优化的过程，更是形成企业专用性人力资本的基本机制的过程。而企业人力资本成长性增殖模型模拟分析揭示了一个规律：新员工水平和新员工比例按照模型本身的自然机制运行，是一种指数衰减趋向于稳态目标值0的运行模式，也就是新员工总是有衰减于稳态目标值0的寻的特性。因此，企业需要建立根据企业发展需要直接雇佣一定新员工的雇佣政策，这样才能保证新员工在企业员工结构中拥有一定的比例，以保持企业的活力和创造性，也可以让企业更具有环境适应能力，为人力资本成长性增殖提供足量又有效的种子。人力资本成长性增殖是新员工在企业中发展成长和技术能力提高的过程，形成的适用本企业的更有效发挥专门作用的专用性人力资本，是企业核心竞争力的重点所在，也需要高度重视。

两种人力资本增殖方式的比例结构需要根据具体情况灵活确定，而各自的增殖策略和具体方法也有所不同，吸收性增殖主要通过建立高效的招聘信息系统、设计富有吸引力的政策条件组合和科学准确的招聘筛选来实现，成长性增殖主要是更科学地设计各级员工成长时间、发展空间、成长舞台、公正回报、充分激励、晋升条件等制度政策并通过管理实践来贯彻执行，促进人力资本成长性增殖更好地实现。

8.2 企业人力资本增殖的制度设计

企业人力资本增殖的策略选择，只是为企业人力资本增殖指明了途径和方式，具体的人力资本增殖的实现机制，还需要建立相应的人力资本增殖制度，形成内在的强大动力，驱使企业人力资本高效增殖成为现实。这就需要分析研究企业人力资本的产权制度和综合激励制度设计以及学习型组织创建。

8.2.1 企业人力资本产权制度

通过企业人力资本增殖模型构建和模拟分析，发现人力资本增殖的重要动力来自于人力资本对投资回报的追求，企业人力资本作为一种富有创造性的活的资本，其本身的人力性与资本性决定了人力资本不仅仅是追求自身形成的投资补偿，更要追求投资增值，所以企业人力资本要能有效增殖，只能激励不能压榨，应该给予人力资本使用的工资性回报和产权性回报，即还要参与企业剩余权的分配等。因此，依据人力资本本身特点和在生产活动中的创造潜能，建立人力资本与物质资本公正分配企业剩余的产权制度，是促进人力资本有效增殖的根本。

8.2.1.1 人力资本产权的特性

（1）人力资本所有权主体是多元的。人力资本承载者本人是人力资本必然的所有者之一，在任何历史时代，人力资本所有权都不曾完全私有过。

（2）任何主体都不能拥有完整的人力资本产权。人力资本产权的任何主体所拥有的人力资本产权呈现非完整性，换言之，人力资本产权的任何主体都不能拥有完整的人力资本产权。

（3）人力资本效能发挥受其人格主体控制。人力资本承载者在一定局限条件下对人力资本价值的实现发挥作用。随着社会发展、生产力进步，人力资本承载者的意志和行为对人力资本产权的实现及效能发挥越来越起决定性作用。

（4）人力资本效能发挥只宜激励不宜"压榨"。以租赁方式代替购买方式，即人力资本产权的使用权暂时转移及让渡，是人力资本市场交易的必然趋势。这除了因为租赁（雇佣）较经济、成本低之外，更是因为人力资本的天赋个人独有性，只宜租赁不宜购买，只宜公正激励不宜强行"压榨"（郭正模，2008）。

人力资本产权的实现及效能的发挥程度取决于对人力资本产权主权的激励，主要包括剩余索取权和企业控制权的公正分配。人力资本产权所有者共同拥有企业的控制权可以调动员工的工作积极性，减少企业激励监督的成本；可以改善企业委托—代理关系中监督不足、信息不对称的问题，降低代理成本；提高企业的治理效率；可以缓解员工权益受损、劳资关系紧张。这样就可以将"委托—代理"关系变成"委托—代理—自理"关系，从而改善公司治理（邓汉慧和罗玉娟，2008）。

8.2.1.2　企业家人力资本产权设计

1）企业家人力资本剩余索取权激励制度安排

从经济学角度来看，企业正常利润是企业家才能的报酬，那么，企业家就应获得利润或企业剩余。而企业超额利润主要来自三个方面：一是企业家创新的结果，是承担一定风险的报酬；二是企业凭借垄断地位获得；三是来源于企业的创新。从第一方面讲，既然超额利润是创新（包括技术创新和组织创新）的结果，那么从事创新的企业家和其他人力资本产权所有者就应分享企业剩余（超额利润）。从第二方面讲，如果企业的垄断地位是由于技术创新获得的，同样，从事创新的人力资本载体就应分享企业的剩余。从第三方面讲，企业家亦应分享企业的剩余。这样，不论是从人力资本产权特征的角度出发，还是从企业剩余（利润）产生的角度出发，企业家人力资本的所有者都有权分享企业剩余，拥有企业的剩余索取权。

在具体的人力资本载体分享企业剩余的制度安排中，股票期权制度就是一种较好的能够使企业家人力资本拥有企业剩余所有权的产权制度安排，能够比较有效地激励企业家人力资本实施创新决策，提高企业的创新能力。因为在当前的经济形势下，企业的管理和技术水平决定企业的核心竞争力，而企业的核心竞争力决定企业的业绩，即技术创新→企业竞争能力→企业的业绩，只有给予企业家相应的剩余索取权，企业家才有动力进行创新活动。

股票期权建立了其受益人与企业之间的资本纽带，将前者自身的效用和后者的利润紧密联系在一起，在很大程度上可有效地解决委托—代理问题、人力资本的未充分发挥的问题和分配制度或激励制度不当或滞后的问题。股权奖励、干股、经理人持股等也是对企业家比较适用的产权激励制度，其激励原理同股票期权基本一致，也是使代理人获得剩余索取权，从而使其经营目标与物质所有者一致。企业家从长远目标考虑，可将企业家能力向创新方向配置。

以上是能够使企业家分享企业剩余的长期激励制度。还有一种比较有效的短期激励制度：年薪制。其激励机理是分成制：年薪分为固定报酬和浮动报酬两部分，浮动部分与经营者的业绩挂钩，在信息不对称的情况下，激励企业家努力工作。

2）企业家人力资本企业控制权激励制度安排

对控制权的研究最早始于伯利和米恩斯，他们通过实证研究在 1932 年出版了《现代公司与私有财产》，提出了著名的"所有权和控制权分离"的命题。钱德勒《看得见的手——美国的企业管理革命》，提出和印证了所有权和控制权及其分离的事实，但是并没有明确界定所有权和控制权。GHM（Grossman，Hartand and Moore）理论深入研究了所有权和控制权及其与非人力资本和人力资本的关系，以及权力在企业各要素所有者之间的最优配置问题，同时将所有权定义为剩余控制权。但他们对控制权的定义是很模糊的。（塞明等，2006）所谓控制权，根据张维迎的定义，是指"当一个信号被显示时决定选择什么样的权威"（张维迎，1995），即关于生产经营和收入分配等问题的决策权。周其仁把企业家对企业的控制权定义为排他性利用企业资产，特别是利用企业资产从事投资和市场营运的决策权。实际上，控制权就是决策权，这种决策权影响着企业全部或部分的人、财、物及其他资源的使用。按照产权理论，企业的契约控制权可分为合同控制权和剩余控制权。与企业所有者具有剩余索取权相对应，企业家具有剩余控制权。

从人力资本所有者技术创新激励问题的本义看，其直接报酬无疑是最直接的影响因素，但实质上在技术创新中的控制权对人力资本所有者的激励更具有根本的决定意义，因为人力资本所有者获得技术创新控制权是其激励问题产生的前提，其货币报酬和非货币报酬可认为是对人力资本所有者运用控制权成果的回报（蒲勇建和王昌林，2010）。

企业家人力资本在技术创新中的作用主要是进行创新决策、制定创新政策和配置创新资源。只有赋予企业家控制权，企业家才能有效地执行其职能，发挥其在企业技术创新中的作用。而从管理学对激励的认识来说，能满足人的需要的因素就可以作为激励因素，因此控制权回报是可以作为一种激励制度的。具体地说，控制权之所以能成为企业家的激励因素，是因为控制权能满足企业家三方面的需要：①在一定程度上满足企业家施展才能、体现"企业家精神"的自我实现的需要；②满足控制他人或感觉优越于他人、感觉自己处于负责任的权力需要；③使得企业家具有职位特权，享受职位消费，给企业家带来正规报酬激励以外的物质利益满足。能满足企业家这三方面的需要是控制权成为企业家激励因素的内在机理。对于创新型企业家而言，通过授予较多的控制权，可以使其更加有效地促进企业的技术创新活动，避免不必要的外界干扰。通过控制权的授予，一方面创新型企业可以更加有效地开展技术创新活动，另一方面在开展技术创新活动中，企业家被赋予了相应的权力，可以自主地开展决策，有利于其发挥自身的能力，实现企业家的"自我实现需要"。所以，对于创新型企业家，控制权激励是一种有效的激励方式。

企业控制权构成对企业家努力和贡献的一种回报。这里的基本机制是：企业家对企业承担的责任和所作的贡献，与他事实上得到的企业控制权有很强的正相关的关系。显然，"控制权回报"作为对企业家贡献的一种激励机制，其激励有效性和激励强度取决于企业家的贡献和他所得到的企业控制权之间的对称程度。这似乎与通过"剩余索取权"来回报企业家贡献的机制相同。区别在于,"剩余索取权"意味着分配和享用企业创造的剩余,而"企业控制权"意味着企业家有权支配企业资源去从事决策性的工作(周其仁,2002)。我国企业对企业家激励的一方面就是体现在控制权激励上,这也造成了"内部人控制"问题。因此,还要对企业家经营控制权进行约束。约束一般有内外两个方面,一方面是内部约束,就是公司治理结构中股东、董事会和监事会等方面的监督约束;另一方面是来自外部的约束,如经理人市场、资本市场和产品市场等市场的约束。

3)建立企业家声誉机制,促进企业持续创新和健康发展

现代企业理论和现代人力资本理论前沿成果认为声誉不仅是企业家的一种激励机制,更是企业家分享企业所有权的一种投资策略。企业家分享企业所有权是企业家进行声誉投资和资本家重复博弈的结果(罗丽英和肖正斌,2008)。

8.2.1.3 一般人力资本产权制度设计

在企业内部能够激励企业家人力资本进行技术创新的制度主要体现在所有权制度安排上。只要企业家人力资本拥有了剩余索取权和相应的控制权,并建立相应的声誉激励机制,保证能够获得通过技术创新增进企业绩效所带来的利益,那么为了企业的长远发展和在市场竞争中处于有利地位,企业家就有动力进行技术创新和通过投资促进企业人力资本高效增殖和充分应用。当然,企业内部的所有权安排只是推动企业家进行创新决策和创新活动的一个必要条件,此外,企业家的社会地位、任命制度、经理人市场、资本市场状况等其他外部制度环境也是促进或制约企业家是否从事创新活动的重要因素。在企业家能力朝着技术创新方向配置以后,他的另一个创新就是企业内部的制度创新:如何在企业内部建设一个有利于创新的制度环境,鼓励研发型、技能型、管理型和营销型等人力资本更好增殖与应用,促使企业各种人力资本主体更积极、更主动、更有效地从事技术创新和生产创造活动,形成企业人力资本发展与企业发展的良性互动局面(孔宪香,2008)。

基于对人力资本增殖和利用的激励,根据人力资本能力建设成长规律,本着公正合理、合作共赢和注重效率原则,可以设计企业人力资本产权制度如下:

(1)人力资本产权的所有权由企业和人力资本人格化载体的员工共同所有,企业与员工对人力资本产权的拥有比例因双方投资情况、人力资本类型水平及效能、在企业生产中的贡献对比、双方谈判力、人力资本供求状况及市场的完善性等有所区别,其中最关键的因素是人力资本的效能和双方谈判力对比。

一般说来，对于专用性较强、质量较高、效能较大、创造力强以及市场供不应求等因素导致谈判力较强的人力资本，其人格化主体拥有的人力资本产权比例会偏大一些，这也是因为其工作创造性强不容易监督，能动性发挥程度大，企业管理者为了充分调动其创造性更好发展效能，也愿意让渡一部分人力资本产权给其载体。这种情况在我国对高级管理者和高级技术人才实施年薪制或股权期权激励也可以得到间接证明。

（2）关于人力资本产权的处分权。对于自动关闭或部分发挥效能的人力资本产权处分权，基本上由人格化载体自身判断其拥有的人力资本质量和水平并与受到的回报激励水平对比来决定。企业可以通过激励制度设计、加强思想道德建设和企业文化建设来引诱人格化主体尽量发挥利用其承载的人力资本效能；对于人力资本服务企业期限方面的人力资本产权之处分，目前现实的方法是主要通过员工与企业双方签订劳动合同规定来安排，通常会规定接受过企业较多专业培训的员工、服务企业应该不少于五年等。

（3）关于人力资本产权的收益权，通常劳动力市场供应充裕的人力资本人格化主体会按市场价值通过规范化的工资福利等薪酬形式取得与其相应的收益，而对于供不应求的高级人力资本通常除按照市场价值取得工资等回报外，还会根据人力资本效能发挥和绩效情况给予相应的剩余分配权，这主要通过企业激励制度和双方谈判博弈来确定。因为专用性强的高级人力资本更容易受到激励而能动性地发挥出更大的创造剩余价值的效能。

需要强调的是，企业人力资本产权制度设计具有灵活性，不同企业之间会有很大差别，不同类型等级的人力资本产权也会大不相同，还需要建立配套的声誉激励机制才能更有效地激励企业人力资本高效增殖和创造性应用。

8.2.2　企业人力资本综合激励制度

通过前面的分析研究得知，企业人力资本增殖的基本方式大致有两种类型：一是吸收外部具有较高质量和水平的人力资本进入企业，直接增加企业人力资本人格化载体的个体数量，促进人力资本增殖，相当于前面分析的通过工作迁移路径让优质人力资本迁移进入企业，这主要是通过企业提供给人力资本应用的良好工作待遇、发展机会、工作环境、企业文化等，可以设计企业人力资本的吸引筛选模型来实现；二是设计基于人力资本增殖应用的科学公正薪酬晋升等激励制度，即人力资本的具体实现方式的相关制度，通过激励制度产生的动力，促进企业员工个体的人力资本高效增殖和充分应用。

这两种企业人力资本增殖的类型可以用这样的比喻来生动形容，第一种方式相当于企业组织机体的细胞繁殖而数量直接增加，第二种方式相当于企业组织机体的细胞生长发育而直接长大。

8.2.2.1 企业人力资本的吸引筛选模型

人才过滤是一个复合的概念。人才过滤是多层次的过滤，人才个体、职位、组织（地区）乃至行业均可以作为过滤的主体。过滤的方向既包括向下的过滤，也包括向上的过滤。人才向下过滤是组织对人才资源进行筛选和淘汰，以保证人才的使用质量和使用效率，并使组织实现有效的竞争机制，保持活力；人才向上过滤是通过组织对人才进行培养，或者人才在组织中和组织外自主接受教育、培训，从而在知识、技术、能力、素质等诸多方面得到提高，这些提高表现在其学历、职称、职位等方面的提升，即可以被认为是向上过滤。如果以向下过滤为一般意义上的过滤，则向上过滤也可以说是人力的逆向过滤（李永华，2007）。

在人才向上和向下过滤的牵引力均衡时，人才处于一种过滤均衡状态。从时间纬度上进行考虑，在绝大多数情况下，人才总是处于过滤均衡状态，这种状态占据最长的时间段。从另一个角度来说，过滤均衡实质也可以说是量变的过程，是累积能量的过程。当能量累积到一定的状态点，或者说达到临界点时就会出现质变，也就是发生向上或向下的过滤。当人才个体积累的能量超过原有职位的需求时，就会出现对职位或者组织的向上过滤。而职位或者组织需求在经过一定阶段的累积之后，对人才的需求也会出现提升，如果其没有提高或提高的幅度达不到职位或者组织的需求，就会对人才进行向下的过滤。在过滤均衡状态之下的个人或组织并非没有任何变化，而是变化处于缓慢渐进的过程，不易察觉，虽然在表现形式上没有变化，但内涵和内涵基础之上的要求均在悄悄发生变化，是在为过滤行为的发生准备条件。

人才过滤是市场需求的结果，而过滤示范效应必然引导人才个体向上过滤，最终结果是组织人才活力的提升。作为人才活力提升的内在动力机制，人才过滤需要一系列的条件。将人才双向过滤的关系及影响因素进行归纳和简化，可得出人才过滤的简化模型，如图 8-1 所示。

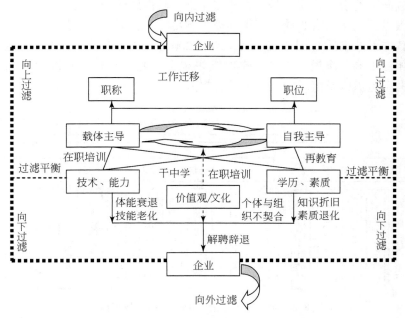

图 8-1　企业人力资本增殖的吸引筛选模型

注：模型参考李永华博士论文《基于城市经济成长性的城市人才活力研究》中人才资源发展
双向过滤关系及影响因素关系改造建立

1）企业人力资本的向上过滤

人才向上过滤是以个人的学历、职称或职位为过滤主体，一方面指人才个体通过接受再教育、在职培训或"干中学"不断增殖人力资本，使得自身的知识、能力、素质不断提高，当综合累积达到一定程度时，人才即会对原有状态进行过滤，取得更高的学历、职称；另一方面，企业通过对人才的培养，提升有潜力和优秀人才的职位。在此种状态下，人才知识、能力的综合折旧为负。随着个人知识储量、能力、素质的不断提升，原有企业的条件将有可能限制其才能的充分发挥，企业将成为过滤主体，人才将流出企业。从引发人才资源向上过滤的主导因素方面进行考虑，人才资源的向上过滤可以分为人才载体（如岗位、组织、行业、地区甚至国家等人才的承载体）主导性向上过滤和人才自我（即人力资本的载体，即员工）主导性向上过滤。

人才载体主导性向上过滤和人才自我主导性向上过滤并非隔离的关系，而是可以互相促进、影响的。当人才通过自我学习和努力，提高了各方面的能力，就为人才载体对其的过滤准备了条件。反过来，人才载体主导的向上过滤会对人才自身形成向上的引力，尤其是当人才载体给予其良好的培训机会、人才价值得到充分尊重以及人才的自我成就感得到极大满足时，会促使人才投入更多的努力提高自身各方面的素质（图 8-2）（李永华，2007）。人才载体和人才自我主导两方面因素相互影响、渗透、良性运作的结果是形成互相促进、不断提升的正反馈环，有助于组织以及组织中人才的综合提升。

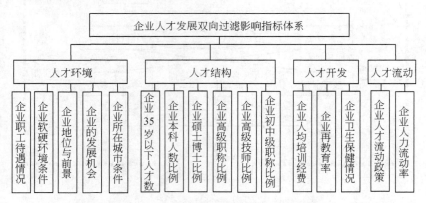

图 8-2　企业人才发展双向过滤影响指标体系

注：模型参考李永华博士论文《基于城市经济成长性的城市人才活力研究》中人才资源发展双向过滤关系及影响因素关系改造建立

2）企业人力资本的向下过滤

当人才的素质、能力、技术等不能满足人才载体的发展需要，或者人才与人才载体的企业文化、价值观等发生矛盾时，人才就可能会被企业向下过滤或者通过人才开发使人力资本增殖后再次符合企业要求而保留在企业甚至继续向上过滤。在一个企业中，当某一个职位上的个人不能满足职位的需求、不能适应职位所提出的新要求、职位有更为合适的替代人选，或者个人的价值观取向、性格特质与组织难以契合时，职位对个人进行过滤，导致降职或非降职性平调。当矛盾增大到一定的程度时，人才就会被过滤出组织。企业体现出来的人才向下过滤一般是由于知识折旧、素质退化、体能衰退、技能老化或者企业文化和价值观与个体不能契合而导致员工被淘汰。不符合企业要求的人才适当被淘汰也有促进新陈代谢和为企业带来活力的积极意义，所以企业保留这种淘汰滤出人才机制也是非常重要的。

在人才发生向上过滤和向下过滤时，企业文化、价值观会对人才的相对异动产生柔性的约束。当人才个体的价值观与企业的文化、价值观能够良好契合时，企业文化、价值观会对人才产生向上的推动作用，使人才在组织中产生较强的情感归属倾向，促使人才向上过滤。而当两者不能很好地契合时，就会产生很强的负面影响，会使人才对组织的离心倾向增大，加速人才向下过滤。

必须注意到，企业人力资本的吸引筛选机制还吸引企业外部优秀人才，即符合企业要求、青睐企业人才发展和应用政策及待遇条件的、高质量和水平的人力资本个体，通过工作迁移流入企业，直接增殖了企业人力资本。可见企业人力资本的吸引筛选机制既能促进企业人力资本增殖和新陈代谢，也能吸引企业外部优质人力资本加入而直接增殖企业人力资本。

8.2.2.2　企业人力资本双向过滤的影响因素及指标体系

人才向上、向下过滤受众多因素影响，其外在的宏观数量特征就是指标。综合进行考虑，人才的双向过滤既要受到政治、经济、制度、文化、教育等各种外部因素综合作用的影响，又要受到企业的人才环境、人才结构、人才开发和人才流动等制度环境和政策因素的影响。企业人才双向过滤的外部通常是企业不可控的，这里只对企业内部可控的因素进行分析归纳，如图 8-2 所示。

8.2.2.3　企业人力资本的激励制度设计

人力资本是企业最重要的资本，激励和调动员工的积极性，充分发挥企业人力资本价值越来越成为提高企业效率和效益的关键环节。对人力资本的激励，首先要确认企业人力资本的价值，然后根据企业不同人力资本的价值，在管理活动中采用三维激励模式，运用激励手段，调动内部员工的积极性。因此，建立和健全组织企业人力资本激励模式，健全和完善组织人力资本激励手段，对组织生存和可持续发展具有重要意义（崔泸，2008）。

1) 企业人力资本的激励手段

行为科学理论认为：人的需要产生动机，动机激励人产生有效行为，使人激发内在动力，朝着远大目标和理想迈进，最终促使理想、目标变成现实。根据行为科学理论，我们可以设计出三维的激励手段对企业人力资本进行激励，即物质激励手段、目标激励手段和精神激励手段。

A. 物质激励手段

行为科学理论认为，人类的一切经济活动都是为利益而产生的。物质利益的基本需要是人类基本需要的重要组成部分。这一论断为构建物质激励手段提供了科学的依据。物质激励即通过物质刺激的手段激励职工努力工作。一般来说，职工与组织有关的物质利益有工资、奖金、津贴等价值形式，有住房、劳保待遇及其他生活福利条件等实物形式，以及交通、医疗条件等劳务形式。因此，物质激励具有广泛的内容。按行为学家罗伯特·豪斯（Robert House）的激励力量理论，物质激励属于外激励，主要由 E_{ej}、V_{ej} 两项因素构成。E_{ej} 指的是完成工作任务后取得奖酬的可能性。要提高这种可能性，企业的主要办法是：认真贯彻按绩效付酬的原则，赏罚分明，务使各项政策兑现；对常规性工作实行计件付酬；对需要有高技能和创造性的工作，要根据其客观效果付酬，可由领导判断，力求公正。V_{ej} 指的是外在奖酬的效价。由于外在奖酬的种类繁多，每个人对各种外在奖酬的需要、爱好及重视程度各异，为了使外在奖酬发挥应有的作用，就必须使外在奖酬符合每个人的喜好。为此，就要进行周密的调查研究，按每个人的不同要求安排奖酬。

B. 目标激励手段

目标激励是把组织价值最大化的目标有机地分解为各个科层组织及其个人的责任目标，利用一定目标对动机的激发作用，通过相互链接的目标体系，使各部门和各成员看到自身努力对组织价值增长的贡献，沟通上下左右的利益和意见，准确地判断自己可能获得的奖励，使其个人理想与组织目标有机融合，从而激发人的积极性、主动性和创造性的方法。在运用目标激励时，一方面应合理设置目标体系，努力提高目标的价值，科学地进行目标链接，把设置总目标和分目标有机地统一起来，充分发挥目标的"前激励"作用。另一方面，应注意目标的"维护"——对目标的完成情况进行相应的奖惩，发挥目标的"后激励"作用。目标的激励作用基于实现目标能满足责任者的效用，包括物质上的和心理上的。因此，必须把目标的"前激励"和"后激励"作用有机地结合起来，即目标的设置必须同执行相应的奖惩制度相结合，否则，目标不可能发挥实质性的激励作用。组织目标体现了职工工作的意义，预示着企业的未来，不仅具有导向作用，而且能够在理想和信念的层次上激励全体职工，具有强烈的激励功能，先进、合理的目标能激发人们产生一种内在动力，促使人们自觉地去实现目标，即形成所谓的目标激励机制。

C. 精神激励手段

人的行为是由心理动力系统所推动、维持的，心理动力系统包括需要、动机、兴趣、信念、价值观等。现代心理学认为，人的工作态度与思想情绪有着直接关系，当积极的思想情绪占主导地位时，人的工作热情和生产效率就高，反之，如果情绪低落、消极，积极性得不到发挥，工作效率就会受到影响。而行为科学认为，人的需要是多方面的、多层次的，既有物质利益的需要，也有精神方面的需要。需要的满足是产生行为的动力源泉。物质激励是基础，精神激励是根本。所以，精神激励是在更大层次上、更加深入地调动职工积极性的有效途径。

精神激励所涉及的内容十分广泛，手段多样。

这里重点从思想政治工作、组织文化建设、民主决策和职工参与管理等方面对精神激励进行透析。

思想政治工作。一是以党组织为核心，形成强有力的领导集体，为思想政治工作的开展提供可靠的组织保证；二是以生产经营为中心，联系改革实际，深入细致地开展思想政治工作；三是加强教育工作，全面提升职工素质，充分调动广大职工的积极性。

组织文化建设。一是塑造良好的组织形象。塑造良好的组织形象，可以提高组织的知名度，使职工为此而感到骄傲和自豪，从而激发全体员工更加热爱组织、献身组织工作的积极性。二是重视价值观和组织精神培育。组织价值观是职工对本组织存在和发展目的和意义的认识和评价，以及反映在生产经营活动中的精神境界、理想追求和是非标准，是组织群体意识中最重要的内容。组织价值观是组织精神的思想基础，组织精神则是组织价值观的集中体现。组织精神是组织倡导、职工认同并为社会公众所理解的一种群体意识，是足够长期推动本组织发展壮大的精神力量。培育良好的组织精神是组织文化建设的着力点。

坚持发展以竞争力为核心的组织再造和成长能力，以形成组织战略性的、持续不断的发展能力为目标，通过建立共同愿景、挑战自我、团队学习、改善心智模式、实现系统思考等五项修炼，努力把企业建设成学习型组织。

民主决策与职工参与管理。组织在市场竞争中的成败，在很大程度上取决于决策的正确与否，而决策是否正确，又受制于决策过程的民主化程度。为此，应特别注重职工群众的主人翁地位，使他们满腔热忱地议政。在决策前，将需要决策的重大事宜的构想，及时向职工代表大会和基层各单位职工群众通报，广泛征求意见、搜集信息。在初步决策中，制定出具体的规划和实施措施，在此基础上，将决策方案拿到职工代表大会审议通过。在决策形成后，应大力搞好思想教育和宣传工作，落实好决策，把决策变成每一个职工的自觉行动。

职工代表大会是职工参与管理的有效组织形式。通过职工代表大会等多种制度使职工参与重大生产经营问题决策，能够在发挥职工潜能、增进职工心理满足的同时，获得广大职工对重大生产经营问题决策的广泛支持，提高决策的质量和执行决策的效率。

2）股权激励是企业人力资本激励的重要形式

作为"资本"的人力资本产权在经济上是通过允许人力资本拥有者分享企业剩余实现的。人力资本分享企业剩余的形式包括：利润分享制、股票期权制、员工持股制、年薪制等。企业人力资本的精神激励机制是人力资本高效增殖和创造性应用不可缺少的重要的内容（陈谨祥等，2008）。

3）精神激励是国有企业人力资本激励不可或缺的内容

对人的激励有两种方式：物质激励和精神激励。现代心理学和管理学对此进行了卓有成效的研究，其中最具代表性的是"需求等级理论"和"双因素理论"。

马斯洛的需求等级理论认为，人的需求由低到高包括生理需求、安全需求、社交需求、尊重需求、自我实现需求。要激发人的积极性，就必须针对不同的人，引导其满足不同的需求。国外科学家根据马斯洛的需求等级理论提出了相应的激励措施。满足生理和安全需求主要用物质激励措施，包括待遇、奖金、医疗保健、住房、劳保制度、退休金制度等；满足社交、尊重、自我实现等需求主要用精神激励措施，包括团体活动计划、教育培训制度、人事考核制度、晋升制度、表彰制度、决策参与制度、提案制度等。

赫茨伯格的"双因素理论"把影响人的工作动机分为两类：激励因素和保健因素。激励因素是指使人感到满意的因素，包括成就感、得到认可、工作本身的挑战性和趣味性、责任感、个人的成长与发展；保健因素是指使人感到不满意的因素，包括公司政策、监督、人事关系、工作条件、薪金等。赫茨伯格认为，并不是所有需求的满足都能激励起人的积极性，只有那些激励因素的满足，才能激发起人的积极性。满足激励因素的激励主要属于精神激励。

企业人力资本激励除了包括股权激励措施在内的物质激励外，还应该有精神激励。从某种程度上讲，对人力资本而言，精神激励甚至比物质激励更重要、更有效。由于人力资本和一般的劳动力是两个既有联系又有明显区别的概念（陈谨祥等，2004），人力资本并不是指所有的员工，而是指企业管理层和核心技术人员拥有的相应知识、才能、经验等。而拥有人力资本的这些人一般都属于高智商、高学历、高知识、高技能的阶层。他们的显著特点是，除了追求经济利益外，更追求精神上的满足，尤其是尊重需要的满足。所以，要促进企业人力资本的高效增殖和创造性应用，就必须引进现代管理学中先进的激励理论，建立健全企业人力资本精神激励机制。

首先，营造既合作又竞争的企业文化。人力资本理论认为，由社会分工引起的人力资本的专用性特征和群体性特征是并存的（李友根，2004）。专用性是指当人力资本拥有者将自己的人力资本投入某一特定的行业或企业后，社会分工对人力资本退出该行业或企业形成客观限制。群体性特征是指具有专用性特征的人力资本，在社会分工的条件下如果不参加协作体系就无用武之地。同时，由于人力资本拥有者都是高智商、高知识、高学历、高技能的管理者和核心技术人员，"天生"具有竞争的冲动，只有在竞争中才能更充分地体现自身的价值。因此，营造一种公平、公正的竞争环境，同时有一个良好的有利于每一个人力资本拥有者参与的合作机制，将极大地激发人力资本拥有者的积极性。

其次，建立科学规范的评价和晋升机制。正如前述现代管理学研究成果所表明的，高素质的人力资本拥有者追求的主要是精神需求，他们希望通过自己的工作获得相应的社会地位，实现自己的人生价值。哪怕是通过物质激励获得了极高的经济收入，这种经济收入本身已经不是他们追求的目标，而是实现自己人生价值的一种手段。例如，对比尔·盖茨而言，拥有的数百亿美元资产只是用于慈善事业从而实现他的人生目标的手段。所以，对企业而言，必须了解人力资本拥有者的精神需求，并建立相应的机制来满足他们的这种需求。具体而言，在管理者的任用上，要改变行政任命的习惯做法，通过市场机制选拔和任用管理者；对核心技术人员，要有科学的考核体系对他们的工作能力和工作业绩进行科学的评价与考核，并在薪酬、晋升、培训机会等方面体现考核的结果。

最后，实施人力资本奖赏措施。由于人力资本是由存在于人体的知识、技能、经验等因素构成的，人力资本作用发挥的程度和效率的高低，受人力资本拥有者的主观意识控制，所以奖赏相对于惩罚更具有激励性。对人力资本的奖赏，一方面要注意时效性，即对人力资本拥有者的工作要及时了解，对业绩较好者要及时予以肯定、认可，并及时予以奖励，事后的、过时的奖赏都会大大降低奖赏的效果；另一方面要注意奖赏的有用性，即奖赏要针对人力资本拥有者的需求进行。对人力资本拥有者而言，精神需求比物质需求更为重要，所以，能够满足其精神需求的奖赏有用性更强。例如，人力资本拥有者非常需要学习、更新知识以提升人才资本价值，他们还特别喜欢具有挑战性的工作等，如果能够给他们提供继续学习的机会和从事挑战性工作的机会，就是最好的奖赏。

8.2.3 创建学习型组织与持续增殖

建立了企业人力资本的产权制度和激励制度，还需要创建积极进取、合作共赢和不断学习的企业文化，更好地将个人目标与组织目标结合，促进企业向"学习型组织"过渡，实现企业人力资本的持续增殖。

1990 年，著名管理大师彼得·圣吉（Peter M. Senge）出版了《第五项修炼——学习型组织的艺术与实务》一书。该书一经出版立即引起轰动。彼得·圣吉以全新的视野来考察人类机体危机最根本的症结所在，认为这是我们局部的思考方式、固有的心智模式、内部系统的原因造成的，为此就要排除个人及群体学习的障碍，直接造就管理的价值观念，革新管理的方式方法。彼得·圣吉提出了"学习型组织"的五项修炼，认为这五项修炼是"学习型组织"的技能：

第一项修炼：自我超越。"自我超越"的修炼是学习不断投入并加深个人的真正愿望、集中精力、培养耐心，并客观地面对现实。它是学习型组织的精神基础。自我超越需要不断认识自己，认识外界的变化，并且不断学习。学习的意义并非仅仅获取更多资讯，而是培养如何实现生命中真正想要达成的结果，即能力。

第二项修炼：改善心智模式。"心智模式"是指根深蒂固于每个人或组织之中的思想方式和行为模式。它影响人或组织如何了解这个世界，以及如何采取行动的许多假设、成见，甚至是目标、印象。改善心智模式要通过反思与探询等练习活动，在培训活动中不断地改善内心原有的模式。

第三项修炼：建立共同愿望和远景。如果有任何一项理念能够一直在组织中鼓舞人心，凝聚一群人，那么这个组织就有了一个共同的愿望和远景，能够长久不衰。共同愿望和远景为学习提供了焦点与能量。在缺少愿望和远景的情形下，充其量只会产生"适应型的学习"，只有当人们致力于实现某种他们深深关切的愿景时，才会产生"创造型的学习"。

第四项修炼：团队学习。团队学习的有效性不仅在于团队整体会产生出色的效果，还在于其个别成员成长的速度也比其他的学习方式为快。团队学习的基本单位是团体而不是个人。

第五项修炼：系统思考。企业活动与人类其他活动一样，同属一个系统，受到各种细微且息息相关的行动所牵连而被此影响着，这种影响往往要经年累月才能完全展现出来。我们作为群体的一部分，置身其中而想要理清整体的变化是十分困难的。因此，第五项修炼，就是要让人与组织形成系统观察、系统思考的能力，并以此来观察世界，作出正确的行动。

在此，彼得·圣吉谈到的"学习"与企业人力资本投资增殖在许多方面是相通的。或许可以这样认为，彼得·圣吉提出的每一项修炼都可以作为企业人力资本投资的一个具体目标，其主要目的是形成"学习型组织"。但是，形成"学习型组织"并不是企业人力资本投资最终的目标。"学习型组织"将学习视为一个终身的过程。也就是说，企业人力资本投资的终极目标是促使组织向更高层次的组织模式更快地发展（吴国存，1999）。

本 章 小 结

本章在企业人力资本增殖模型的理论指导下，提出了企业人力资本增殖的策略选择与制度设计，这是企业人力资本增殖的战略安排和制度性保证的内在关联，通过具体制度设计来强化增殖动力，保证企业人力资本增殖得以有效实现。

第一，企业人力资本增殖模型指导的策略选择，应该把握好五个主要方面：企业人力资本增殖的强度和方向必须立足于企业情景，着眼于企业战略，协调好人力资本增殖与物质资本增殖的关系，充分考虑增殖的延迟机制影响，并处理吸收性增殖和成长性增殖的平衡和衔接关系。

第二，进一步研究了企业人力资本增殖的产权制度和综合激励制度，并指出需要创建学习型组织，来实现企业人力资本的持续增殖。

9 总结与展望

9.1 研究总结

本书围绕企业人力资本增殖主题，基于人力资本的人力性和资本性特征，在国内外相关研究的基础上，系统研究了企业人力资本增殖的过程、方式、影响因素和增殖机制，构建了增殖模型并进行了模拟分析，最后提出了企业人力资本增殖的策略选择和制度设计。现对全文主要研究内容和发现等总结如下。

9.1.1 人力资本基本含义的界定和主要特征分析

（1）综合相关人力资本研究，界定了人力资本的内涵。人力资本，是指为提高人的知识和能力，花费在人力保健、教育、培训、迁移等方面的投资所形成的，可以在未来特定经济活动中给有关经济行为主体带来剩余价值或利润收益的，凝结在活的人体中的包括体力、健康、经验、知识和技能及其他精神存量的一种资本。人力资本的基本要素构成归纳为三个部分：①思想道德；②知识技能；③健康体能。人力资本需要根据社会经济和企业发展的要求不断优化结构来提升其质量。

（2）人力资本的特征集中体现在其人力性和资本性两方面。考虑到人力资本的人力性，必须根据人的生理性、心理性和社会性等特点，注重通过保健、激励、尊重和价值实现等方式提供充分动力来促进人力资本增殖；考虑到人力资本的资本性，必须根据资本需要有机匹配、合理使用、加快运动、充分增值、积累补充的特点，来高效使用人力资本，回报激励进而高效积累人力资本，以促进人力资本增殖与企业发展和社会进步的良性循环。

（3）探讨了人力资本计量和增殖条件。借鉴彭正龙教授的素质共协反应测评技术，指出了企业人力资本的计量需要与企业情境参数结合，考虑到企业各类人力资本主体内部的各种素质元素的共协反应和各类人力资本主体之间的协调整合后，测量其所表现出来的综合的人力资本能力，可以采用标准当量劳动力作为人力资本的计量单位。企业人力资本增殖依据主要方式可以区分为吸收性增殖和成长性增殖，分别可以增加企业人力资本载体的数量和质量。提出企业人力资本增殖条件，包括企业与员工的共同投资、增殖路径、引力动力和配套制度等。

9.1.2　企业人力资本增殖的主模型创建与模拟分析

（1）在人力资本增殖条件、路径动力分析基础上及系统动力学指导下，通过文献汲取法、专家访谈和问卷调查法等进行了人力资本增殖的关键因素分析，建立了一个以人力资本增殖主链、企业产值或收入提升为辅链，并通过产值或收入偏差反馈和利润驱动设计辅助变量的企业人力资本增殖主模型，并用 DYNA-MO 程序语言编写了主模型的系统动力学程序清单。

（2）在企业人力资本增殖主模型的基础上，针对模型重要辅助变量，选择了企业可控又能有效影响人力资本增殖的产值或收入偏差调整系数、利润的人力资本积累率和期望产值或收入三个主要参数进行了模拟分析。模拟发现了产值或收入偏差调整系数是有效控制企业人力资本在指数加速增长与渐近增长之间灵活转换的灵敏政策参数，并找到了实现转换的偏差调整系数的参数值；利润的人力资本积累率是促进人力资本指数加速增长的有效因素，但在促进人力资本指数加速增殖时，一定要警惕脱离市场情景和管理技术支撑的疯狂人员扩张，否则就会陷入经济形势和市场变换时人力资本调整时滞过大的经营被动；期望产值或收入是发展战略控制下的重要参数，可以此促进企业人力资本增殖与企业战略的动态适应，但同样需要高度注意延迟效应的错节现象。

9.1.3　企业人力资本吸收性增殖模型的创建与模拟

（1）根据企业人力资本增殖的方式与过程，区分了人力资本吸收性增殖与成长性增殖，并对企业人力资本吸收增殖进行了界定与特征分析，进而分析了影响吸收性增殖的主要因素。

（2）构建了企业人力资本吸收性增殖的因果关系图和模型流图，将企业人力资本划分为招聘未上岗和在岗员工两个状态，并设计了招聘和上岗的时间延迟结构，通过产值或收入偏差与利润人力资本积累两个辅助变量建立人力资本增殖与产值或收入率提高的关联回路，构建出吸收性增殖学建模，并编写了吸收性增殖模型的 DYNAMO 程序和 Vensim 程序，根据企业一般情况赋予了模型初始参数值，并对模型进行了检验与评价。

（3）针对企业人力资本吸收性增殖路模型，选择了企业可控的能够有效影响人力资本吸收性增殖的期望产值或收入、企业利润的人力资本积累率和招聘与上岗的延迟时间进行了模型模拟，通过参数模拟发现：模型主要变量运行呈现较好的趋向稳态目标值的寻的特性，期望产值或收入与利润的人力资本积累率只改变趋向稳态目标的时间和最初的运行状态，不会根本改变系统总体指数渐近稳态目标运行的行为模式；而招聘时间与上岗时间长短会影响系统变量的波动运行，模型模拟找到当招聘时间与上岗时间均取 2.75 个月时系统呈等幅震荡运行性质，延迟时间参数大于或小于此值系统则呈现减幅或增幅震荡的行为模式。

（4）企业人力资本吸收性增殖模型的寻的行为特性，可以由系统模型包含的偏差负反馈机制进行解释，而系统变量运行的震荡特性则可由系统模型中包含的招聘时间和上岗时间延迟机制给予解释。

9.1.4 企业人力资本成长性增殖的模型构建与模拟分析

（1）明确界定了企业人力资本成长性增殖的含义和特征，指出成长性增殖是企业员工在企业人力资本投资洒下的阳光雨露和制度政策滋润下，企业人力资本吸收性增殖而进入的企业员工种子的发芽成长进而枝繁叶茂的过程，需要借助培训、干中学和教育保健等增殖路径，在企业管理激励和有效人力资本政策作用下才能实现，进而分析成长性增殖的影响因素和因果关系。

（2）运用系统动力学的老化链和协流技术工具，建立了企业人力资本成长性增殖模型，编写了模型的 DYNAMO 和 Vensim 程序语言，并用 Vensim 软件进行了模型模拟后发现：企业新员工呈指数衰减趋向于 0 的水平的渐近行为模式，而熟练工、中级工和高级工也均呈现指数加速增长特性，但各级员工比例最后会趋向一个稳定的结构，这个比例结构是由各级员工增长比例、离职比例和成长时间等参数组合决定的，并进而决定了企业产值或收入率系数，产值或收入率系数偏差和正常设置的偏差调整权数组合，不会影响稳态的员工比例结构状态。因此，可以选择各级员工增长比例、离职比例和成长时间组合作为控制企业人力资本成长性增殖的重要政策参数来灵活调节企业人力资本成长性增殖。

9.1.5 企业人力资本增殖的策略选择和制度设计

（1）策略选择：主要研究建立有效的人力资本增殖与企业发展的互动机制，具体策略的安排和战略战术协调等。

（2）制度设计：主要研究产权制度设计和综合激励制度设计，最后指出了要强化企业人力资本增殖动力机制，努力突破企业人力资本增殖的限制性因素，创建学习型组织来实现企业人力资本持续增殖。

（3）强调了企业人力资本增殖的战略性安排和战术性应对的灵活配套应用，因为系统动力学研究问题主要是基于长远战略考虑，而现实企业人力资本增殖还要受许多偶然性因素影响，特别是人力资本增殖本身和企业员工比例结构趋向运行稳态需要很长时间，这个时间延迟必须从战略上主动考虑。

9.2 研究不足及展望

本书尝试打开人力资本"黑匣子"，探索企业人力资本增殖的内在机制和路径动力，并力争设计出相关的企业人力资本产权制度、综合激励制度和企业人力资本吸引筛选机制，偏重于理论研究，又跨越经济学、管理学、心理学、系统科学等许多学科，感觉研究驾驭起来还是力不从心，只是展开了一个研究框架，在理论的严谨性和实证检验等方面还存在不少问题，主要包括：

（1）企业人力资本增殖模型的构建与模拟，只是选择企业可控又相对可以灵活影响人力资本增殖的主要参数，企业现实中可能还有更多的影响参数，需要在实践中进一步研究和补充完善；

（2）研究着眼于理论层面的模型构建与模拟，结论的实践应用效果尚需要进一步的实证检验；

（3）对于人力资本计量和增殖动力等问题的量化研究还很不充分，这也是人力资本研究的难题，尚需进一步深入研究。

参 考 文 献

安应民. 2003. 企业人力资本投资与管理. 北京：人民出版社.

曹正汉. 1997. 寻求对企业性质的完整解释：市场分工的不完全性与企业功能. 经济研究，(2)：73.

陈谨祥，胡朝阳，徐彤宇. 2004. 论人力资本和劳动力的共性和差异性. 江西社会科学，(3).

陈谨祥，王含笑，胡玫. 2008. 国有企业人力资本的激励问题再探. 经济理论与实践，(3)：46-49.

崔沪. 2008. 论企业人力资本的评价与激励. 山东社会科学，(3)：136-137.

邓汉慧，罗玉娟. 2008. 企业核心利益相关者共享控制权的理论基础. 商业研究，(05)：75-78.

豆建民. 2003. 人力资本间接定价机制的实证分析. 中国社会科学，(1)：73-82.

方竹兰. 1999a. 人力资本所有者拥有企业所有权是一个趋势. 经济研究，(6)：36-40.

方竹兰. 1999b. 再论人力资本产权. 孝感师专学报，(3)：19-24.

郭金林. 2000. 人力资本产权特征与公司治理结构创新. 河北学刊，(4)：20-23.

郭正模. 2008. 劳动力产权及其在市场交易中的本质特征. 四川经济管理学院报，(3)：3-5.

胡静林. 2001. 人力资本与企业制度创新. 北京：经济科学出版社.

黄崇利. 2009. 赢在人的发展：人力资本增殖的路径、动力和制度研究. 北京：中国经济出版社.

黄崇利，赵建茂. 2005. 浅析人力资本特性与组织边界关系. 海南大学学报（人文社会科学版），(4)：457-462.

黄崇利，彭正龙，王维刚. 2008. 医药产业发展与经济发展关系研究. 中国药房，(1)：1-4

加里·S. 贝克尔. 1987. 人力资本. 北京：北京大学出版社.

贾后明. 2006. 论人力资本学说的逻辑与现实困境. 企业经济，(2)：0152-4.

蹇明，武振业，唐耀华. 2006. 基于控制权的企业家激励与约束. 广西民族学院学报（哲学社会科学版），(5).

江积海，宣国良. 2005. 企业知识传导模式及其路径研究. 科学管理研究，(1)：77-80.

焦斌龙. 2000. 中国企业家人力资本：形成、定价与配置. 北京：经济科学出版社.

靳臻，黄崇利. 2008. 科学发展观与和谐社会构建的实践性解读. 河南社会科学，(2)：14-15.

康芒斯. 1997. 制度经济学（1934）. 北京：商务印书馆.

孔宪香. 2008. 激励企业家人力资本创新的企业所有权制度安排研究. 理论学刊，2 (2)：

73-76.

李宝元，闫彩琴.2008.走向人力资源强国——我国人力资源能力建设的历史路径、主要成就和战略思路.经济研究参考，（7）：25-35，60.

李刚.2008.企业自主创新的动力模型与机制研究.科技管理研究，（10）：4-6.

李国和，张运刚.2005.从社会学视角看人力资本.贵州财经学院学报，（1）：39-42.

李建民.1999.人力资本通论.上海：三联书店上海分店.

李欧.2001.道德在人力资本中的价值.中国人力资源开发，（7）：18-20.

李涛.2004.我国35个大中城市人力资本投资实证分析.中国管理科学，（8）：1-4.

李旭.2009.社会系统动力学：政策研究的原理，方法和应用.上海：复旦大学出版社.

李永华.2007.基于城市经济成长性的城市人才活力研究.上海：上海交通大学.

李友根.2004.人力资本出资问题研究.北京：中国人民大学出版社.

刘伟.2000.经济改革和发展制度解释.北京：首都经济贸易大学出版.

陆维杰.1998.企业组织里的人力资本和非人力资本.经济研究，（5）：73-75.

罗丽英，肖正斌.2008.声誉一种企业家分享企业所有权的投资策略.经济研究导刊，（14）：51-53.

马克·布劳格.1990.经济学方法论.黎明星等译.北京：北京大学出版社.

马克·罗伊.2003.法与经济学中的混沌理论与进化理论.历咏译.经济社会体制比较（双月刊），（1）：108-118.

孟祥林.2005.通识教育的理论探源、现实问题及我国的发展路径选择.当代教育论坛.（1）：49-52

莫志宏.2004.人力资本的经济学分析.北京：经济管理出版社.

彭正龙.2002.经营者评价系统与激励机制研究——理论、模型、方法.北京：华夏出版社.

蒲勇建，王昌林.2010.企业技术创新中的控制权激励机制研究.中国科技论文在线.http：//www.paper.edu.cn［2010-7-14］.

沈坤荣，耿强.2001.外国直接投资、技术外溢与内生经济增长.中国社会科学，（5）：1-5.

舒尔茨.1990.人力资本投资.北京：商务印书馆.

宋斌.2006.政府部门人力资本投资的博弈分析.武汉市经济干部管理学院学报，（9）：12.

孙景蔚，王焕然.2006.长三角经济区人力资本状况比较研究.经济地理，（1）：1-4.

孙绍荣，朱佳生.1995.管理机制设计理论.系统工程理论与实践，（5）：51-55.

谈谷铮，向亮等.1988.系统动力学（修订版）.四川：四川人民出版社.

田国强.2002.激励、信息与经济机制.北京：北京大学出版社.

王开国，宗兆昌.1999.论人力资本性质与特征的理论渊源及其发展.中国社会科学，（6）：34，35.

王跃生.1999.企业治理结构和企业的所有权.经济科学，（4）：79-85.

吴国存.1999.企业人力资本投资.北京：经济管理出版社.

西奥多·舒尔茨.1990.人力资本投资.北京：北京经济学院出版社.

夏天. 2006. 基于利益相关者的经理人激励机制研究. 武汉：华中科技大学.

徐辉，黄国建. 2008. 科技成果转化受限因素的动力机制分析及对策研究——基于成长上限系统基模的原理. 广东商学院学报，（5）：54-57.

许杨. 2007. 服务型政府目标视野下的公务员能力开发. 西安：陕西师范大学.

亚当·斯密. 1979. 国富论. 北京：商务出版社.

杨瑞龙，周业安. 1997. 一个关于企业所有权安排的规范性分析框架及其理论意义. 经济研究，（1）：12.

杨瑞龙，周业安. 1998. 交易费用与企业所有权分配合约的选择. 经济研究，（9）：27-36.

杨小凯，黄有光. 1999. 专业化与经济组织——一种新古典微观经济学框架（1993）. 北京：经济科学出版社.

杨晓维. 2000. 技术、市场与企业所有权安排. 经济研究，（2）：40-47.

姚先国，易君健. 2006. 中国人力资本投资与区域经济发展. 国际学术动态，（5）：1-3.

佚名. 2004. 国外人力资本理论及其借鉴意义——冯子标教授访谈. 国外理论动态，（7）：1-5.

婴智杰. 1998. 古典经济学. 北京：北京大学出版社.

张维迎. 1995. 企业的企业家——契约理论. 上海：上海人民出版社.

张帆. 2000. 中国的物质资本和人力资本估算. 经济研究，（8）：3-15.

张维迎. 1999. 企业理论及其对中国国有企业改革的意义. 北京：北京大学出版社. 42-43.

赵祥. 2004. 新制度主义路径依赖理论的发展. 人文杂志，（6）：54-60.

钟永光，贾晓菁，李旭，等. 2009. 系统动力学. 北京：科学出版社.

周其仁. 1996. 市场里的企业：一个人力资本和非人力资本的特别合约. 经济研究，（6）：79.

周其仁. 2002. 产权与制度变迁——中国改革的经验研究. 北京：社会科学文献出版社.

Abdel-Hamid T K, Masnick S E. 1991. Software Project Dynamics：An Integrated Approach. Engelwood Cliffs N. J.：Prentice Hall.

Alchain A A, Demsetz H. 1972. Production, information cost, and economic organization. American Economic Review, （62）：777-795.

Alexandre R. 1996. The role of system dynamics in project management. International Journal of Project Management, 14（4）：213-220.

Alfred L E, Graham A K. 1976. Introductionto Urban Dynamics. Cambridge, MA：Productivity Press.

Arthur W. 1994. Increasing Return and Path Dependence in the Ecomomy. Ann Arbor MI：University of Michigan Press.

Asteriou D, Agiomirgianakis G M. 2000. Human capital and economic growth Time series evidence from Greece Journal of Policy Modeling, （23）：115-118.

Bahn P, Flency J. 1992. Easter Island, Earth Island. London：Thames Hudson.

Barlas Y. 1990. An autocorrelation function-test output validtion. Simulation, 55（1）：7-16.

Barlas Y. 1996. Formal aspects of model validation in system dynamics. System Dynamics Review,

12 （3）：183-210.

Barney J. 1991. Frirm resources and sustained competitive. Journal of Management, （17）：15-20.

Barro, Robert J. 1996. Human capital and growth in cross- country regressions. Manuscript, Harvard University, （2）：88.

Becket B, Gerhart B. 1996. The impact of human resource management on organizational performance: progess and prospects. A cademy of Management Journal, Aug: 39, 4.

Becket G. 1962. Investment in human capital: a theoretical analysis. Journal of Political Economy, 70 （1）：103-109.

Bergemann D, Välimäki J. 2002. Information acquisition and efficient mechanism design. Econometrica, 70 （2）：1007-1033.

Berle A A, Means G C. 1967. The Modern Corporation and Private Property （1932）. New York: Macmillan, revised edition.

Bontis N, William C C K, Richardson S. 2000. Intellectual capital and business performance in Maylaysian industries. Journal of Intellectua Capital Bradford, 1 （1）：87-92.

Brown G. 1992. Improving education in public school: innovative teachers to rescue. System Dynamics Review, 8 （1）：83-90.

Cheung S. 1983. The contractual nature of the firm. Journal of Law and Economics, 26 （1） : 1-21.

Coase R H. 1937. The Nature of the Firm. Economics Ⅳ, 368-405.

Cooper K G. 1980. Naval ship production: a claim settled and a framwork built. Interface, 10 （6）: 20-36.

Delaney J T, Huselid M A. 1996. The impact of human resource management practices on perceptions of organizational performance. A cademy of Management Journal, 39 （4） .

Demsetz H. 1988. The Theory of the firm revisited. Journal of Law, Economics and Organization, （4）：141-162.

Disney S M, Potter A T, Gardner B M. 2003. The impact of vendor managed inventory on transport operation. Transportation Research E, 39 （5）：363-380.

Elhanan H, Antonio R. 1999. Adjusting to a new technology: experience and training. Journal of Economic Growth, （4）：43-56.

Emmerson R, Fretz R, Shaw L. 1995. Writing Ethnographic Fieldnotes. Chicago: University of Chicago Press.

Erikson T, Nerdrum L. 2002. New venture management valuation: assessing complementary by human capital theory. Venture Capital, （4）：1-23.

Eswaran M, Kotwal A. 1989. Why are capitalist the bosses? The Economic Journal, 99 （March）: 162-176.

Finan J. 1993. System Dynamics Analysis of an Ordering System Used for Commercial Aircraft Manufacture. MS thesis, MIT Sloan School of Management, Cambridge MA 02142 （unpublished） .

Firer S, Williams S M. 2003. Intellectual capital and traditional measures of corporate perform-ance. Journal of Intellectual Capital, (4): 27-31.

Fitzroy F, Mueller D. 1984. Cooperation and conflict in contractual organization. Quarterly Review of Economics and Business, 24 (4):

Forrester J W, Senge P. 1980. Tests for building confidence in system dynamics models//Legasto A, Forrester J W, Lyneis J. System Dynamics TIMS Studies in the Management Science 14. New York: North-Holland: 209-228.

Forrester J W. 1958. Industrial dynamics: a breakthrough for decision maker. Harvard Business Rewiew, 36 (4): 37-66.

Forrester J W. 1961. Industrial Dynamics. Cambridge: MIT press.

Forrester J W. 1964. Modeling the dynamic processes of corporate growth. proceedings of the IBM scientific computing symposium on simulation models and gaming//Forrester J W. 1975. Collected Paper of Jay W. Forrester. Waltham MA: Pegsus Commulations.

Forrester J W. 1968. Principles of System. Cambridge: Massachuesetts, 02142, U. S. A.

Frantzen D. 2000. R&D, Human capital and international technology spillovers: a cross-country analysis. Scand J. of Economics, 102 (1): 57-75.

Gelade G A, Ivery M. 2003. The impact of human resource management and work climate on organizational performance. Personnel Psychology, 56 (2) .

Goldberg D. 2000. The design of innovation: lesson from genetic algorithms, lesseon for the real world. Technological Forecasting and Social Change, (64): 7-12.

Grossman S, Hart O. 1983. An analysis of the principal agent problem. Econometrical, 51: 7-45.

Grossman S, Hart O. 1986. The costs and benefits of ownership: a theory of vertical and lateral integration. Journal of Political Economy, (94): 691-719.

Herbert D. 1996. Adaptive Learning of by Genetic Algorithms- Analytical Results and Applications to Economical Models. Berlin Heidelberg: Springer-Verlag.

Holmstorm B, Tirole J. 1989. The theory of the firm//Schmalensee R W. Handbook of Industrial Organization. North Holland.

Homer T B. 1996. Why we iterate: scientific modeling in theory and practice. System Dynamics Review, Spring: 1-19.

Huang C L. 2010. Human capital absorptive multiplication: factors analysis and system dynamics modeling. 2010 International Conference on Management Science and Safety Engineering. August, 6-8, 2010. Yantai, China. 2010 International Conference on Management Science and Safety Engineering. London England: Academic Service Group Limited: 908-913.

Huang C L. 2010. On human capital absorptive multiplication: system dynamics model simulation and policy implications. 2010 International Institute of Statistics & Management Engineering Symposium, July, 24-29, 2010. Weihai, China. Statistic Application in Scientific and Social Reform. Sydney Australia: Aussino Academic Publishing House. 158-169.

Iyngun M, Owen A L. 1998. Risk, entreneurship, and human- capital accumulation. Amereian Economic Review, 88 (2):

Jacob W. 1996. Differential teamwork performance: the impact of general and specific human capital levels. International Journal of Manpower, Bradford. 17 (8):

Jensen M C, Meckling W. 1976. Theory of firm: managerial behavior, agency cost, and capital structure. Journal of Financial Economics, 3: 305-360.

J. C. Mihm. 2003. DHS personnel system design effort provides for collaboration and employee participation. GAO-03-1099 DHS Personnel System. Sep: 1-38.

Kahneman D, Tversky A. 1979. Prospect theory: an analysis of decision making under risk. Econometrica, 47 (2): 263-291.

Klein B, Grawford R, Alchain A. 1978. Vertical integration, appropriable rents and the competitive contracting process. Journal of Law and Economics, 21: 297-326.

Knight F. 1921. Risk, Uncertainly and Profit. New York: A. M. Kelly

Kotorov R, Hsu E. 2002. A road-map for creating efficient corporate internal labor markets. MCB UP Limited: Career Development International, 7/1: 37-46.

Kotorov R, Hsu E. 2002. A road-map for creating efficient corporate internal labor markets. MCB UP Limited: Career Development International 7/1: 37-46.

Kposowa A J. 2002. Human capital and the performance of Africal immigrants in the U. S. labor market. The Western Journal of Black Studies, 26 (3) .

Laffont J, Martimort D. 2002. Mechanism design with collusion and correlation. Econometrica, 68 (2): 309-342.

Langue D, Weir C. 1999. Corporate performance and the influence of human capital characteristics on executive compensation in the OIQ. Personnel Review, (28) .

Li X, Lu C. 2004. Research on Policy Optimization Problem in System Dynamics Model. IEEE SMC International Conference Proceeding. Netherlands.

Mason A, Carpenter W, Sanders G. 2001. Bundling human capital with organizational context: the hnpact of international assignment experience on multinational firm performance and CEO pay. Academy of Management Journal, 44 (3) .

Mezzetti C. 2004. Mechanism design with interdependent valuations: efficiency. Econometrica, 72 (5): 1617-1626.

Michael A. 2001. Hitt, leonard direct and moderating effects of human capital onstrategy and perfessional service firms: a resource——based perspective. Academy of Management Journal, (44) .

Mihm J C. 2003. DHS Personnel system design effort provides for collaboration and employee participation. GAO-03-1099 DHS Personnel System, Sep: 1-38.

Milgrom P R. 1992. Economics Organization and Management. Englewood Cliffs, J: Prentice-

Hall Inc.

Oroidan M H. 1990. What is vertical integration? //Aoki M, Guestafsson B, Williamson O. The Firm as a Nexus of Treaties. London: Sage Publication Ltd.

Parsons D. 1972. Specific human capital: a napplication to quit rates and lay off rates. Joumal of Political Economics, (80) .

Prahalad C K, Hamel G. 1990. The core competence of the corporation. Harvard Business Review, 68 (3): 79-91.

Prat A, Rustichini A. 2003. Games played through agents. Econometrica, 71 (3): 989-1026.

Sterman J. 2000. Business Dynamics: System Thinking and Modeling for a Complex World. Highstown: The McGraw-Hill Companies.

Stigle G, Friedman C. 1983. The literature of economics, the case of berle and means. Journal of Law and Economics, 26: 237-268.

Stiglitz J E, Weiss A. 1989. Credit rationing in markets with imperfect information. American Economic Review, 71 (3) 393-410.

Teece D, Pisano J G, Shuan A. 1997. Dynamic capacities and strategic management. Strategic Management Journal, (458): 81-96.

Todaro Micheal P. 1981. Economic Development in the Third World. 2nd ed. Now York: Longman Inc.

Vazquez M. 1992. Knowledge and reality: somd conceptual Issue, in system dynamics model. System Review, 8 (3): 251-261.

Walker D M, Volcker P A. 2004. Human capital: principles, criteria, and processes for governmentwide federal human capital reform. GAO-05-69SP Governmentwide Human Capital Reform, Dec: 1-29.

Walker D M. 2000. Managing human capital in the 21st century. GAO/T-GGD-00-77. Sep.

Watson W, Stewart W H. 2003. The effects of human capital, organizational demography and interpersonal processes on venture partner perceptions of firm profit and growth. Journal of Business Venturing, (18) .

Wei H. 2007. Measuring Australia's human capital development: the role of post-school education and the impact of population ageing. IOS Press: Statistical Journal of the IAOS, 24: 183-191.

Wernerfelt B. 1984. A resource-based view of the firm. Strategic Management Journal, (5): 171-180.

Williamson O E. 1980. Organization of work: a comparative institutional assessment. Journal of Economic Behavior and Organization, 1: 5-38.

Williamson O E. 1985. The Economic Institutions of Capitalism: Firms, Markets, Relational Contracting. New York: The Free Press.

Yao X, Sheng L. 2004. Analysis of the differences in economic efficiency of human capital property rights between state, township, and village enterprises. The Chinese Economy, 37 (2): 56-75.

附　　录

1　企业人力资本增殖的主要关键因素的访谈提纲

确定企业人力资本增殖的主要关键因素的访谈提纲
——适用人力资源（本）研究专家及企业高管

1. 您对企业人力资源和人力资本是怎么理解的？

2. 企业人力资本增殖需要通过人力资本投资获得，您认为影响人力资本增殖的关键因素有哪些？

3. 相关制度和企业战略可以展示出的美好愿景，为人力资本主体提供投资增值和高效应用人力资本的强大动力，那么您认为在现行企业中普遍存在的制约人力资本增殖的制度问题有哪些？

4. 公司人力资本的管理制度的制定是否应充分考虑了员工的个人利益和职业发展需求？

5. 员工个人在公司内部不同部门、岗位之间调动的机会有多大？公司现阶段为员工提供发展多方面能力的机会（如外派学习、岗位交流、员工培训等）吗？（适用企业高管）

6. 企业在选拔雇员时，更看重人力资本的潜质还是已拥有的人力资本？（适

用企业高管）

7. 公司待遇和激励措施与其他同行业、同地区企业比较，处于什么水平？各级员工对公司待遇是否满意？（适用企业高管）

开放式问题：
8. 您在人力资本管理过程中最大的困惑或问题是什么？

2　企业人力资本增殖影响因素的调查问卷

企业人力资本增殖影响因素的调查问卷

各位 MBA 学员：

　　本人是同济大学管理科学与工程专业博士研究生，为研究人力资本增殖问题，现需要以下数据辅助，希望通过此次问卷调查确定企业人力资本管理现状及其影响因素。非常感谢您抽出宝贵时间回答问卷中所涉及的问题，我们会对您提供的数据严格保密。填空题和问答题请填写具体内容，选择题和量表请直接在可选答案的英文字母编码或框架上打"√"即可。

　　真诚感谢您的支持！

第一部分：填写人基本情况

填写人姓名：＿＿＿＿＿　部门：＿＿＿＿＿　职务：＿＿＿＿＿

联系电话：＿＿＿＿＿　传真：＿＿＿＿＿　E-mail：＿＿＿＿＿

通讯地址：＿＿＿＿＿＿＿＿＿＿＿＿＿＿＿＿＿＿＿＿＿

邮政编码：＿＿＿＿＿

第二部分：企业基本情况

1. 贵公司名称：

2. 贵公司所在地：

3. 贵公司属于哪一类型的企业：

A. 采掘业；B. 重工业；C. 轻工业；D. 金融业；E. 商业及服务业；

F. 其他

4. 若上题选"其他"项，请具体描述（　　）。

5. 贵公司所有制性质：

A. 国有企业国有控股企业；B. 非国有的股份公司和有限责任公司；C. 外资、港澳台资企业；D. 民营企业；E. 其他：（　　）

6. 若上题选"其他"项，请具体描述（　　）。

7. 贵公司是否已上市

A. 仅国内上市；B. 仅国外上市；C. 国内、国外上市；D. 拟上市；E. 没有

8. 贵公司 2003 年业务收入：（　　）

9. 贵公司资产总额：（　　）

10. 贵公司人员总数：（　　）

第三部分：企业人力资本影响因素重要调查

企业人力资本增殖的影响因素重要性五级李克特量表

	重要性五级量表				
	5	4	3	2	1
1. 我所在组织一般都通过正式招聘程序来招聘新员工					
2. 组织中许多重要岗位的空缺都通过外部招聘来填补					
3. 我所在组织从企业全局角度来制定人力资源战略规划					
4. 人力资源管理部门并不只是事务性执行而参与高层决策					
5. 组织中各个岗位都是因岗设人，人岗匹配度良好					
6. 我所在组织中许多重要岗位都有较清晰的职业发展路径					

	重要性五级量表				
	5	4	3	2	1
7. 这些岗位的人员在组织内都有比较好的发展空间					
8. 直接上级了解下属员工在组织中的职业发展愿望					
9. 希望得到提升的员工有不止一个潜在的可晋升岗位					
10. 组织中针对不同岗位的员工有多方面的正式培训计划					
11. 不同岗位的员工每隔一年通常都会接受正式培训					
12. 组织中有正式培训计划来提高新员工工作所需的技能					
13. 为了增加员工晋升可能性，组织为员工提供正式的培训					
14. 员工绩效评价主要看工作能力、行为和态度而不是结果					
15. 员工绩效评价的结果是定性的、可评估的					
16. 组织对员工定期进行正式的绩效评价					
17. 组织当中有明确的激励性薪酬政策					
18. 奖金等激励工资主要根据绩效评价结果或目标达成确定					
19. 员工的收入能够随着组织的获利水平增加而增加					
20. 组织有正式的薪酬体系和严格的薪酬等级					
21. 组织中员工的职业安全基本上是有保障的					
22. 如果组织遇到经济困难，不得已而为之才会考虑裁员					
23. 上级能够鼓励下级经常参与其决策过程					
24. 组织有政策保证员工有机会向组织提供有效建议和意见					
25. 上级能够在工作中与下属保持公开坦诚的沟通					

说明：请在量表中对因素重要性进行判断并画勾，填写人请在"非常同意"、"比较同意"、"既不反对也不同意"、"比较不同意"、"非常不同意"中选择一个最适当的答案，正向计分依次为5、4、3、2、1的分数，反向计分依次为1、2、3、4、5的分数。

第四部分：企业人力资本增殖的影响因素内容调查

1. 贵公司人才培训是否与员工能力开发、职业发展有机结合？
   A. 紧密结合；B. 基本结合；C. 一般；D. 基本没有；E. 没有

2. 贵公司员工培训的主要方式是（可多选和补充）：

A. 内部培训；B. 外部短训；C. 学历教育；D. 自学；E. 其他_____

3. 贵公司高层管理人员的培训方式（可多选和补充）：

A. 工作实践；B. 脱产学习；C. 自学；D. 出国或到其他贵公司考察；E. 轮岗；F. 其他_____

4. 贵公司实施的培训对改善员工绩效作用如何？

A. 非常大；B. 很大；C. 一般；D. 有一点；E. 没有

5. 你认为人力资本增殖的员工动力主要包括（可多选和补充）：

A. 为了生存发展；B. 实现自我价值；C. 职位升迁；D. 追求金钱回报；E. 其他_____

6. 你认为人力资本增殖的企业动力主要包括（可多选和补充）：

A. 企业获利发展；B. 企业多元价值追求；C. 市场竞争压力；D. 技术推动；E. 企业家创新精神；F. 其他_____

7. 贵公司高层管理人员的主要考核内容是（可多选和补充）：

A. 业绩目标；B. 个人品质；C. 能力；D. 态度和行为；E. 其他_____

8. 贵公司员工绩效考核结果是否有效用于（可多选和补充）：

A. 调薪调岗；B. 职务晋升；C. 奖金分配；E. 培训；F. 其他_____

9. 若贵公司采用长期激励的主要形式（可多选和补充）：

A. 股票；B. 股票期权；C. 虚拟股权；D. 年薪制；E. 其他_____

10. 贵公司高层管理人员的薪酬项目包括（可多选和补充）：

A. 岗位工资；B. 职务工资；C. 年功工资；D. 技能工资；E. 各种津贴；F. 奖金；G. 长期激励

11. 贵公司是否实现了人员升降、进入和退出的流动机制？

A. 已实现；B. 部分实现；C. 基本没有实现；D. 没有实现

12. 你认为企业人力资本增殖的关键因素包括（可多选和补充）：

A. 人力资本开发途径；B. 人力资本主体的企业和员工内在动力；

C. 与人力资本相应的产权激励制度；D. 薪酬晋升；E. 共同愿景；

F. 其他_____

13. 你认为促进企业人力资本增殖的运行机制是：

A. 制度→动力→投资→路径→人力资本增殖；

B. 制度→路径→投资→动力→人力资本增殖；

C. 制度→路径→动力→投资→人力资本增殖；

D. 动力→路径→投资→制度→人力资本增殖；

E. 路径→制度→投资→动力→人力资本增殖

第五部分：开放式问题

（可另附纸做答）

14. 贵公司未来 1 ~ 2 年内人力资本管理工作的重点有哪些？
15. 影响贵公司人力资本发展的主要因素有哪些？

3 企业人力资本增殖主模型的系统动力学程序清单

（Vensim 软件编写）

（01） FINAL TIME = 120
Units：Month
The final time for the simulation.

（02） INITIAL TIME = 0
Units：Month
The initial time for the simulation.

（03） SAVEPER =
TIME STEP
Units：Month [0,?]
The frequency with which output is stored.

（04） TIME STEP = 8
Units：Month [0,?]
The time step for the simulation.

（05） 产值或收入偏差 disc =
期望产值或收入 goal − 企业产值或收入 Ep

244

Units：KUSD

（06）人力资本投资 ipath =
　　　　产值或收入偏差 disc＊偏差调整系数 discfc + 企业利润 prof＊利润
　　的人力资本积累率 hcar
　　Units：KUSD

（07）人均产值或收入率 hcvr =
　　　　5
　　Units：KUSD／（SL＊Month）

（08）企业产值或收入 Ep = INTEG（
　　　　生产率 prate,
　　　　　　250）
　　Units：KUSD

（09）企业人力资本 Ehc = INTEG（
　　　　招聘速率 erate − 解雇速率 rrate,
　　　　　　100）
　　Units：SL
　　enterprise human capital

（10）企业利润 prof =
　　　　企业产值或收入 Ep＊利润率 epr
　　Units：KUSD

（11）偏差调整系数 discfc =
　　　　0.005
　　Units：＊＊undefined＊＊

（12）利润率 epr =
　　　　0.2
　　Units：＊＊undefined＊＊

（13）利润的人力资本积累率 hcar =

      0. 1

Units：**undefined**

（14）投资人当量系数 fcil =

      0. 5

Units：SL／（Month*KUSD）

enterprise human capital invest SL coefficient

（15）招聘速率 erate =

      人力资本投资 ipath*投资人当量系数 fcil

Units：SL／Month

employ rate

（16）期望产值或收入 goal =

      250

Units：KUSD

（17）生产率 prate =

      人均产值或收入率 hcvr*企业人力资本 Ehc

Units：KUSD／Month

（18）解雇比例 frrc =

      0. 0002

Units：**undefined**

retire coefficient

（19）解雇速率 rrate =

      企业人力资本 Ehc*解雇比例 frrc

Units：SL／Month

4　企业人力资本吸收性增殖模型系统动力学程序清单

（Vensim 软件编写）

（01）Ahc = INTEG （

    ahcr + ehcr，

      10）

Units：sl [0,?]

absorptive human capital

（02）ahcat =

    6

Units：m

absorptive human capital adjust time

（03）ahcr =

    （ipaths * fcil + disc/hcvr）/ahcat

Units：sl/m

human capital absorptive multiplication rate

（04）disc =

    goal − Ep

Units：kusd

gap between goal and production value

（05）Ehc = INTEG （

    ehcr − rrate，

      100）

Units：sl [0,?]

enterprise human capital

（06）ehcat =

6

Units: m

(07) ehcr =

Ahc/ehcat

Units: sl/m

enterprise human capital multiplication rate

(08) Ep = INTEG (

prate,

goal)

Units: kusd

enterprise production value

(09) epr =

0. 2

Units: * * undefined * *

profile rate

(10) fcil =

0. 5

Units: sl/kusd

human capital invest SL coefficient

(11) FINAL TIME = 120

Units: Month

The final time for the simulation.

(12) frrc =

0. 0002

Units: * * undefined * *

fire and retire coefficient

（13） goal =
　　　　500
　　　Units: kusd
　　　production value goal

（14） hcar =
　　　　0. 1
　　　Units: * * undefined * *
　　　profile invest rate to human capital

（15） hcvr =
　　　　5
　　　Units: kusd/sl
　　　production rate per sl

（16） INITIAL TIME = 0
　　　Units: Month
　　　The initial time for the simulation.

（17） ipaths =
　　　　prof * hcar
　　　Units: kusd
　　　human capital invest

（18） prate =
　　　　Ehc * hcvr
　　　Units: kusd/m
　　　production rate

（19） prof =
　　　　Ep * epr
　　　Units: kusd
　　　enterprise profile

（20）rrate =

　　　Ehc * frrc

Units：sl/m

retire rate

（21）SAVEPER = 6

Units：Month [0,?]

The frequency with which output is stored.

（22）TIME STEP = 6

Units：Month [0,?]

The time step for the simulation.

5　企业人力资本成长性增殖模型系统动力学程序清单

（Vensim 软件编写）

（01）acehc =

　　　aeehc/epehc

Units：* * undefined * *

average coefficient of ehc

（02）aeehc =

　　　tpoe/ehc

Units：kusd/person/Month

average efficient of ehc

（03）arhehc =

　　　discac * whehc * （Hehc * ifhehc + qrhehc − urmehc）

Units：person/Month

absorb rate of Hehc

（04）armehc =

　　　　discac * wmehc * （Mehc * ifmehc + qrmehc + urmehc − urpehc）
Units：person/Month
absorb rate of Mehc

（05）arnehc =
　　　　discac * wnehc * （ifnehc * Nehc + qrnehc + urnehc）
Units：person/Month
absorb rate of Nehc

（06）arpehc =
　　　　ifpehc * Pehc + qrpehc + urpehc − urnehc
Units：person/Month
absorb rate of Pehc

（07）chehc =
　　　　2. 5
Units：* * undefined * *
Hehc coefficient

（08）cmehc =
　　　　2
Units：* * undefined * *
Mehc coefficient

（09）cnehc =
　　　　0. 3
Units：* * undefined * *
Nehc coefficient

（10）cpehc =
　　　　1
Units：* * undefined * *
Pehc coefficient

（11） dacehc =

　　　　2. 2

　　Units：＊＊undefined＊＊

　　demand average coefficient of ehc

（12） discac =

　　　　dacehc – acehc

　　Units：＊＊undefined＊＊

　　disc efficient coefficient

（13） ehc =

　　　　Hehc + Mehc + Pehc + Nehc

　　Units：person

　　enterprise human capital

（14） epehc =

　　　　5

　　Units：kusd/Month/person

　　efficient of pehc

（15） FINAL TIME = 240

　　Units：Month

　　The final time for the simulation.

（16） Hehc = INTEG （

　　　　arhehc + urmehc – qrhehc,

　　　　　10）

　　Units：person

　　High-level enterprise human capital

（17） ifhehc =

　　　　0. 005

　　Units：1/Month

increase fraction of Hehc

(18) ifmehc =
　　　　0. 008
　　Units: 1/Month
　　increase fraction of Mehc

(19) ifnehc =
　　　　0. 008
　　Units: * *undefined* *
　　increase fraction of Nehc

(20) ifpehc =
　　　　0. 005
　　Units: 1/Month
　　increase fraction of Pehc

(21) INITIAL TIME = 0
　　Units: Month
　　The initial time for the simulation.

(22) Mehc = INTEG (
　　　　armehc + urpehc − qrmehc − urmehc,
　　　　　　20)
　　Units: person
　　Medium enterprise human capital

(23) Nehc = INTEG (
　　　　arnehc - qrnehc - urnehc,
　　　　　　30)
　　Units: person
　　New enterprise human capital

(24) Pehc = INTEG (

arpehc + urnehc − qrpehc − urpehc,
40)

Units: person

Primary enterprise human capital

(25) qfhehc =

0.005

Units: 1/Month

quit fractiton of Hehc

(26) qfmehc =

0.002

Units: 1/Month

quit fractiton of Mehc

(27) qfnehc =

0.005

Units: 1/Month

quit fractiton of Nehc

(28) qfpehc =

0.002

Units: 1/Month

quit fractiton of Pehc

(29) qrhehc =

Hehc * qfhehc

Units: person/Month

quit rate of Hehc

(30) qrmehc =

Mehc * qfmehc

Units: person/Month

quit rate of Mehc

(31) qrnehc =

        Nehc * qfnehc

Units: person/Month

quit rate of Nehc

(32) qrpehc =

        Pehc * qfpehc

Units: person/Month

quit rate of Pehc

(33) SAVEPER =

        TIME STEP

Units: Month [0,?]

The frequency with which output is stored.

(34) TIME STEP = 1

Units: Month [0,?]

The time step for the simulation.

(35) tpoe =

        epehc * (chehc * Hehc + cmehc * Mehc + cpehc * Pehc + cnehc * Nehc)

Units: kusd/Month

total potential output efficient

(36) urmehc =

        Mehc/utmehc

Units: person/Month

upgrade rate of Mehc

(37) urnehc =

        Nehc/utnehc

Units: person/Month

quit rate of Nehc

(38) urpehc =

Pehc/utpehc

Units: person/Month

upgrade rate of Pehc

(39) utmehc =

96

Units: Month

upgrade time of Mehc

(40) utnehc =

24

Units: Month

upgrade time of Nehc

(41) utpehc =

60

Units: Month

upgrade time of Pehc

(42) whehc =

0.3

Units: * * undefined * *

disc adjust coefficient for Hehc

(43) wmehc =

0.5

Units: * * undefined * *

disc adjust coefficient for Mehc

(44) wnehc =

0.2

Units：＊＊undefined＊＊

disc adjust coefficient for Nehc

6　含员工比例变量的企业人力资本成长性增殖模型程序清单

（Vensim 程序清单）

（01）　acehc =

　　　　aeehc／epehc

Units：＊＊undefined＊＊

average coefficient of ehc

（02）　aeehc =

　　　　tpoe／ehc

Units：kusd／person／Month

average efficient of ehc

（03）　arhehc =

　　　　discac＊whehc＊（Hehc＊ifhehc + qrhehc − urmehc）

Units：person／Month

absorb rate of Hehc

（04）　armehc =

　　　　discac＊wmehc＊（Mehc＊ifmehc + qrmehc + urmehc − urpehc）

Units：person／Month

absorb rate of Mehc

（05）　arnehc =

　　　　discac＊wnehc＊（ifnehc＊Nehc + qrnehc + urnehc）

Units：person／Month

absorb rate of Nehc

（06） arpehc =

　　　　ifpehc * Pehc + qrpehc + urpehc − urnehc

　　　　Units： person/Month

　　　　absorb rate of Pehc

（07） chehc =

　　　　2. 5

　　　　Units：**undefined**

　　　　Hehc coefficient

（08） cmehc =

　　　　2

　　　　Units：**undefined**

　　　　Mehc coefficient

（09） cnehc =

　　　　0. 3

　　　　Units：**undefined**

　　　　Nehc coefficient

（10） cpehc =

　　　　1

　　　　Units：**undefined**

　　　　Pehc coefficient

（11） dacehc =

　　　　2. 2

　　　　Units：**undefined**

　　　　demand average coefficient of ehc

（12） discac =

　　　　dacehc − acehc

　　　　Units：**undefined**

disc efficient coefficient

（13） ehc =

　　　　Hehc + Mehc + Pehc + Nehc

　　　Units：person

　　　enterprise human capital

（14） epehc =

　　　　　5

　　　Units：kusd/Month/person

　　　efficient of pehc

（15） FINAL TIME = 1200

　　　Units：Month

　　　The final time for the simulation.

（16） Hehc = INTEG （

　　　　　arhehc + urmehc − qrhehc，

　　　　　　　10）

　　　Units：person

　　　High-level enterprise human capital

（17） hehcp =

　　　　　Hehc/ehc

　　　Units：**undefined**

　　　Hehc-proportion

（18） ifhehc =

　　　　　0. 005

　　　Units：1/Month

　　　increase fraction of Hehc

（19） ifmehc =

0. 005

Units: 1/Month

increase fraction of Mehc

(20) ifnehc =

0. 008

Units: 1/Month

increase fraction of Nehc

(21) ifpehc =

0. 005

Units: 1/Month

increase fraction of Pehc

(22) INITIAL TIME = 0

Units: Month

The initial time for the simulation.

(23) Mehc = INTEG (

armehc + urpehc − qrmehc − urmehc,

20)

Units: person

Medium enterprise human capital

(24) mehcp =

Mehc/ehc

Units: * * undefined * *

Mehc-proportion

(25) Nehc = INTEG (

arnehc − qrnehc − urnehc,

30)

Units: person

New enterprise human capital

（26）nehcp =

Nehc/ehc

Units：＊＊undefined＊＊

Nehc‑proportion

（27）Pehc = INTEG　（

arpehc + urnehc − qrpehc − urpehc，

40）

Units：person

Primary enterprise human capital

（28）pehcp =

Pehc/ehc

Units：＊＊undefined＊＊

Pehc − proportion

（29）qfhehc =

0. 005

Units：1/Month

quit fractiton of Hehc

（30）qfmehc =

0. 002

Units：1/Month

quit fractiton of Mehc

（31）qfnehc =

0. 005

Units：1/Month

quit fractiton of Nehc

（32）qfpehc =

0. 002

Units: 1/Month

quit fractiton of Pehc

(33) qrhehc =

Hehc * qfhehc

Units: person/Month

quit rate of Hehc

(34) qrmehc =

Mehc * qfmehc

Units: person/Month

quit rate of Mehc

(35) qrnehc =

Nehc * qfnehc

Units: person/Month

quit rate of Nehc

(36) qrpehc =

Pehc * qfpehc

Units: person/Month

quit rate of Pehc

(37) SAVEPER =

TIME STEP

Units: Month [0,?]

The frequency with which output is stored.

(38) TIME STEP = 1

Units: Month [0,?]

The time step for the simulation.

(39) tpoe =

epehc * (chehc * Hehc + cmehc * Mehc + cpehc * Pehc + cnehc * Nehc)

Units：kusd/Month

total potential output efficient

（40） urmehc =

　　　Mehc/utmehc

Units：person/Month

upgrade rate of Mehc

（41） urnehc =

　　　Nehc/utnehc

Units：person/Month

quit rate of Nehc

（42） urpehc =

　　　Pehc/utpehc

Units：person/Month

upgrade rate of Pehc

（43） utmehc =

　　　96

Units：Month

upgrade time of Mehc

（44） utnehc =

　　　24

Units：Month

upgrade time of Nehc

（45） utpehc =

　　　60

Units：Month

upgrade time of Pehc

（46） whehc =

0. 3

Units：＊＊undefined＊＊

disc adjust coefficient for Hehc

(47) wmehc =

0. 5

Units：＊＊undefined＊＊

disc adjust coefficient for Mehc

(48) wnehc =

0. 2

Units：＊＊undefined＊＊

disc adjust coefficient for Nehc

致　　谢

本书的研究工作是在我的导师彭正龙教授的悉心指导下完成的。从本书所述研究工作的选题、开题、书稿撰写到最后完成，彭老师都给予了精心指导。五年来，导师严谨治学的学术风范、孜孜不倦的工作作风和谦虚豁达的生活态度，及其谆谆教诲将使我受益终身。借此定稿之际，谨向精心培育我的导师彭正龙先生致以最诚挚的谢意，愿意联合署名出版此著作。

回首多年来在同济大学学习生活的宝贵时光，感激和谢意在心间涌荡。感谢师兄弟（妹）张永刚、罗能钧、旷开源、田志锋、陆云波、崔凯、李航、房林、朱晓霞、刘烨、孙永康、姜卫韬、李雪莲、沈小霞、李芳、廖明、王晓灵、王海花、王红丽等，和他（她）们的讨论交流使我开阔了学术思路，感受了师兄弟（妹）间的深厚友情和真诚关爱；感谢同窗好友杜少剑、王仁涛、唐衍伟、陈群、程洁红、汪波等同学，在本书研究写作过程和几年学习生活中给予的帮助和支持，真情如兄弟姐妹！

感谢各位专家、老师在百忙之中对本书的审阅和中肯深刻的指导建议！感谢本书中所引用文献的各位作者给我研究的启示与支持！感谢所有关心、支持和帮助过我的老师、同学和朋友！由于是在职攻读博士学位，要兼顾工作、家庭和学业，其间的艰辛是可以想象的。在这些，我也要真诚感谢海南大学的领导和同事的支持和启发，感谢政治与公共管理学院安应民院长和应用科技学院覃金源院长对我最后文稿修改送审前的极大支持和鼓励！感谢我的家人，他们的关心和支持是我完成学业和研究的巨大动力源泉！在此，我要真诚感谢妻子詹春容女士和女儿思思的理解、鼓励与支持，因为学业研究减少了对她们生活的关爱，甚感愧疚，我在心底永远地爱着她们！更要感激生我养我的父母，还有关心我的兄弟姐妹！

想到这么多关心我、帮助我、支持我的老师同学、领导同事、亲人朋友，此时我的眼睛湿润了，感激在心，难于言表！

科研本无坦途，做学问要耐得住寂寞。此时的我，对小时候读过的《钢铁是怎么炼成的》有了更深刻的理解和感悟：社会是一个大熔炉，人生本需要修炼，只有以坚强的意志历经千锤百炼方可以成钢铁！我将会认真领会各位专家、领导和同行等的研究建议，继续深入研究此课题，但愿能进一步取得一点有价值的研究成果。

真诚感恩所有关心和帮助过我的人，我始终会用一颗感恩和平和的心来面对生活、书写人生和回报社会！

黄崇利

2011 年 3 月于海南大学